1982年2月，我参加工作前夕

①

②

③

④

⑤

①1982 年 11 月 7 日，我和学生在岷江戏水

②1982 年春天，刚工作的我和孩子们在郊外

③1987 年 7 月，我和学生在黄果树瀑布

④1984 年 9 月，我和刚上初一的孩子们合影

⑤1984 年 6 月 19 日，乐山一中初 84 届 1 班（未来班）毕业照

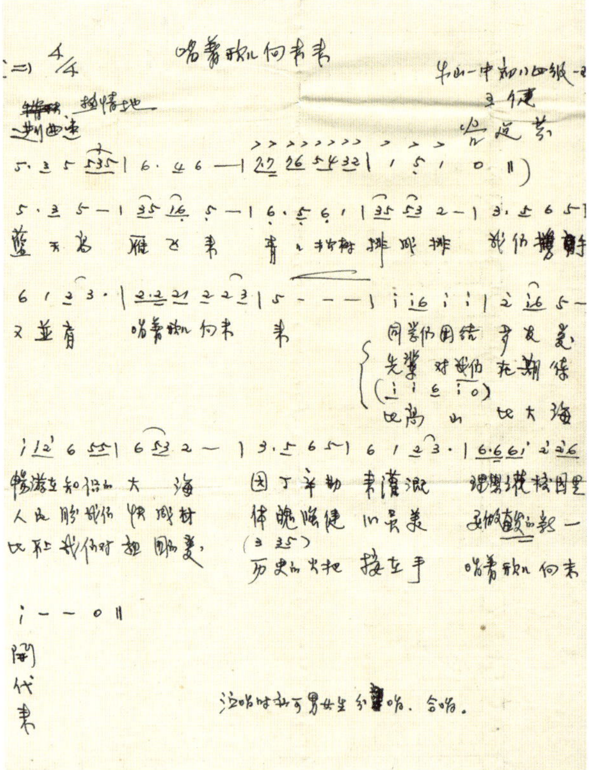

←未来班班歌（谷建芬谱曲手稿）
↓ 2018 年 7 月 21 日，我上“最后一课”

教育的100种可能

上

李镇西/著

JIAOYU DE 100 ZHONG KENENG（SHANG）

漓江出版社
·桂林·

图书在版编目（CIP）数据

教育的 100 种可能 . 上 / 李镇西著 . -- 桂林：漓江出版社，2020.9（2024.9 重印）

ISBN 978-7-5407-8906-0

Ⅰ . ①教…　Ⅱ . ①李…　Ⅲ . ①教学研究　Ⅳ . ① G420

中国版本图书馆 CIP 数据核字（2020）第 149622 号

教育的 100 种可能（上）

作　　者　李镇西

出 版 人　刘迪才
策划组稿　文龙玉
责任编辑　章勤璐
助理编辑　孙静静　周冬辉
封面设计　石绍康
责任监印　黄菲菲

出版发行　漓江出版社有限公司
社　　址　广西桂林市南环路 22 号
邮　　编　541002
发行电话　010-85891290　0773-2582200
邮购热线　0773-2582200
网　　址　www.lijiangbooks.com
微信公众号　lijiangpress

印　　制　天津嘉恒印务有限公司
开　　本　710 mm × 960 mm　1/16
印　　张　20.5
字　　数　320 千字
版　　次　2020 年 9 月第 1 版
印　　次　2024 年 9 月第 7 次印刷
书　　号　ISBN 978-7-5407-8906-0
定　　价　46.80 元

目录

Contents

序言：教育的100种或1000种可能

2019年的国庆假期，我们是在乌克兰之旅中度过的，我与李镇西、程红兵校长一行去瞻仰苏霍姆林斯基和拜访他的帕夫雷什中学。漫长的大巴旅途成为流动的教育论坛，李镇西谈到了他的学生和对这本书的构想，诞生了《教育的100种可能》的书名。李镇西的两个教育偶像，一位是苏霍姆林斯基，另一位是陶行知。在他的武侯实验中学，分别建立了一个苏园，一个陶园。苏霍姆林斯基奉行“把爱全部给孩子”，主张“没有惩罚的教育”，反对“高效快速”的教学法，反对“以苦代乐”，认为教育应当“刻苦而不痛苦”，等等，与我们今天的教育现实形成强烈反差。在乌克兰秋天的原野上，我们的思绪又回到了自己的学校。

今天，一切为了学生、为了一切的学生、做最好的自己等，已经成为很多学校挂在墙上的亮眼口号，与“教育工厂”的严酷现实并行不悖。前几天昆明丑小鸭中学詹大年校长的网文《一切为了学生，学生为什么跳楼》，说的就是这种无奈。几乎所有的家长、老师、校长都会说没办法，我们也是为了孩子好；其实，他们更看重的是其他东西。作为成年人，我们知道中小学时的那些分数、排名都是浮云。没有一个人会在乎小学五年级或初中二年级的课业成绩，甚至名校学历在踏上工作岗位后都会快速贬值。真正重要的教育评价，是在学生离开学校10年、20年之后出现的，那是去除了学校教育的标签之后，来自社会的真实评价。不仅用人单位，作为教师或者同学，我们每个人也会有这种好奇心：当年那些身材不一，家境和禀赋各异，或调皮，或倔强，或伶俐，或孤独的学生，以及那些“神童”和“校花”，现在究竟怎么样了？背后既有“士别三日，当刮目相看”的期许，也暗藏“岁月是把杀猪刀”的隐忧。

因此，长时间跨度的跟踪调查，在社会学和教育学研究中都是很“牛”的，其结果比任何口号、宣言、纲领都更有说服力。当然，其难度也可想而知，因此这种调查在中国极为稀少。教师的记录在一定程度上可以弥补，但这需要教师有很强的专业意识，重视对教育结果的搜集和反馈，还需要教师能够建立并长期保持与学生的联系。长时间跨度的跟踪调查体现的是专业性，教师的记录在很大程度上就是对学生的爱了。

这对李镇西从来都不是问题。他不仅有爱心，也是一个有心人。他1998年的成名作《爱心与教育》，展示了当时的教育成果，细致入微地讲述了几十个学生的成长故事。20年后推出这套新书，是在这片土壤上不断生长的新的教育故事。与我们习惯的宣传不同，李镇西笔下的学生大多并不是所谓的“社会精英”，而是三百六十行、各种岗位和职业的普通劳动者，是许多“名师”“名校长”不屑于宣传的。本套书中的36个学生事例，学生后来的职业包括教师、军人、足球教练、摇滚歌手、医生、火锅店老板、公交车司机、银行职员、科研工作者、飞行员、空姐、作曲家、商人等，每一个学生的人生轨迹都是对爱心与教育的生动诠释，也是对好的教育、正常的教育的有效注解。

其实，社会上能够成龙成凤、出人头地的人是少数，而且是难以强求的。因为影响一个人成长成才的因素十分复杂，家庭教育、学校教育、社会环境、个人禀赋和人生际遇各占比重，没有简单的线性因果关系。曾有一位名校长热衷于宣传他学校党政军各界的著名校友，我反问一句：还有那么多贪官，不也是你们培养的吗？其实，无论英雄还是败类，都很难说是中小学教育的直接结果，但基础教育的基础性仍然存在。面向大多数学生的基础教育，最重要的培养目标，就是培养学生做一个好人，一个善良、正直、友爱的人，一个身体健康、心智健全的好公民，一个好妻子、好丈夫，一个能够自食其力、以一己之长服务社会的人。苏霍姆林斯基的教育命题，就是“怎样培养真正的人”。陶行知推行平民教育，他说不要做人上人，而要做“人中人”，这是一种民主主义的教育观。李镇西追随着他们，身体力行地践行这一理想，特别重视对所谓“后进生”“差生”“问题学生”的关注。他执教过的学校里，都体现了他爱的教育、民主的教育、平民教育的温度和光彩。

今天，对平民教育的态度，已经成为我们互相识别的特征之一。平民教育坚持面向大多数人的教育公平价值，关注弱势和边缘群体。同时，它也是一种“平民化”的教育，因为教育在本质上就应该是清澈明净、朴实无华的，与培养少爷、小姐、书呆子的目标毫不相容。这就是陶行知所说的“粗茶淡饭的教育”“家常便饭的教育”。真正能够承担社会责任、成为社会脊梁的优秀人物，只能从这种教育中产生，而不可能从娇生惯养，甚至骄奢淫逸的教育中产生。我在20世纪90年代曾听到过一位教育局局长这样的反思：我们用最多最好的资源培养的重点学校的学生，日后大多数都出国了；留下来的真正的城市建设者，都是我们最不待见、最少关注的普通学校、“垃圾学校”的毕业生。我们为什么不能对他们好一些呢？

无论是分数评价，还是走上社会后成才、成功的评价，都属于教育的功利性评价。今天，我们对教育功能的认识日渐深入，认识到功利教育——“为经济增长服务的教育”——的重大缺陷。教育的重要作用如果仅是促进经济增长和科技进步，那势必意味着对其他许多重要目标的忽视。对个人同样如此，经历了对分数、学历、职场的激烈竞争之后，随着年龄的增长，人生的主题也在转移，职称、工资、房子、汽车的权重在下降，而健康、子女、家庭关系等平安幸福的指标的重要性则在上升。因而，教育评价还有第三个维度，不妨称之为“圆满”或幸福评价。过得还好吗？是幸福快乐还是鸡飞狗跳？是平安“降落”还是英年早逝？这是来自我们内心深处的关心，是所有老师对于学生、家长对于子女、老朋友老同学之间最为重要的关怀。它对应的，正是教育价值的升级：从追求分数、文凭到追求成才、成功，再到追求幸福。朱永新发起的新教育实验，主张让师生“过一种幸福完整的教育生活”，鲜明地提出了“幸福”的目标。而且，明确反对以牺牲学生当下幸福为代价，追求所谓“未来幸福”的理论。苏霍姆林斯基也这么说，一个人“如果在童年时没有培养出善良情感，那就永远也培养不出来了”。在“终身幸福”的视域中，中小学时期奠定的身体健康、生活习惯、宽容友爱、个人兴趣爱好等基础品质，就格外重要了。这正是基础教育的基础之谓。

好的教育、理想的教育并不是空中楼阁，在一些国家已经成为基本现实。在北欧的学校，学生在九年级之前没有考试和竞争，教师也没有职称评定、绩效工资的竞争，或优秀教师等的评价，这是一种“低评价、低竞争、低管控”的教育生态，是教育的化境。在丹麦访问时，李镇西问了那个中国校长最关心的问题：你们如何激励和评价教师？丹麦的校长对这个提问不甚理解。最终，一位50多岁的女教师回答了这个问题。她说，当学生离开学校许多年之后，带着自己的孩子到学校来看望我，这就是对我最大的激励。

我去年参加了李镇西在成都玉林中学举行的“最后一课”，见到了带着妻子和孩子前来的那位公交车司机。当年的学生都已长大成人，真的是春风化雨，桃李芬芳，是一种教育的福报。用印度智者克里希那穆提的说法，好的教育达到的是一种“心灵的绽放”。教育的无限可能性，无论100种还是1000种，指向的是内心世界的丰富和宽广、人生和人性的圆满与完善。这不是每一个怀抱理想的教师都应当追求的吗？

杨东平

2020年4月18日

自序：精心加工每一份“草稿”

你的教鞭，你的冷眼，你的讥笑

去年，我去一所学校给老师们讲课时，得知某遍布全球的著名火锅品牌创始人当年就是这个学校的孩子。但该创始人至今怨恨这所学校，因为他当年在这个小学读书时成绩不好，表现调皮，觉得受到过老师不公平的对待。这样一来，该校就不好公开宣传他们“培养”了一位著名企业家的“荣耀”。

你的教鞭下有瓦特，你的冷眼里有牛顿，你的讥笑中有爱迪生。

——几乎所有师范生都熟知陶行知这句话。但不少老师都只将它当作教育名言在文章里引用，而没有意识到，未来的瓦特、牛顿和爱迪生，的确就产生于我们每天所面对的孩子中。

无论你现在是表扬，还是批评，或是如陶行知所说的“冷眼”和“讥笑”你面前站着的这个孩子，你能知道10年、20年或30年以后，他有多少种可能吗？

有100种可能！

本书中的每一位主人公都用自己的人生证明了这一点。

教育的本质是陪伴每一个孩子的成长

本书写作的灵感，产生于去年去乌克兰拜访苏霍姆林斯基的帕夫雷什中学的途中。当时我、杨东平、程红兵等一行人在慕尼黑机场转机，在机场咖啡店闲聊时，我给大家说起我许多学生的故事，很有感慨：“不少孩子当年的学习与表现，和几十年后的人生往往没有我们想象或期待的那种必然联系。”杨东平老师便说：“你不是写过一本《教育的100种语言》吗？你还可以写一本《教育的100种可能》啊！”我当即说：“好，我一定写。我要用我学生的故事告诉老师和家长们，教育有100种可能。”

教育的100种可能，是源于孩子的100种可能。在这里，孩子的100种可能，指的是他的100种教育者现在无法预测的未来。

当然，这里的“100种可能”不是确数，而是一个象征的说法，意为“无数种可能”。因此，所谓“教育的100种可能”，其实就是“教育的无数种可能”。

既然是“无数种可能”，就远远不只是成为著名火锅品牌创始人的可能，也不只是成为瓦特、牛顿和爱迪生的可能，而更多的是成为善良、正直、勤劳、智慧的普通劳动者的可能。

换句话说，我们尊重眼前的这个孩子，不是因为他“很可能”将来成为杰出人物，而是因为无论现在还是将来，他都是一个有尊严、有个性、有着丰富内心和独立思想的“人”。

我的朋友、著名语文教育专家李海林说过：“可能性即人生的意义，即人的成长。成长本身即教育的意义。教育就是一批专门的人陪伴未成年人安全地度过他的未成年岁月，直至成年！”

只有我们以这样的眼光，来看待我们面前的每一个孩子，教育才会回归起点，回归纯粹，回归到人的本质。

善良正直、勤奋向上——我做到了

“十年树木，百年树人。”这话的意思是，教育的成效往往要在几十年以后才能显现出来。但在目前急功近利的教育大背景下，许多教育者往往“等不及”，他们更希望能够立刻“吹糠见米”。

2011年11月13日，中央电视台《小崔说事》播出了关于我和我学生的故事。节目中，我的学生王露霖应崔永元的请求，唱了我们的班歌《唱着歌儿向未来》：“蓝天高，雁飞来，青青松树排成排。我们携手又并肩，唱着歌儿向未来……”这是30多年前，著名作曲家谷建芬老师特意为我的未来班谱的班歌。我的历届学生都唱这首歌。

节目播出后，我的博客上出现了这样一段留言——

我是李镇西老师1984届未来班的一员，昨日含泪看完了《小崔说事》，未来班的班歌还在传唱，未来班的精神还在发扬。这是老师给我们的精神财富。记得毕业时有同学问李老师：“你这样培养出来的我们能不能适应社会？”现在我以我的经历现身回答：能，我是适应社会的，而且如同老师所希望的那样——正直、勤奋、向上。我做到了。

我读了这段留言，泪水立刻蓄满了眼眶，因为“正直”“勤奋”正是未来班当年的班训。我想到了当年不少人的担心和他们对我的“提醒”。后来我知道了这段留言的作者叫李志英，是我教的第一个班的一位女生。李志英当时在班上就正直善良，后来教过中专，现在在广州从事财务工作。去年12月，我去广州讲学，把她请到现场听我的报告，我在报告中讲了她的故事，也展示了她当年写的班歌歌词的手稿。我提到了当年有人对我善良教育的担心，我自豪地说：“现在，我的学生已经长大，他们以自己的人生阅历证明了善良的生命力是不可战胜的！”

多年以来，我的一批批学生通过各种方式告诉我：善良正直、勤奋向上——我做到了！培养了这样的普通劳动者，你能说不是教育的成功吗？

这才是真正的教育

如果说，孩子的“100种可能”是指他未来独一无二的人生道路和幸福，那么，教育的“100种可能”，就是指教育者根据不同个性的孩子而采用不同的课程与教法，对孩子的“因材施教”也有100种可能，即无数种可能。

“因材施教”喊了两千多年了，可我们今天的教育依然把所有学生都往“应试教育”一条路上赶，通过了的是成功者，被淘汰的是失败者。几十年后再看，当年“应试教育”给不同学生贴上的“学霸”或“学渣”的标签已经在人生的风浪中斑驳不堪、模糊不清。进清华、北大未必与成功相关，读职高、技校未必与幸福无缘。

请看本书中我同时教的两个学生——考上重点大学、后来成了“中国机长”的飞行员吴镝，与初一便因为学习跟不上而转学去踢球、如今成了四川省足协教练的张凌，你能说谁比谁更“成功”吗？在人生的天平上，他俩是等值的。

我没有因此否认考大学的重要性，毫无疑问，能够考上大学无疑为后来的人生发展提供了更有利的条件，而没考上大学会使后来的人生之路更加绕一些。但从长远看，如果教育（包括家庭教育和自我教育）越能够因人而异甚至“私人定制”，那么单纯“应试教育”所造成的人与人之间的发展差异就会越小，乃至消失。

我再次想到苏霍姆林斯基的话——

教育的实质就在于使一个人努力在某件事上表现自己，表现出自己的优点来。在某种好的东西中来认识自己——善于支持人的这种高尚的志向是多么重要啊！教育者往往在那么长久而痛苦地寻找的那种自我教育的强大推动力，不是就在这里吗？应当在心理学讨论会上提出这个问题：人的表现问题。……怎样才能做到，使人尽量地努力在好的方面表现自己呢？我深信，一个人想在某个好的方面表现自己的愿望越深刻、越诚挚，他在内心对自我纪律的要求就越高，他对自己身上不好的东西就越加不肯妥协。

是的，“使一个人努力在某件事上表现自己，表现出自己的优点来”，这就是真正的教育。

“每一个孩子都是我的骄傲”

已故著名小学特级教师霍懋征有一句话朴实而感人：“每一个孩子都是我的骄傲！”我理解，这句话意味着：教师爱孩子，爱的是这个孩子本身，而不是爱他几年后可能有的名牌大学录取通知书、高考状元的“荣耀”，或几十年后院士、部长等“头衔”和“光环”。每一个孩子都有属于自己的未来，更多的人成为普通劳动者，这依然是教师的骄傲。

我当然为我学生中赫赫有名的精英人才骄傲，但同时也为默默无闻的平凡百姓自豪。我认为，这才是教师应有的“骄傲观”。尤其是在当今十分功利也十分势利的社会背景下，我们千万不要把教育的目标仅仅锁定在培养“高端人才”，而应该把培养数以千万计合格的社会主义建设者、可靠接班人和合格公民作为我们的神圣使命。

很遗憾，我们现在的教育很多时候还是培养“人上人”的教育。“吃得苦中苦，方为人上人”是相当多的家长和老师对孩子的“励志名言”。然而，近百年前，陶行知就已经把这句话批得体无完肤了。他说——

既不做人上人也不做人下人，而要做“人中人”，要把自己所学得的东西贡献给老百姓。

在《育才学校创办旨趣》中，先生明确地说——

有人误会以为我们要在这里造就一些人出来升官发财，跨在他人之上，这是不对的。我们的孩子们都从老百姓中来，他们还是要回到老百姓中去，以他们所学得的东西贡献给老百姓。

如果我们能够摒弃“人上人”的教育成功观，而将所有能够“回到老百姓中去，以他们所学得的东西贡献给老百姓”的学生都视为教育的成果，那么我们的教育才算是真正走上了正轨。

让学生自己谈谈教育

本书写了我从20世纪80年代初大学毕业后所带的第一个班，到退休前教的最后一个班的36个学生的人生轨迹。他们中有教师、医生、空姐、飞行员、艺术家、科研工作者、公交车司机、火锅店老板、银行职员、足球教练、摇滚歌手……我希望通过他们的故事，能够让包括家长在内的所有教育者真正明白：每一个孩子都有着属于他个性的成长和成功。

无论是《爱心与教育》，还是《心灵写诗》，在已经出版的几十本书中，我写过许多让读者感动的学生故事。但是这本书中的学生故事和以往不一样，同样也有师生情感，也有教育技巧，但我试图超越师生情感和教育技巧，而深入学生的内心，展示他们的精神成长。不仅如此，我还写了他们离开我后

10 多年、20 多年、30 多年的人生经历，以展示他们的人生与当年教育的关系。

我在写每一个学生的时候，除了要看我当年教这个孩子时留下的相关记录——孩子的作文、作业，我的工作笔记、教育随笔和教育日记等，还要求这个学生写写他现在对教育的理解，包括自己教育孩子的感受。因此，我当年的“教育”、学生回忆中的“教育”、他们现在理解的“教育”、他们对子女的“教育”……这几种“教育”的重叠与交织，特别是学生谈教育，包括对我当年教育的解剖，我自认为是本书最有价值的内容。

不可否认，本书中的学生对我当年给他们的教育都是充满真诚感激的，但他们也没有简单赞美，而是对当年“李老师的教育”有着理性的思考。比如现在是美国博士后研究人员的付锐，他在写给我的信中，一方面肯定我当年的教育对少年的他是怎样的一种征服——

李老师那么真诚而富有激情，自然而然地展示出他渊博的知识和热情。在这个氛围下，很容易把自己融入班级大家庭中。班会课真的是一种享受，因为李老师总是会用很生动和热情的语言，把一个理念讲得通俗易懂。在一个强有力而且又特别会调动集体情绪的老师领导下，所有的同学都成了信徒。我们坚信李老师的理念，也愿意去感受并且实践。

但同时，他又以今天的目光审视李老师昨天的课堂——

不管是在语文课，还是班会课，每个同学都沉浸在李老师的内心世界里。所有的同学都有一个相同的诉求——希望能学习并且成为一个更好的人，开始没有任何批判性地吸收所有的观点。现在来看，如果老师一直处在向学生播撒自己的观点的状态，不管这些观点深刻与否，正确与否，都有可能让学生的思想变懒惰，失去客观判断和批判的能力。当思维变懒惰的时候，学生就不想动脑筋了，就失去了主动发现问题的动力。

应该说，付锐是深刻的。

关键是处理好“尊重与引领”的关系

其实，几十年来，我也一直在不断反思，不断探索，不断批判自己，不断超越自己。我很多时候还是有意识地以民主、平等、自由、尊重的情怀对待我的语文课、班会课以及每一次和孩子的通信与谈心，但由于固有观念的惯性和文化传统的影响，往往情不自禁就走向民主教育的反面。“教育使命”无限膨胀，“个人魅力”无限增强，而渐渐妨碍了学生的心灵自由，乃至剥夺了他们的思想权利。

那么，如何在教育中处理好“尊重与引领”的关系？具体地说，如何做到既不因尊重学生而丧失教育的使命，不因引领成长而走向思想专制？做到这些既标志着我们教育思想的高度，也体现着我们教育智慧的丰富与教育技巧的娴熟。直到退休，我的教育依然充满遗憾。这个课题，留给以后的教育者继续在实践中去探索吧！

本书中的每一个孩子都是我的骄傲，但我不得不再次声明，他们主要不是我“培养”的，不能简单地把他们当成我的“教育成果”。

我越来越认为，决定一个人成长和成功的因素以重要程度排序，第一是家庭，第二是个人，第三是学校。“家庭”指的是父母的素养（与文凭没有必然联系）和对子女的影响，包括家庭氛围的熏陶；“个人”，是指本人的天赋与勤奋；“学校”指的是教师的指点、集体的激励和校园文化的感染。我写过一篇文章，题目是《学校非常重要，但无论多么重要都只是家庭教育的重要补充》。我没有否认学校教育的重要性，但重要程度远不是我们想象和宣传的那么大。

所以，无论我的学生考上清华大学也好，成了眼科专家也好，当了足球教练也好……首先都不是我的功劳，而是他们父母教育和孩子本身努力的结果。他们在我身边时，我只是给他们一些尊重、一些引领，可能强化了他们本来就有的善良，可能打开了他们原本相对比较狭隘的视野……总之，我可能没有太妨碍他们天性的自由发展，于是他们便成长起来了。

所以，教育真正要做的，与其说是尽量“塑造”学生，不如说是尽量不要妨碍学生自由发展。依从个性，给他自由，学生的成长会超出教育者的想象。

教育任务的首位是培养人

苏霍姆林斯基曾说——

一个人一生命运的复杂性，有时也是悲剧性，就在于：虽然“草稿”里蕴藏着成为一个独特的个人的各种素质——卓越的才能、禀赋、倾向性、天才——但是负责对这一“草稿”进行加工，以便使其变得更为美好的人，却反其道而行之，他用自己那双笨拙而又漫不经心的手把草图中美好的东西弄得丑陋不堪。

无论是家长还是老师，我们千万不要成为这样的人。

教育的责任、智慧与人道主义情怀的体现，就是教育者（含教师和家长）对每一个孩子的“草稿”进行精心地加工，使之既拥有完整的人格，又有属于自己独特的成功与幸福。

最后，我想用苏霍姆林斯基曾对教育同行提出的忠告，作为这篇自序的结束——

请记住，远不是你所有的学生都会成为工程师、医生、科学家和艺术家，可是所有的人都要成为父亲和母亲、丈夫和妻子。假如学校按照重要程度提出一项教育任务的话，那么放在首位的是培养人，培养丈夫、妻子、母亲、父亲，而放在第二位的，才是培养未来的工程师或医生。

2020 年 4 月 10 日

王红川："给自己的人生交一份满意的答卷"

坐在前排的小不点儿

1982 年过了春节，大学毕业的我走进了乐山一中，走进了初一（1）班的教室。

一走进教室，我就看到坐在靠门第一排的一个小男孩，矮矮的，弱弱的，文静而秀气。他就是王红川。

直到 38 年后的此刻，我写到这里，眼前仍浮现出他当年的形象——一笑起来，眼睛便眯成一条缝，特别可爱；天真机灵，学习刻苦，成绩拔尖。到了初二就戴上了黑边框眼镜，更显得"很有学问"了。

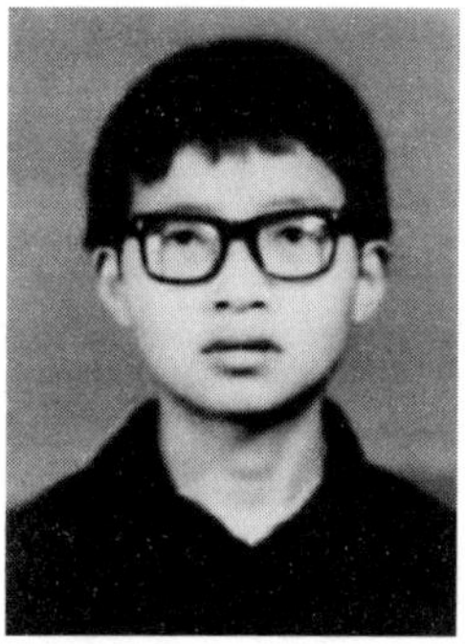

初三时的王红川

我当年就毫不掩饰现在更不否认我对王红川的"偏爱"，准确地说，是疼爱。其他学生都说"王红川是李老师的儿子"，大概是说我特别宠爱他。直到 30 多年后，他们这个班聚会，张海波同学还在说："那时候我们都在说，王红川就像是李老师的儿！"但这绝不是因为王红川成绩好，是优等生——当时班上成绩好的学生多着呢，而是因为他体质弱，性格柔，我总担心他受欺负，所以对他自然特别关照。

其实，论年龄，我比红川就大 10 来岁，只能算是大哥，但论辈分显然比他高一辈。我现在也不认为当时我对王红川的"偏心"违背了"教育平等"，相反我觉得他需要得到特别的关照。真正的"教育平等"恰恰意味着"差别化对待”。

那时候，我上班要经过他家附近，于是，经常骑车上班的我，就顺便把他也带上——早晨七点过，路边的他见我骑车来了，便一下跳上自行车后座，反正他体重也比较轻，对我来说，无非就是后面驮了一袋大米。在周末或假期，我常常会约上许多学生出去玩，十有八九都会约上王红川。记得 1983 年大年初一，我和王红川等学生在郊外山坡上玩，我还和他“扭打”成一团，后来又搂着他照相——这些都有照片为证。

甚至我第一次出手打学生，就是为王红川撑腰。怎么回事呢？有一天下午放学后，我在办公室里批改作业，王红川哭着走了进来，说他和同学们在打篮球，结果高年级的学生欺负他们，要撵他们走，霸占球场。我马上来到操场，批评那几个高三男生。结果其中一个男生不但不听批评，还和我顶撞，竟然对我竖起中指！我一怒之下给了他一拳。当然，后来我因此挨了学校的处分。

王红川性格温和，特别善良。当时，班上的伍建同学因家庭困难想辍学时，大家都愿意帮助他，希望伍建能留下来。伍建的成绩不算好，王红川主动提出帮伍建补习英语。同学们还纷纷捐款捐物帮助伍建战胜困难。那一年寒假里，我带着一群学生骑着自行车，去乡下伍建家看他，鼓励他一定要坚持学习。当时一起去的就有王红川。后来王红川写文章回忆道：“还记得当时李老师带着我们去伍建家，那么远，那么累，我们骑车都骑了好久，心里想，伍建每周上学放学要步行，走好远哦，太可怕了。到了伍建家，看到他家里太穷了，虽然那时我家也不富裕，但和他家比起来算很好了，因为他家里空荡荡的，好像没什么东西。当时我心里就想，伍建，你千万要回来上学啊！”

1982 年 3 月，我和王红川

思考的建立从质疑开始

初中毕业后的王红川，毫无悬念地考上本校高中。我没再教他了，但校园相逢，彼此依然很亲切很亲密，他依然很信任我。

当时有一部表现中学校园生活的电影叫《红衣少女》，影片批评个别虚荣而势利的老师，结果引起了争议。王红川的语文老师布置学生写作文评论该片。王红川旗帜鲜明地表示，这是一部好影片，这样的老师应该受到谴责。但语文老师却在作文评语中批评了王红川的观点。王红川很苦恼，把作文给我看，问我该怎么办。我看了他的作文，有理有据，观点完全没有问题。我对他说："坚持独立思考，不迷信老师，你是对的，就是要有勇于质疑的批判精神。但不要和你的语文老师公开顶撞，心里坚持你的观点就是了。"其实，这不用我教。我知道他对老师一向是很尊敬的。这篇作文，我至今还保存着。

同样保存至今的，还有他大学时写给我的每一封信，和他新年给我的贺卡。大学里，他有了苦闷，就经常写信向我求助。比如，刚考上大学参加军训时，他看到教官抓住一个小偷狠狠地打，"五六个班长一拥而上，扇耳光踢屁股，蹬肚子，一下子打得小偷躺在地上，又哭又叫，排长、指导员在一旁也不制止"。善良的王红川写道："看到这场面，我心里很难过，也想了许多。现在，还想得到你的帮助，到底该怎么看待此事？"

每次收到信，我都给他回信，力所能及地帮助他，跟他坦率地说我的看法。比如，收到他关于部队的班长打小偷的信，我在给他的信中这样写道：

面对"最可爱的人"的不人道，"心里很难过，也想了许多"是很自然的。这是童心的思考。班长们痛打小偷当然是不对的，虽然他们的气愤可以理解，但我知道你显然是不满足仅仅知道谁是谁非。要理解社会的复杂，人的复杂，就必须要有一个复杂的思维方式与思想方法。随着时间的推移，你还会遇到不少生活的难题，我希望你多读一些社会科学方面的书（如哲学、历史），使自己纯洁而不幼稚，成熟而不世故，学会在保持自己的高洁品质的同时，能以博大的胸怀来包容一些丑恶的东西。人是多色彩的，“说人是一种力量与软弱、光明与盲目、渺小与伟大的复合物，这并不是责难人，而是为人下定义”（狄德罗）。一个组织（如党、团）、一个集团（如军队）又何尝不是如此呢？以前我曾教育你们要“改造社会”，现在我认为应该补充为“在适应社会中改造社会”。

还有一次他给我写信，诉说他对新环境的不适应，以及对越来越纷繁复杂的一些社会现象的迷惑不解。我回信开导他：

亲爱的红川：

你好，收到信已经很久了，一来忙于校庆，二来总觉得有些问题没想成熟，所以一直未回信，拖到今日，我总觉得对不起你了。

一个人到了新的环境，都有一个适应过程——对集体，对学习，对生活……你有些自卑感，无非是失去了班上的“领先地位”，这是可以理解的。本期我教高一，不少外县同学也有类似的情况。我对他们说：“以前你们是班干部，是尖子，同学、老师都以你们为中心，为重点，现在到了一中自然有一种失落感和孤独感。”我想你也是如此，说穿了，这是不成熟的表现。红川是我最喜欢的学生之一，不仅因为你学习好，更因为你纯真。但你应该尽快成熟起来——一是要有事业，有了这，会觉得学习紧张是一种乐趣，是自己的内在要求。二是有坚忍的意志，几次不及格算什么，这点挫折都受不了，谈何面对严峻的人生？三是要有复杂的头脑，改造社会首先要适应社会，因此我是部分同意你那位同学的观点，为人应外圆内方，待人处世随和，但内心刚正。这是我的看法。

要说的太多，时间又不允许。不知以上所说能否解除你的苦恼。

以后回乐山，我们再好好聊聊。

你忠诚的朋友，李镇西

1987 年 10 月 17 日

再后来，读了六年华西医科大学的他，毕业后成了乐山市人民医院的医生。如今，他已经是一名优秀的西医骨科专家了。

植入心中的精神——善良与正直

未来班毕业 30 年聚会时，王红川写了一篇《那种植入心中的精神》——

那时的老师们对我们都很好，李老师也是如此。同学们都能感受到李老师对大家的爱护，所以我们对李老师的尊敬是发自内心的，不仅仅是对老师的礼貌。我的记性确实不太好，具体的事记不得太多，但李老师对我们的教育，包括给我们读的那些小说，我都还记得；想着他当初帮我们复习政治的事情，现在心里都是阵阵感动。李老师对我们的爱心，都是自然而然表现出来，潜移默化地影响着我。李老师多次说他当年刚大学毕业，没教学经验，但我认为，只要老师都像当年的李老师那样爱学生并对学生负责，不可能教不好。就像当医生一样，水平再高，但职业素养差了，在我眼里就是不合格的。

那天，同学们说李老师最疼我，那是因为我先天不足，常受人欺负，没办法，父母总是疼爱弱气的孩子，谁叫我学习又努力呢。所以啊，从初中到现在，我心里总是把李老师放在了父母或者大哥的位置，就像上次我在李老师的博客上对李老师说的一样："您对学生们的爱是父母之爱，只有父母之爱才能让学生们感受到温暖，心里的温暖！"正是在李老师的影响下，我喜欢助人的习惯一直保持到现在。

我这个人记性不好，以前的事件很多都忘得差不多了，虽然记得《青春万岁》《爱的教育》《钢铁是怎样炼成的》《青春之歌》等李老师给我们读过的小说，具体情节一点都记不得了，但是那种精神已植入了我们心中，真的，是"植入"了，生根发芽了！从我的同学们身上，我看到了，虽然经过 30 年，我们都有了很多世俗之气，但我们的本质没有变——虽然没有李老师为我们读过的小说中的人物那般纯净，但是在我们每个同学身上，我照样能感觉到那种真，那种善，很好！

未来班给我的善良和正直，不知不觉地影响了我后来的职业观。我是从医的，现在社会上对医生的职业道德有很多议论。已过不惑之年的我，对医德医风有自己的认识。有人说过，无论你是何种职业、何种地位、贫穷还是富贵，首先，我们是人，是有别于动物的；是人，就得干人事；在任何行业，都应当把“自律、自省、道德水准”放在首位。我个人认为，作为医生，更需有高于其他行业的道德水准，因为我们面对的是人，是病人和家属，有血有肉有情感，生命不可再生。

职业素养是很难用尺子来测量的。医生往往会有很多熟人、朋友，但评判一名医生的职业素养，关键是看他对待陌生患者特别是急危重症病人的态度——是否愿意付出时间、体力、精神甚至健康来为一个陌生患者的生命负责？在这点上，我自认为做到了身体力行，只要病人、病情需要，我可以不休息；为了缩短手术时间、减少创伤，可以承受大量的射线；科室人手不够，可以随时加班；面对复合伤病人、重症患者，我不劳累谁劳累？

多年前我就对年轻医生讲过：一名医生，无论他有多高的水平，医德差了、职业素养差了，就不合格，就不会被同行认可！所幸，我自认为达到了自己的标准。

而当我回顾我的人生经历时，我总会想到未来班，想到可爱的同学们，想到可敬的老师，想到那些充满爱和善良的往事。

从“不舍弃‘差生’”到“不舍弃他人”

王红川很谦虚，很低调，他现在已经是医院的一名管理者，也取得过不少成果和荣誉，但他一直不愿意给我说这些，他说他就是一名医生。

前不久，我们有一次相聚，聊到教育时，他再次提到初中时代所受的教育对他后来职业的影响。

我说：“我教你们时，刚当老师，一点经验都没有，谈不上有多么成功的教育。”

他说：“不，李老师，有的教育您可能不觉得，但确实给我们留下很深的印象。比如，当时，您要我们关心帮助伍建，但又对我们说，这种关心和帮助应该是自然而然的。现在，我是医生，举手之劳去帮助别人的习惯，就是成为一名合格医生的基础。当一名医生时时想着去关心别人的时候，关心每一位患者也就成了习惯。从年轻的时候起，病人表扬我最多的一句话就是‘王医生很耐烦’，我认为这是一种最高的表扬。当病人觉得医生很有耐心的时候，就说明你会不厌其烦地回答病人的问题，休息时间也会耐心地接病人的电话，尽量满足病人的需求，也说明了你会经常性地去安慰病人。偶尔做到，不合格，随时做到，需要的是足够的耐心和耐力。李老师做到了这样对学生，我做到了这样对待病人。"

他和我聊起了当年未来班对他的影响。他说："未来班的同学，跟其他班一样，没有什么区别。有学习好的，有成绩差的，有听话的乖学生，也有调皮捣蛋的‘差生’。我的印象中，李老师没有对好学生有什么特别的照顾，反而对‘差生’花了更多的时间和精力，有批评，偶尔有嘲讽，但更多的，是关心、谈心和家访，我看见的，是从不放弃。回想起来，李老师不轻易放弃一个人，从没有舍弃对任何一位‘差生’的教育。李老师安排成绩好的同学帮助成绩差的同学，这种行为，肯定对我产生了较大影响，在这个过程中，我逐渐养成了帮助成绩不好的同学的习惯，并持续到了高中。"

其实我很清楚，王红川乐于助人的善良品质并不是我教给他的，而是他父母教育的结果。我只是在班上倡导善良，并为包括王红川在内的学生提供施展这种善良的机会。

王红川还说："2016 年，46 岁的我，成了科室副主任并全面负责科室管理后，我对表现不好的员工所表现出来的耐心，让我自己都感到惊讶，我是什么时候养成了这个习惯呢？跟他们谈话，需要纠正他们的不足和错误，我一般是采取以下几个步骤：那天发生的事情是怎么回事呢？你对这件事是如何看待的？你有什么建议？如何改进？我相信你能做到，我们一起加油！……每年我会与科室医护人员有超过 30 次以上的单独谈话和沟通。这份耐心，可能就是在初中的时候学到的吧。所以，不轻易放弃队友、不轻易放弃朋友、不轻易放弃家人，我做到了。但是，李老师，您不是‘不轻易放弃’而是从未放弃学生。我还有很多需要学习的。"

“你现在非常优秀，倒是值得我学习呢！”我说。

“李老师对我最大的影响”

王红川说：“还有信任，也是李老师对我最大的影响之一。”

这个我倒没想到。

他继续说：“回想起李老师的言行，我深有感触。从未来班的三年，到后来师生聚会，李老师您一直对同学们非常信任，您相信我们都是善良的，相信我们都在各自的岗位上尽心尽力做好了自己的工作。我读过您的书，从书中我感受到您对学生们满满的爱。试想，一位没有爱心的班主任，如何会有那么多深入人心的故事？我想，信任他人的习惯，也是在潜移默化中形成的。我现在在工作中，会去反对一个人的观点，甚至不惜争吵，但不会失去对他的信任。在一个团队中，一旦失去了对一个队友的信任，是很难高效地开展工作的。”

我说：“信任，是教育的前提啊！当然，也是工作中与人合作的条件。”

王红川还说：“还有一点对我的影响，李老师您可能没有想到。那就是质疑精神。您知道，我的作文水平不算好，但我喜欢发表与众不同的观点，后来读高中还曾被批评，可是李老师您一直都对我这种质疑精神表示支持和鼓励。当然，有时候您也不同意我的观点，但您会同样坦诚地说您的观点，和我沟通讨论，并引导我，而从不把自己的观点强加给学生，这一点我的印象是非常深的。”

这一点我真的是一点印象都没有了。

王红川依然滔滔不绝地说：“在我自己的工作中，我会学着李老师您当年的模样，公开鼓励下属提出反对意见。其实我很不喜欢用‘下属’这个词，在我心中，只有‘同事’，

西医骨科专家王红川

我们是一起共事的同事，职位只是一个岗位，在工作上，我们永远是平等的，这也是李老师您当年提倡的理念。有的管理者会通过树立'权威'来取得管理上的效果，但是我非常坚定地保持着自己的观点：管理者需要的是'威信'，而'威'源于'信'。首先是要有'信'，才会有'威'。'信'就是信誉、信任、言而有信……只有同事信服您，您才会有管理之'威'。'威'是制度之'威'，绝不是'威风''威武'甚至'淫威'之'威'。当年李老师做得到，现在我也做到了。"

王红川还举了一个例子："我到新的管理岗位不久，还不熟悉业务，一位下属对我安排的工作有不同看法，专门来找我表达他强烈的意见，语气非常硬。我真诚地微笑着说：'来来来，请坐，您慢慢讲！'经过一番沟通，彼此愉快地达成共识。后来，我给部门科长们讲，一定要指出我的问题。真的，在我的脑海里，初中的一幕幕经常出现。一位谦虚的老师，经常鼓励学生发表不同意见的老师，他真的能影响一个人的一生。"

家庭教育：培养孩子以信任和鼓励为主

我们聊起了家庭教育。

他说："做家长的要承认自己也和孩子一样，都在不断地学习中，也会犯错误。家长犯了错误，要勇于给孩子认错。我记得，李老师经常在我们面前认错……"

"是的，是的。"我说，"那时我刚参加工作，没有经验。"

"但您经常给我们认错道歉，这本身对我们就是一种教育。三年的时间里，班上同学也非常勇于认错。承认自己的不足，这就是进步的开始。在未来班，承认自己的错误是一种习惯，我们都习以为常了。正是这种习以为常，后来的高中、大学、工作、生活中，这个习惯都没改变。后来我有了家庭，夫妻之间，父女之间，我都会反省和认错，大家都获得成长和进步，也形成了和睦的家庭关系，我们感到非常欣慰，也非常骄傲。"

我说："你做得真不错！但不少家长是不愿对子女认错的。"

“是的，我仔细思考过，为什么不少人，尤其是成年人、父母不愿意或者说没有勇气反省自己和面对自己的不足？”他分析说，“原因有很多，比如，年幼或青少年时期，没有受到过榜样的引导，在家里，认错后可能会被打得更凶，成年后，由着自己的性子来，不学习、不思考，不知道‘打死不认错’对配偶、对子女有多深的负面影响！”

“是呀！其实，孩子好多问题，根源都在父母身上。”我说。

他说：“对头。经常看新闻，关于子女自杀的，我难受啊！表面上看，是子女心理脆弱，但我个人认为，父母是最大的责任人。这类事件第一眼看上去好像跟反省和认错无关，但仔细想想，父母如果经常说‘大人说的就是对的’‘小孩子懂什么’，这些话就潜存着语言暴力。有一个道理很少有成年人认识到：语言也可能成为杀人的武器。难道作为父母，没有责任去学习、去思考吗？教育子女，是需要用心的。不反省、不认错，是父母的错。”

“同样的道理，从某种意义上说，学生的错，有时候也可以从教师的身上寻找根源。因为言传身教的影响是潜移默化的。”我说。

“是的。对孩子，我觉得还是应该以信任和鼓励为主。当年您就是这样对待我们的，而我也这样教育我的女儿，效果非常明显。”他得意地说，“我现在最骄傲的，不是工作，而是家庭。许多家庭因为子女教育而常常闹矛盾，而经过20年的努力，我对自己的家庭氛围感到非常欣慰！”

我说：“现在家庭教育是很多家长头疼的问题啊！你有什么诀窍吗？”

他说：“其实，对子女的教育，很多习惯也是受您的影响。有爱，就会有耐心，目标对了，就能找到方法。”

他给我讲了他和妻子教育女儿的两件小事——

2000年，我女儿一出生，我就和她妈妈达成共识：女儿一天天在成长，我们也在一天天学做父母，教育孩子对我们两个来说都是一门新的学问，我们需要不断学习。

女儿刚读小学，第一次有了家庭作业。

很快我们就发现，一遇到不会做的题，女儿就会哭，她妈妈在一旁辅导、帮助，女儿不听，还是哭。一旦哭起来，家庭作业如何完成？怎么办呢？我们夫妻两人也是第一次遇到这种情况，商量了好多次，想出了种种办法。

第一个办法是威胁。我们对女儿说："如果你做作业要哭，我们就把你的玩具送人！"结果她哭得更凶了。我们也变本加厉，我直接把玩具扔了，结果，闹得家里鸡飞狗跳。这种方式持续了三天，女儿照样哭，我们败下阵来。

于是我和她妈妈开始动脑筋，认真学习。我们了解到一种理论，鼓励比斥责有效，奖励比批评管用，而且有一本书上说，行为坚持三个月就会成为习惯。

于是，我和她妈妈想了一个办法，女儿不是一直想拥有一条小狗吗？我们给她提要求，如果能够坚持三个月做作业不哭，我们就给她买。

我去跟女儿谈判，本来还担心她会拒绝我的方案，哪想她爽快地答应了。

坚持了几天，女儿果真没哭，但有一天她给我打电话："爸爸，我今天哭了，求求你了，我们重新开始计算三个月可以吗？"

我心里一阵狂喜：这个办法果真对了！

我说："没问题，女儿，爸爸相信你！"

结果没过几天，她又跟我说："爸爸，我今天又哭了，我们从今天重新开始哈！"

我开始心疼女儿了。

又一天，她跟我说："爸爸，我今天哭了，但是不是因为不会做题，是另外的事妈妈批评了我，可不可以不算？"

"当然不算！"我很爽快地说。

也不知过了多久，女儿说："爸爸，其实我也不是很想要小狗了，我们换一样东西，可以不？"

"当然可以！小狗也要买！"当时，我真为女儿的进步和自己的成功感到高兴。我在心里说，好可爱的女儿啊！其实不是我们培养了你，是你在帮助爸爸妈妈成长！谢谢你！

小学第一学期半期考试结束后，女儿放学回家，进门一脸的难色，手里拿着数学试卷，表情很沮丧，说话都带着哭腔："爸爸，这次没考好……"

我接过试卷一看，心里一紧：59分！

几秒钟的时间里，我大脑快速运转，迅速思考着自己用什么样的反应来对待这件事。瞬间我拿定了主意，我看了看眼泪汪汪的女儿，把卷子递给了身后的她妈妈，然后，我做了一件至今都自认为很伟大的事——

我把卷子递给她妈妈后，伸出双手，拥抱了女儿5秒钟，同时说："没关系，我们继续努力，加油哈！"女儿也非常响亮地答应了一声："好！"我听出了她的自信。

她妈妈看见了我俩的拥抱，也顺着我的话说："没关系，下次继续加油！"

第二天晚上，我回家很晚，爱人满脸喜色来迎接我："我们幺儿今天一回来就抱着我说：'妈妈，我好幸福啊！'我问她啥意思，她说她有个同学数学得了90分，回家后挨了一顿暴打。我趁机问她，你现在知道爸爸妈妈有多爱你了吧？她说，知道了。"

我和爱人相视而笑：我们做对了。

好老师应走进学生的心灵

我被红川的讲述感动了："你不但是一位好医生，而且还是一位好父亲！你女儿现在读大学了吧？"

他说："嗯，在一所知名大学读大二。"

我说："挺优秀啊！"

他点点头，依然自豪地说："是的，我现在最骄傲的是女儿的成长！但不是因为她就读的是知名大学，学业优秀。"

"那是因为什么呢？"

他说："因为女儿是一个善良的、有独立思考能力、懂得感恩的人！她经常跟我讨论人生、讨论各种社会现象。"

我不禁感慨："现在许多家长都为自己的孩子成绩优秀而骄傲，而你首先看重的是女儿做人的品质。"

"是的。"他说，"其实女儿从小学到高中的成绩一直都只是中等，'上游'都算不上，我和她妈妈心里哪会不着急？但是，我们从来没有逼过她，重心仍然放在做人上。即使我们抓学习，也不是靠打靠骂，因为我认为，没有一个孩子的好成绩是打出来、骂出来、逼出来的。"

我说："但很多打骂孩子的父母，都觉得打骂恰恰是因为爱孩子。"

他说："确实，没有哪个父亲母亲不爱自己的儿女，但不少父母的爱走偏了，因为他们把子女的目标定错了。他们或许认为，只要成绩好、上个好大学、找个好工作，就是好孩子，而忽视了要培养孩子首先做一个好人，一个善良的人！"

"你说得太正确了！我一直主张做人第一。"我说。

王红川说："这也是李老师您，当年作为未来班班主任教给我最重要的思想。您给我们读书，组织我们讨论，在满含时代特色的小说中，我们懂得了什么是善良，学会了勇敢和坚毅。到现在，我还经常回忆起您当年给我们读的小说中主人公积极向上的故事。所以，我们当父母的，应该把培养孩子做一个善良的人作为重要目标之一。"

他一再说他"很幸运地遇到了李老师"，我说："你是我教的第一批学生，当时我真的谈不上是好老师。"

"但你真的很爱我们，这是我们每一个学生都能感受得到的。"他说。

这点我承认。"但是，"我说，"绝大多数老师都是爱学生的好老师！"

他却说："不对，学生遇到一个好老师是偶然，当然，遇到一位差老师也是偶然，但遇到一位平庸的老师则是必然。遇到好老师的偶然是幸运，遇到差老师的偶然是不幸，而遇到平庸老师的必然，这是我们的教育让大多数家长不满意的原因。"

应该承认，王红川这几句话说得很深刻，但我还是说："在现在的社会背景下，恐怕不能苛求老师，不能对老师要求太高。"

"没有苛求。我期望，我们的老师，不必像李老师您一样赫赫有名，也不必像您一样著书立说，也不必像您当年那样每个周末都带我们出去玩儿，也不必像您一样像珍藏宝贝似的保留学生的书信、作文，甚至检查等历史资料……但是，我们的老师完全可以做到和学生一起开心，和学生一起不开心，感受他们的快乐，感受他们的烦恼。这跟学历无关，跟教学技能无关，而是跟老师的爱心和修养有关。如果一位老师根本走不进学生的心，对学生的情绪完全无感，这样的教育是可怕的。”

我不得不承认，作为医生的王红川，对教育的理解很深刻。当年的小不点儿确实已经长大了。

我知道王红川现在看专家门诊，还担任了行政管理职务，同时他还有不少科研成果获奖，有一些荣誉。我请他给我开个清单，他却不愿意："我觉得这些都不重要。我就是一个医生，这个才是重要的。”

我想到，我也不喜欢人家问我的职务和荣誉之类，我经常对别人说："我就是一个教师。”

我说："那我可以写你是骨科专家吗？”

他笑了："可以，主任医师就可以成为专家了。”

昔日的顽童已长大

无论人品，还是专业，王红川在单位的口碑都是很不错的。他的一位同事用一句话评价王红川："他是谦谦君子。”

我还了解到，王红川在医院的一次活动中发表演讲，他说："无论如何，我都将不断提高自己的个人修养和职业素养，给自己的人生交一份满意的答卷。”

1983 年春节，大年初一，我和王红川在郊外山坡上摔跤

在我看来，至少迄今为止，他的答卷是令患者满意的，也令我满意。当然，王红川还在继续填写这份答卷。

2018 年 7 月 21 日，应学生的请求，我在乐山一中为在乐山的历届学生上了两堂课，这是我退休前的“最后一课”。

王红川全家三口（他和他爱人以及女儿）来听我的课。课堂上有一个细节，我展示了几十年来珍藏的老照片，其中有一张是 1982 年春天，我和王红川在郊外草地上的合影。

我指着照片上王红川稚气的模样说：“这个小不点儿今天也来了，他叫王红川，我们请他站起来给大家看看他现在变成什么样了。”

王红川腼腆地站了起来，全场 400 人哄堂大笑。

确实，当年 12 岁的小不点儿与眼前这位年近 50 的中年骨科专家，反差也太大了。

我又拿出厚厚一沓我保存的学生信件和贺卡，抽出其中一封，说：“这是当年王红川写给我的贺卡，上面写的什么呢？还是请王红川上来读一读吧！”

王红川走上来，从我手中接过贺卡，朗读了起来——

李老师：祝您新年快乐！身体健康！我的字一直写得很糟糕，从初一到现在，没有一点好转，您一定会感到失望吧？可这怎能影响灵魂的升华？您的心血绝没有白费，昔日的顽童已长大了。谢谢您！您的学生：王红川，1990 年 12 月 24 日。

全场爆发出热烈的掌声。

那一刻，我好像又回到刚参加工作的第一天，走进教室看到坐在靠门第一排的王红川……

2011 年 2 月 10 日写成

2020 年 3 月 29 日充实

伍建：是未来班的童话，也是爱的传奇

伍建，只是未来班极其普通的一员，现在也是一位普通的劳动者。但他从中学到现在30多年的经历，却折射出未来班“爱的教育”的光芒。整整37年，是可以说明一些问题的。

——题记

“伍——建——你——好”

拙著《爱心与教育》出版20多年来，打动了不少读者。书中一些学生，让读者难忘。伍建便是其中之一。曾收到一些老师的来信，说当年未来班的同学帮助伍建渡过难关的故事令他们落泪。

初三时的伍建

估计有朋友并没读过我的《爱心与教育》，这里，我把相关段落节选如下——

从教之初，我就把意大利作家亚米契斯的《爱的教育》作为学生必读的德育教材。我在班上立下规矩：凡是学生病休三天以上，班里必须派人去慰问；病休一周以上，班主任再忙也要亲自去看望。对于那些由于特殊原因，不能经常享受家庭温暖的同学，更应关心。

教初84届1班的时候，有一段时间，我发现姜茹、王琦、彭霞、杨虹几个女同学课间神情、动作异常，好像总在密谋着什么。有一次上语文课，我正在讲课，突然发现有一张纸条正在学生课桌下悄悄地传递着——由姜茹传给毛利，再经过许艳、文丽的手传给男生班长马庆，但马庆正要接的时候，我一步跨过去，将纸条截获了！我当场打开纸条一看："这事一定要保密！千万不要让李老师知道！"

我大吃一惊：女同学给男同学传纸条就够让我担心的了，何况又是这样神秘的语言。我把这几位女生请到了办公室。

"你们说实话，上课为什么传纸条？"我严肃地问她们。

她们都一言不发。

我说："那好，我请你们的家长来和我一起帮助你们！"

"李老师，我……"许艳刚说了一句，另外几个女生迅速给她悄悄摆手，于是她便把话吞了进去。

其实，我心里已经明白，"传纸条"与我最初怀疑的"男女同学之间的敏感问题"并没联系，但当时我却故意以此来狠狠批评她们："哼！男女同学上课传纸条，还说什么'千万不要让李老师知道'！有什么见不得人的事怕我知道？你们这种年纪啊，思想就是容易变坏！"

这一句让她们急了："不是，不是……"

姜茹嘀咕了一句："我们真的不是要干坏事！"

"哦！是好事？"我故意装出不相信的样子，"那你们就说出来呀！说出来，也让李老师和你们一起做嘛！"

沉默了一会儿，她们终于吞吞吐吐道出了原委——

来自农村的伍建同学，家里最近遇到了严重的困难：父亲不幸病逝，拖欠了一大笔债，现在家里除了体弱的母亲，还有一个16岁的姐姐，责任田也缺人种……

前些时候，同学们偶然听说伍建流露出不想读书的念头。伍建对他的一个好朋友说："现在，我是家里的男子汉，应该回去种地！"同学们知道这件事后，都决定帮伍建一把，为他捐款，希望他留在我们班上继续学习。于是，这几天，大家便暗中想办法，并希望班长马庆来组织这次对伍建的捐助活动……

听了几位女生的诉说，我首先感到的是内疚：以前我只知道伍建学习成绩较差，却不知道他竟有这么大的困难！

我又问她们："这的确是件好事啊！为什么怕我知道呢？"

她们说："我们想自己做成功一件好事，让您高兴高兴。再说，您太忙了！"

我又和她们开玩笑了："哼，这么好的事就把李老师给忘了，还说喜欢李老师呢！"

她们天真而不好意思地笑了，我们开始商量起来……

伍建平时住校，周末才回到乡下家里。这个星期六下午的班会课前，我借口伍建回家路途太远（得步行30多里山路），便叫他提前离校了。然后，我和全班学生一起开了主题班会："让伍建因为有我而感到温暖。"

在班会课上，马庆同学向大家讲述了伍建家的不幸之后，号召同学们向伍建伸出援助之手。他在发言中说："李老师最近刚为我们读完《爱的教育》，大家都很感动。同学们想想，资本主义国家的儿童都知道关心同情别人，我们社会主义新中国的少年更应关心别人，富有同情心。"

班会的气氛极为热烈，大家一致决定为伍建下学期的学习费用捐款。很快地，讲台上便堆积了一座钞票的小山。经过清点，学生们和我共捐款37.76元钱！

这笔钱在现在看来当然是微不足道的，但在80年代初，这几十元钱却是一笔不小的资金。下学期伍建的学习费用只需8元钱，大家决定把其余的钱拿来为伍建购置生活用品。

韩军同学说："为伍建买一个闹钟吧！他家里没有钟，有一次星期一早晨他估计着时间从家里出发，走到学校时，大门都还没开，因为天都还没亮。"

张海波同学说："还应该给他买一个热水瓶。他平时住校经常喝自来水。"

张春银同学说："还应该为他买些学习用品。我看见他的钢笔都坏了，可他还在用。"

…………

我提醒学生们："除了生活上、经济上的帮助，伍建还需要什么帮助?"

周涛同学说："伍建的数学比较差，从下周起，我帮助他学习数学！"

王红川说："我帮助他学习英语！"

更多的学生纷纷举手："我帮助他学习语文！""我帮助他学习物理！"……

在这以后一直到放寒假的两个星期里，伍建的桌子上、抽屉里经常出现一些物品，老实的伍建每次都要拿来交给我："李老师，不知谁把新钢笔丢在我桌上了。""李老师，我在我的抽屉里拾到一本新笔记本。""李老师，这文具盒不是我的，请您帮忙查一查是谁掉在我座位上了。"……

我心里当然明白是怎么回事，但又不好明说，只好含糊地说："嗯，我在班上问问。你暂时先用着吧，等找到失主，你再还他。"

两周以后，学校放寒假了。在春节前的一个冬日高照的上午，我和马庆、吴蔚、姜茹、田晓敏、龚驰群、何静红、韩军、王红川一起，带着我们为伍建捐的款和许多生活用品，用了半天时间跋涉 30 多里山路，来到伍建家所在的小山村。刚拐过一个山坳，我们就远远地看见他在地里劳动着。我们悄悄地一直走到他面前时，他仍在弯腰劳作，竟没有觉察到我们。

我们在田埂上站成一排，齐声大喊："伍——建——你——好！"

他猛然抬起头，惊呆了的脸上泪水夺眶而出……

一晃 15 年过去了，当年的伍建和他的同学们也已长大成人。前不久，我意外地收到伍建的来信。他在信中提起那年春节前夕同学们给他的温暖时，我从字里行间仍可感受到他的激动之情。多少有些令我吃惊和欣慰的是，他在信中自豪地写道："李老师，现在我也是一名中学语文教师了！"

上面就是《爱心与教育》中有关伍建的故事。

伍建加油

同学们的爱唤醒了他上进的勇气。在同学们的鼓励和帮助下，他完成了初中学业。

但是，伍建的成绩属于中等，在 80 年代，他要读高中肯定是有困难的，所以他后来在他家的乡村初中凌云中学复读了一年，第二年考上茅桥中学高中。在高中三年，他又遇到困难：有学习上的，更有来自家庭的，主要是自父亲去世后，他就是家里的劳动力，责任田需要人种啊！再加上经济困难，家里供他读高中，是一笔沉重的负担，他自己觉得很对不住多病的妈妈。总之，困难一大堆，他的情绪一度很低落。

初三毕业时的小伙伴（前排左一为伍建，前排中间为王红川，后排左一为张春银）

伍建离开乐山一中后，我和同学们都一直惦记着他，关心着他。我和他没有中断书信联系。他有了困难就给我写信，我也尽可能帮他出主意。有一次他给我写信，提到对农村现状感到悲观，学习上也提不起劲。我给他回信说：

读了你的来信，了解到你的情况，也了解到你目前的思想。我认为你不必悲观。当然，我也不愿意用“立志为改变农村贫困面貌”之类的话来教育你，因为这不切实际。我想，第一，你应该努力使自己成为一个正直的人，这样以后你无论干什么，都会受人尊敬；第二，尽量使自己成为一个有用的人，也就是说尽量多学知识，正如你说的那样“无论课堂知识还是社会知识”，只要具备了这两点，以后无论怎样，你都不会吃亏。当然，你还应该看到，今后你所面临的客观条件只会越来越好，不必为一时的逆境所困扰。

大概是他读高二的时候，我还约上原未来班的同学去他家看他。下面是我回去后给他写的信——

伍建同学：

你好！来信收到。那天见到你我很高兴，你长高了，成了一名壮小伙子了，彬彬有礼。当时我有许多话要对你说，可是人多口杂，我没有找到单独谈话的机会。不过，总算再次见到你了，我也满意了。

未来班的同学的确很好。这次最早提出来看你的，是姜茹几个女同学，还有一些男同学本来也想来，可有的同学因为学习忙，有的是因为家里父母不让来（怕耽误学习），有的出于自卑感不好意思来。总之，同学们是很重感情的，这使我很感动。同学们多么纯朴啊！

伍建，你不应自卑，你没有理由说自己“不争气”，我和同学们绝没有这样看你。你永远是大家的好朋友，我也永远是你的好朋友，以后你只要进城，请一定到一中我家来玩儿。现在你学习勤奋，我很高兴，尽力拼搏，争取考上学校，但也要做好思想准备，万一将来名落孙山，也不必悲观绝望。不管是考上学校，还是在农村，你一定会有出息的。平时我太忙，不可能经常来看你，甚至连写信的时间也很少，但我永远不会忘记你！

真诚祝愿你一切如愿以偿！

李镇西

1986 年 5 月 27 日

1986 年 12 月底，伍建再次给我来信，他对成绩有波动感到紧张，对来自母亲的“苛求”感到压力很大，还就选文理班征求我的意见。我给他回信：

昨天收到你的来信，今天我就给你回信，这是 1987 年我写的第一封信。

伍建是个好学生，真的！也许你的成绩不是班上最好的，但是你的纯朴、正直、重感情，是我印象最深的。你说你现在没有勇气进步，这不是实话，因为你的来信正透出一颗不甘七八名、想奋起直追的勃勃雄心，这就是一种进步。我想关键还是立志，这个“志”倒不是一定要当什么“家”，而是使自己这一生活得有意义，对社会的贡献很大。有了这个“志”，就会有不竭的“动力”。

对于家庭、对于母亲，你不满意，这可以理解。但也应该看到，家庭的“古板”是长期落后的文化、经济造成的，切不可埋怨母亲，她不一定理解你，但她是爱你的。我们的任务，就是要通过一代人的努力，改变我国各方面的落后状况，这就叫“振兴中华”。

你叫我为你的分班提建议，可把我难住了，因为这么久了，对你现在的学习不太了解，不过我想按你初中的写作水平，似乎不宜读文科。当然这只是“似乎”而已，千万别听我妄言，这样会误了你的学业大事，还是你自己郑重选择吧！

学习李老师，做优秀教师

2010 年 2 月寒假里的一天，伍建给我来电话，说因为要回家照顾病中的母亲所以不能参加未来班的小聚会，但他说当天中午一定来看我。

分别 26 年了，眼前的伍建真的长大了——当年 15 岁的男孩子，已经 42 岁了。如果在大街上碰着，我还真认不出来。但他依然朴实、善良。我和伍建聊起天来，滔滔不绝，并留他在家里吃午饭。

说到往事，他回忆起那时全班同学对他的关心，说：“李老师带着同学们到我家来看我的情景，我永远忘不了！我的第一个闹钟、第一个热水瓶，都是同学们给我买的！后来我当了教师，也这样引导学生们去关心家境贫寒的学生。”我知道他曾经在一所乡村中学当初中语文教师，便问他：“现在还在教书吗？”他说：“现在不了。因为当初只是代课老师，后来无法转正，就离开了学校。”但他对我说：“我教了 5 年书，教书的时候我完全学你，爱学生，建设班集体。当年未来班的班歌，我也教我的学生唱。虽然我并不是科班出身的老师，只是代课，但那 5 年里，我全身心扑在教育上，就像当年李老师那样，所以我班不光班风好，学生的成绩也不错，中考时我班的成绩创了学校的纪录呢！虽然我早就不当老师了，但我和我的学生感情一直很好，昨天我的学生还来看我呢！”他现在已经是一家企业的总经理了，女儿也已经读初三。看到当年的伍建有了出息，我很是欣慰。

又过了 4 年，2014 年暑期未来班毕业 30 周年聚会，我又见到了伍建。他好像长胖了些，毕竟 46 岁了，发福了也正常。伍建依然纯朴，本色没变。在发言中，他感谢母校老师对自己的培养，感谢当年同学们对自己的关心，说自己永远不会辜负未来班这个温暖的班集体。他说："我感谢我的老师和同学！如真的有来生，我愿再做我老师的学生，再做我同学的同学，因为彼此那份爱！"

分别后便是教师节。我和他还有几个学生在微信群里聊天。伍建给我发了一个段子，大意是"老师，你当年教给我的知识，我早就还给你了，你看什么时候退我学费呢"。我一看就乐了。另一学生黄杰反驳他："你想造反？利息要不要？你咋个不说老师教给你知识，就相当于投资入股了，就应该分红！你早就用这知识赚了钱，所以你现在每年都应该将 30% 的收入作为红利给老师！"

以这种方式给老师带来节日的快乐，真是让我开心。伍建说，是因为他以前教过的学生发这样的段子给他，还说"退了学费好拿去买 iPhone 6"。我又是一阵乐。

第二天，伍建发给我他写的一篇文章，回顾他 30 年来的经历，我看了非常感动。30 年，对一个人来说，时间不算短。伍建的成长，让我看到了教育的力量。当然，这里的教育，不只是我对他的教育，还包括他的自我教育。

一生的承诺

伍建说，他写得很随意很自然，正因为如此我读到了真诚。这也是一篇很好的励志文章，特向大家推荐。

一生的承诺

——写在 30 年同学聚会后

这一生能进乐山一中读书是我的幸运，这一生能做李镇西老师的学生是我的幸福，这一生能作为乐山一中初 84 届 1 班（首届未来班）的一员是我的快乐！

2014 年 9 月 6 日，是未来班毕业 30 年后聚会的日子，其间老师和同学、同学和同学间互相问候，热烈拥抱，还有笑脸和歌声……特别是李老师讲话气概。学校开春季运动会——那时候学校每年开两届运动会。别看荣建看上去很弱小，他却主动报到参加短跑比赛。运动会开幕前几天，他利用放学后的时间在校园练习跑步，结果有一天因为他练跑太投入，刚一起跑，小家伙便埋着小脑袋、咬着腮帮子如箭一般向虚拟的终点冲去，结果冲过了终点还刹不住脚，“嘭”的一声，他一头撞上单杠，整个脸都肿了。当时，同学们都很感动，我却很心疼。但几天后，鼻青脸肿的荣建依然自信地站在了运动会短跑比赛的起跑线上，还获得了好成绩——我估计是他那“狰狞”的面目影响了其他运动员的发挥，哈哈！从那以后，每届运动会，荣建都是我班的健将。

善良正直，有胆有识

荣建善良、温和，也很正直，勇于坚持原则。我现在还保留着当年这个班的值日生日记——每一个值日生记录当天的班级情况。1985 年 9 月 17 日，荣建担任值日生，他在当天的值日生日记中有这样的记录——

今天的课间操上，有一件事使我很气愤。这件事的整个过程是这样的：大家都在认真地做早操，当做到转体运动的时候，我看见赵刚在那里懒洋洋的，手像没有骨头一样，头也像没有拽紧似的，不住地摇，像生了病一样，可他说话倒挺有劲，一边说一边比画，真可谓“有声有色”了。他看见我盯着他，于是又懒洋洋地做起来，我真是没办法，只好睁只眼闭只眼。

我想在李老师面前的赵刚也许不是这副令人讨厌的沮丧神色，也不会是懒洋洋的。我衷心希望他改掉自己的毛病，希望你不要生气，赵刚！谢谢！

特别要说明的是，我班的值日生日记是放在班上，大家都可以传看的。因此，荣建这样的记录绝不是偷偷向老师打小报告，他是出于对集体荣誉的维护，勇敢地公开批评犯错误的同学。他和赵刚是好朋友，因此这份批评才尤为可贵。

1985 年春节期间，我曾带着荣建等学生到郊外玩儿。在拙著《走进心灵》中有一段文字记载——

中提到的教学目标是教会学生正直、善良、勤奋，这深深地触动了我。30 年来一幕幕情景就在眼前。我在这里不再去回忆老师和同学对我关心有多少，帮助有多少，因为这些是说不完的。我只想说这么多关心和帮助对我人生的影响有多大；我只想说我好像没有太辜负老师和同学的关心和帮助，我更没有给我们未来班这个集体抹黑！

我童年时，家里很穷。每顿饭刚好一桌人，爸爸、妈妈、一个哥哥、四个姐姐和最小的我。蒸饭的甑子完全可以装下童年的我——因为那时我很瘦小，一天到晚就是吃不饱啊！从懂事时起，我就知道为家里做点什么了，放牛、割草、喂猪、煮饭，甚至自己缝补衣服……12 岁以前，我已经学会了现在很多成年人还做不来的事情，现在想起来，我那时不简单啊！

1980 年考上了乐山一中（那时的一中是初中和高中一起的，在乐山市市中区内招生，一个年级就 4 个班）。开学时，爸爸挑着担子，一头是一个自己改装的木箱，一头是被子和草垫，我在后面一颠一颠的，走进了当时乐山最好的学校。那时的我身高 129 厘米，是全年级最小最矮的一个，老师们都爱摸摸我的头，揪揪我的脸。至今想起爸爸的背影，绝对不亚于朱自清先生《背影》的感觉，鼻子也是酸酸的。

在校期间，遇到了好的老师、好的同学，可惜 11 岁的我突然没有人管了，就有点控制不住自己，毕竟是 11 岁的男孩，有些贪玩。一年之后我重读初一，跨进了初 84 届 1 班，尽管老师和同学给了我无限的关心和帮助，但以后的学习也真不好启齿。在此过程中，我的老师和同学并不知道，那时我天天惦记的是家里：哥哥嫂嫂又同爸爸妈妈吵架没有？每周 5 毛钱的伙食费下周妈妈拿得出吗？家里的秧子栽了没有？谷子怎么打起来？这就是我的初中生活，谁能在这样的环境中好好学习呢？唉！

1981 年家里分家时，我和妈妈就得了一间木板房子，只有一间！而且立柱已经和地面成 85 度的夹角。脚下是泥地，墙壁是竹笆，采光很差。房顶的瓦稀稀疏疏的，站在地上都能数得清有多少块瓦片。经常还有几缕阳光穿透瓦缝射进来，刺眼睛。床顶上盖满了薄膜，下雨天再加几个盆子。最搞笑的一次，觉得睡觉时什么东西顶背了，钻下去一看，哦，明天有菜了——居然冒出几根苦竹笋！现在来说是好菜啊，当时吃着却是苦涩的，至今还能回味。

1982 年 5 月 12 日，爸爸走了，虽然从我懂事起就知道他有病，什么重活也做不了，但他的离去仍然给家里带来了不小的打击，妈妈肩上的担子更重了。爸爸走时，我没有在家，未能见他最后一面，这是我一生的遗憾。之后我产生了辍学的念头，因为家里太穷了，妈妈太苦了，我想自己养活自己了。但当时李老师和同学们知道后，竟然背着我为我捐款。同学们怕我周一把握不了时间，为我买了闹钟；怕我在学校喝生水，为我买了热水瓶。他们竟走几十里路来看我，给我做思想工作，就为了让我能完成初中的学业。同学们啊，你们不能想象我那时的眼泪何止决堤般涌出！初中学习生活不用我在这里细述，基本每天都被老师和同学感动着。

初中毕业，我没能考上中师中专。跳不了"农门"，我怀着不甘心的复杂心情，在妈妈坚忍的目光中，走进了茅桥高中。以后的日子，基本就是我和妈妈两个人相依为命了。其实从 13 岁起，自己好像就是家里的男劳动力了，耕田、栽秧、打谷已经难不倒我了。

进了高中，也无法集中精力学习。成天想的是现在喂鸡能赚多少钱？喂兔子效益如何？甚至算出了喂兔子的年利润，设计出了兔舍，进行了项目论证，订出了近期和长远的目标，近期是挣 5000 元修房子，远期是挣 30000 元……现在想起来，呵呵！结果三年后高考大家不用猜都知道结局了。

高中毕业，我灰溜溜地回家了。那时农村的高中生可是癞蛤蟆的耳朵——缺货，乡武装部长一句话叫我去当兵，我还不干。不为什么，就为了我母亲！理由很简单，百善孝为先，我不想她一个人在家受气。结果我同学去当兵的基本都没有回来的，不是"壮烈"了，而是当官了。不然我现在可能不比黄杰同学差哦，说不定也是个政委之类的，嘿嘿！

以后，打过石头，在冷冻厂分割过猪肉，制过药，做过泥瓦匠、钢筋工、保坎，挑过灰浆……好像在哪儿都受欢迎，因为无论做什么，我始终坚守着善良、勤奋和认真。

1994 年，凌云中学的老校长跑我家好几次，叫我做了一件做梦都没有想过的事情——去教书，还是初中！因为缺钱，去就去吧！虽然是代课教师，但每个月有 88.5 元工资，干！一不小心，我居然成了区级优秀老师，一周 24 节课（那时一周 5 天，为了挣补课费，一节 2 元），还是班主任！现在想起来我都觉得自己不简单！那时的我，与学生一起笑，一起哭，一起摸爬滚打，在峨眉山顶雪地里和学生一起野餐，一个班就是一个整体。为了自己的学生，不惜与亏待我学生的老师翻脸！其实，我水平有多高呢？完全谈不上。但我有爱，而爱能够让我认真，让我动脑筋去研究，去探索，这样我慢慢就会教书了。

中考时，我教的班的语文成绩是全茅桥办事处的第一名，最高分和平均分都是！班上有一个学生考上乐山一中，两个学生考上草堂高中。我永远记得新校长去区里开会时对我说的一句话："我这次到区里开会，腰杆是最直的！因为你班上中考考得好。"其实这些对我来说，都不是最重要的。1999 年我离开学校，回忆自己的 5 年代课经历，认为最重要的收获有三个：一是我有 37 个现在我都为他们感到骄傲的学生；二是教书期间我还每天去打潲水喂猪，经济上有收入，让我度过了最困难的时期；三是我在 1995 年有了自己的女儿，也是让我值得骄傲的女儿。最重要的一点，我传承了李老师的教育方法，包括也给学生读《爱的教育》，还有李老师写的《青春期悄悄话——致中学生的 100 封信》。最后我成功了，所以收获了类似于我们给予李老师那样的尊重和爱戴！

回忆过去，我想说几句，当老师，首先不是要你的学历有多高，特级一级二级教师也可能只是收入的差别，要当好老师，关键是你对学生的爱心，你愿意把你的学生当成你的朋友吗？你愿意做他们的朋友吗？我很骄傲我做到了，现在我的学生每年聚会都要叫上我，我感到荣幸。要知道，他们记住的我，只是个代课老师。

这是我人生中很重要的一段日子！

1999 年到 2001 年，我上工地了，学工地管理，开汽车、装载机、压路机……收获了不少学校以外的东西。2001 年 7 月 9 日，我到了现在的公司，从办公室做起，每月 400 元。还是因为我的认真勤奋，2004 年成了总经理。其间好多故事，说不完，写不完，一本书也写不完……

我妈妈老了，在 2006 年 4 月 26 日离家出走失踪。我流着泪在好多人的帮助下找了 17 个小时才找到了妈妈。去医院一检查：老年痴呆症！此后，我过的就是随时离不了妈妈的日子了……

我以这篇文字对自己做一个小结，画一个自己的感叹号。我的经历其实很简单，但李老师说的“正直、善良、勤奋”这六个字我从来没丢过。

借这个机会，我想再次感谢我的老师，我的同学，我的初 84 届 1 班，我的未来班！是你们改变了一个农村孩子的一生。我说不上成功，但我会努力！我永远以你们为我的骄傲！人生还有很多时间，我会好好走下去，也相信我们每个同学都能走好自己的路。这样的我们才无愧于未来班。这也是我一生的承诺。

这篇文章收入未来班 30 年纪念册《让青春告诉未来》时，我这样点评道：

伍建，你总说我和同学们对你的关心影响了你的一生，但你可能不知道，这种关心和影响是相互的。未来班有许多故事、许多快乐、许多感动，你就是这许多故事、快乐和感动的主角。当年的你，在班上朴实无华，因为你家一场变故，同学们表现出爱，你也表现出坚强。那年寒假，同学们去到你的家里，贫穷的环境和你的懂事与能干，深深地触动了同学们的心。大家都被你感动了。那个寒冷的冬天，围绕着你在我们未来班发生的故事，温暖着你，也温暖着每一个人。那次播下的爱的种子，在你的生命里发芽，成就了今天依然善良坚强的你。我那天说过，同学们无论从事什么工作，只要善良、正直而勤劳，就是我最骄傲的学生。伍建，你是！

“没有未来班，就没有我的今天”

时间过得真快，距上次的未来班毕业 30 周年聚会，又过去近六年了。几天前，伍建给我发微信，邀请我 1 月 11 日到他家做客，他说请了 20 多个同学聚聚。面对大家的疑惑，他说：“没什么特殊原因，就是想大家了，一起

2020 年 1 月 11 日，我和伍建在他的老家

聚聚。”

于是，1 月 11 日上午，我们来到伍建的老家——乐山市茅桥乡凌云村。

天气真是难得的晴朗，冬天的太阳如春日一般温暖。

20 多个同学都来了。伍建说，还有些同学没联系上，不然他想请全班同学都来。

伍建带我们去他的新房子看，是一栋小楼，我们照了合影。我想到 1983 年我和学生一起看他的情景，便问：“你的老房子离这里有多远？”

他说：“400 米左右。”

我说：“去看看！”

泥路、水田、小溪、古桥……一切都是原来的样子。当初和我带着礼物去看伍建的田晓敏、姜茹、韩军等同学都说“没变”，“还是老样子”。

但走到伍建的老房子前，我们却觉得变了，因为我们看到的并不是当初的破房子，而是一栋旧小楼。伍建说，30 多年了，原来的土房早就推倒了，这房子是 2009 年修的。

我感慨：“当初我们来看你的时候，你就在前面田里干活。那时你家的房子，真是又低又矮又破，一晃 37 年过去了！”

中午，伍建摆了三桌“坝坝宴”[①]招待我们。我问伍建：“你现在该说实话了吧，今天究竟为什么要请我们吃饭？是什么特殊日子吗？”

阳光下，伍建说：“真的没有什么特殊原因，我就是想请大家聚聚。当年，在我最困难的时候，同学们帮助了我，不然我就辍学了，可以说是大家挽救了我！没有同学们对我的帮助，就没有我的今天！”

作为老师，我想到前不久未来班班长何静红因病去世，全班同学都很悲伤，大家去吊唁、参与她的丧事，表现出强大而感人的凝聚力；今天，因为伍建的感恩，已经年过半百的同学们又聚集于洒满阳光的小山村。

大家的心，依然保持着少年时代未来班时的纯真和善良。

对我来说，还有比这更令我欣慰更感幸福的教育成果吗？

后来在我的反复追问下，伍建才承认，请大家聚会那天是他的生日，但他要我帮他保密。他说：“我这几十年经常想到当年未来班对我的关心，您和同学们对我太好啦！可以这样说，没有未来班，就没有我的今天！”

这句话他已经说过很多次了。我相信，这是他的肺腑之言。

几十年后回看未来班，“帮助伍建”成了未来班最核心的价值观的体现：爱与坚强。同时，“帮助伍建”也成了未来班几十年来最温馨的记忆。伍建成了一个纽带，因为他，我们经常聚会。

前不久，我翻出了伍建当年给我写的每一封信，拍成照片发给他看。

没想到他说：“我也有许多古董呢！”

然后，他将他说的“古董”拍成照片发给我。我一看，都是初中时同学们给他写的鼓励的话、毕业赠言、照片等，还有毕业后同学们给他写的信，包括我给他写的信，他也珍藏着！

他说，这些都是未来班爱的见证，他将永远铭记。

他再次说：“李老师，您改变了我一生。没有未来班，就没有我的今天。”

伍建，的确是个感恩的孩子。

---

① 指九斗碗、九大碗，是四川地区传统特色菜肴。

所以，在“最后一课”上，坐在前排的伍建唱班歌时特别认真和动情。

去年 9 月的一天，我看到伍建在微信朋友圈晒出一张《爱心与教育》的图片，说他正在读这本书，已经是第三遍了。这是我送他的，因为里面有他的故事。

我就在朋友圈里调侃地问他：“自己读自己的故事，什么感觉？”

他回道：“一口气看到 62 页了！”

虽然他没有正面回答我“什么感觉”，但我能够感受到他的激动和投入，不然一本已经看过两遍的书，怎么会又“一口气看到 62 页”呢?

那一刻，我想到 30 多年来我和我学生的故事，很有感触，便在微信上写了几句：“我有时想，即使将来我和我的学生已经离开这个世界，我们温馨的故事也一定会流传下去，并继续感动着这个世界的人们。”

伍建的同班同学刘春华在后面跟道：“突然莫名伤感。”

我又继续写：“不用伤感，我昨天讲课还提到你，我说你是我最优秀的学生之一，因为你现在是很敬业的受乘客欢迎的公交车司机。”

他也继续在朋友圈回复我：“谢谢老师，我一定会更加努力，做一个正直、善良的您的好学生！”

伍建写了一句，一下让我的眼睛湿润：“发自内心地说，李老师，您真的用自己的爱温暖了您的学生的心！”

2020 年 3 月 30 日修改充实

荣建：叛逆的青春自由地成长

童声荣建

我现在都还清楚地记得，1984 年 8 月 31 日新生报到的那一天，荣建是一个人来报到的。

当时，我忙着接待带着孩子来报到的爸爸妈妈们，所以没太注意静静地乖乖地坐在我不远处的小男孩。等我好不容易有喘口气的工夫，才回头仔细看这个文静可爱的小男孩。

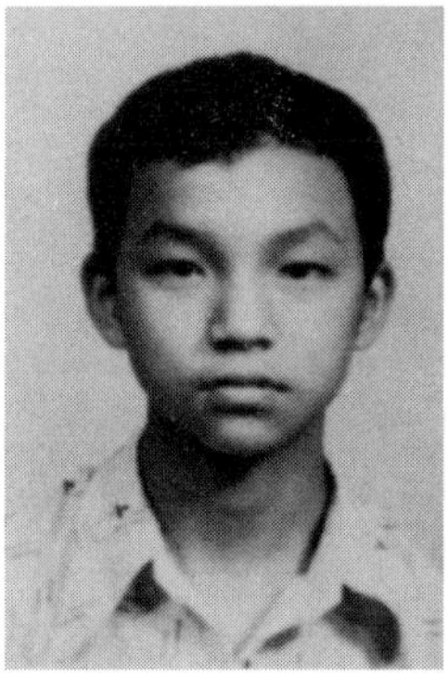

初三时的荣建

真的很可爱，头发天然地有点微微拳曲，眉目清秀，如女孩一般。

我拿着花名册问他叫什么名字。“荣建。”他低声说。声音也像女孩一样细声细气，再加上他羞怯的模样，让他看上去更像女孩了。

许多孩子都是爸爸妈妈陪着来报到的，而荣建是一个人来，他又是那么瘦小，我当时是很感动的，而且有了些许怜爱。

我问他：“为什么你是一个人来呢？你爸爸妈妈呢？”

“我爸爸在外地，妈妈……妈妈是盲人，所以就一个人来报到了。”他依然怯生生地回答道。

我接着问：“你家里还有哪些人呢？”

“两个姐姐。”

我又问："你家住哪里呢？就在学校附近吗？"我想，也许他家离学校并不远，所以家里才放心让他一个人来报到。

"我家住大修厂。"他说。

啊？乐山汽车大修厂在岷江对岸，当时属于乐山市郊外很偏僻的地方，离乐山一中很远的。荣建是一个人走到学校的。

这孩子太懂事了！看上去柔弱腼腆，内心却很坚强。这是荣建给我留下的很深刻的第一印象。

后来从初一到高一，直到高二分文理科他去了理科班，我教了荣建四年。

荣建可以说是品学兼优，发展全面。他在学习上一丝不苟，非常自觉认真，从不要老师操心，成绩在班上不算特别出类拔萃，但绝对属于第一梯队，至少都在前十名吧。他善良温和，热心班级活动，同学关系也很好。总之，他完全没有一般男孩的调皮捣蛋，相反，他有着女孩的秀气，也有着一些女孩的爱好。

荣建（中）在课堂上

比如，课间他喜欢和女同学一起踢毽子，还踢得不错；另外，他居然还会跳橡皮筋。所以课间，常看到小荣建和一群女生一起踢毽子、跳橡皮筋，好多女生都败在他的脚下呢！

他的声音也像女孩，因为他还没变声，唱起歌来真是天籁般的童音。记得当时电视里每天晚上都播《聪明的一休》，该片插曲孩子们都喜欢：“格叽格叽格叽格叽格叽格叽，我们爱你！格叽格叽格叽格叽格叽格叽，聪明伶俐！……”合唱到中间的时候，有一句“噢——噢——开动脑筋噢——”是一句独唱，是很独特的奶声奶气的声音。我就让荣建来唱这一句，他稚嫩的嗓音一唱出来，简直和电视上的声音一模一样，同学们都笑了，于是大家唱得更带劲了。

小小男子汉

荣建的同桌彭艳阳曾经在作文中这样描写他——

我的同桌是一位假女孩。

他个子矮挺苗条，一头绒发趴在脑袋上，略微鬈。脸盘小小的，嘴也小小的，眼里常含着笑意，这外貌就相当假女孩了。

他擅长跳长绳、踢鸡毛毽。记得前年冬天，我们班举行男女生鸡毛毽对抗赛，他一连踢二百多，一举夺魁。舞蹈人才在咱们班奇缺，每次跳集体舞，叫这个不去，叫那个也不去，只得“抓”，抓来的人中少不了我的同桌。

别看他噘着嘴，红着脸，跳起来舞步可轻盈，姿势优美，比女同学跳得好。就凭这点，他当上了“舞蹈老师”，大家跟着他出左脚、伸右手……都学会了跳集体舞。

在“一二·九”文艺汇演中，他功劳可真不小。我们班的节目是大合唱，由他担任指挥。刚开始练习，他很不好意思，站在讲台上脑袋总往后扭，身子也不停地转动，眼睛一个劲地眨，似乎很痛苦。可是在舞台上，他的神情却严肃了，不时向我们眨眼，示意“唱快点”或者“慢点”“注意”“别紧张”……他用他那双小手控制着我们57个同学。结果我们的节目得了二等奖。

…………

然而，我们的荣建毕竟本色是男儿，所以他也有着小小男子汉的气质和那天早晨，城里多数人还在梦中，我和王伟、荣建、汪皓、黄靖、罗晓宇还有她妹妹等几个人就已过了江，沿着岸边向大佛的方向走去。路上，我们谈论着昨晚的春节晚会，谈论着陈佩斯和朱时茂的小品……

前面出现了一头水牛，它横在路上，两眼鼓鼓的，直瞪着我们。

王伟兴奋起来："嘿！牛年第一天，我们就碰见了牛，真是牛年大吉啊！"

汪皓等几个女同学却不敢过去，因为，那牛的尾巴一扬一扬的，似乎随时都要横扫过来。

荣建说："让我把它撵走！"于是，他嘴里叫着："吁——"

可牛儿纹丝不动，如雕塑一般。

王伟出了个鬼点子："我们放爆竹，把它轰跑！"

"不行！"我赶忙制止，"如果牛一受惊，那可不得了。"

大家都没办法了。这时，那牛仿佛得意了起来，昂首大叫："哞——"同时，尾巴一翘，竟"啪嗒啪嗒"地拉起屎来。

大家顿时笑了起来。

荣建却说："有了。我们把爆竹插在牛屎堆里放，声音不会很大，牛也许会走的。"

"那用一根小爆竹试试。"我勉强同意了，因为我也觉得挺有趣味。

荣建蹑手蹑脚地绕到牛屁股下面，一只手捂着鼻子，一只手把一个小小的爆竹插进还冒着热气的牛粪堆，爆竹插得很深，只露出一截引线。然后，他小心翼翼地点燃了引线。

"快隐蔽起来！"我和学生们飞快地跑向远处的草丛，然后紧张地蹲在地上，等待着巨响。

然而，并没有我们想象的惊天动地，只有"噗"的一声闷响。声音不大，不过牛粪倒是四处飞溅。

那牛儿小吃了一惊，后腿提了一下，然后，终于甩着那潇洒的尾巴走了。

于是，我们欢呼着继续朝前走去……

从这里可以看到，小小荣建堪称"有胆有识"。

中学生活是萌芽版的“理想国”

要说荣建在我班上四年，我给了他多少“教育”，真的还谈不上。我一直认为，优等生并不是老师教出来的。荣建的聪明主要来自其父母的遗传基因，虽然他的爸爸妈妈都是普通的工人（其母亲是参加工作后因病失明的），文化程度不高，但那是因为他们那一代人没有接受更高水平教育的机会。荣建的懂事更是家庭教育的结果，可以想象，作为工人的爸爸妈妈会给孩子以怎样善良、勤劳的感染？另外，荣建的小学老师给了他不可忽视的积极影响。

正如30多年后，已经成为博导的荣建教授在一篇谈自己人生成长的文章中所写的——

父母当然是对我影响最大也是影响时间最长的老师，家里两位姐姐给我的温暖总给我安全感；此外，小学班主任李老师给我很多展示自我的机会，让我变得自信；三至六年级田径队李老师日复一日的训练，让我有了可以从初中就开始吃老本儿的好身体……

所以我真不能说是我“培养”了荣建这个优等生，只能说我运气好，当初学校分班时，我幸运地成了荣建的班主任和语文老师。

但荣建不这样认为，在上面一段文字的后面，他写道：“然而对于‘我’（社会属性）影响最深的无疑还是我初中的班主任兼语文老师李镇西老师。”

当时，我对着这一行字回忆了许多和他相处四年的往事，还是没想出我怎么对他“影响最深”的。后来我想了想，也许是我营造的班级氛围给他以感染，我无意中的一些行为给过他一些启迪。

还是在那篇谈人生成长的文章中，荣建这样写道——

每每回想自己成长的经过，我都会毫不犹豫地确定，到乐山一中念书，是我人生轨迹中关键节点的第一步，也正是李老师把我从一个小屁孩儿塑造成了一名想去更广阔的世界看看的年轻人。

努力地回想着在李老师班上学习的日子，零零碎碎想起来一个个画面，再细想，其实这些都是后来看李老师给我们班同学拍的许多照片才逐步回忆起来的，而且更多是看到照片才有印象的：固然有早读课上，你争我夺地抢着找小组长背诵文言课文的学习场面，还有考试时只有安安静静奋笔疾书的学生，却找不到监考老师的无监考考场；班会上，同学们慷慨陈词竞选班长，李老师提议订制班级公约，培养“公民”意识；更有歌咏比赛上，我们班好像总是拿到好成绩，说起来真的归功于从选歌颇下番功夫，确定是齐唱还是多声部轮唱，到反复排练，仔细练习歌曲的复杂小节，用心排练的李老师；运动场上，忙活的不仅是运动员们，场外的啦啦队、后勤保障队伍也没闲着。这里有朗朗的读书声，却不是大家印象中好中学里学生们奋勇争先地比较着每一门考试的成绩，我的中学生活，更像是萌芽版的“理想国”，有挑战、有辩论、有思考，好一派热闹的生活场景！

其中，有两个认识我非常确定是在李老师做我班主任期间形成的。

一是热爱生活，热爱自然。记得李老师一直喜欢旅游，喜欢摄影，比较厉害的是，李老师还会自己冲洗胶卷。假期的旅游目的地，总会成为下学期课堂上的谈资。至今还记得黄山的日出和九寨沟的绮丽风景。也许是看过李老师展示的照片，尽管我至今还未曾到过黄山，但在我的脑海中，确确实实有对黄山和九寨沟的印象：雾锁山头山锁雾的朦胧，墨绿的迎客松，敞开了怀抱；苍松石上生，不肯置身丘壑中，一心向往着阳光；跃升出浓雾的太阳，像极了咸鸭蛋的蛋黄！这样的形容，就像广告词被大家都记住了，好长一段时间，成为同学们口中的热词！九寨沟清澈的湖水，水面映着周边树木的倒影，水里可以看到枯树干和石头，小鱼在水中悠闲地游着；五彩池，典型的喀斯特地貌，鬼斧神工，梯田般的水池，巧了，这正是我印象中天宫的“瑶池”。正是李老师展示给我们自然的美景，让课文里的美景变得更鲜活，也让我自然地认为旅游就是我的热爱。在我成家后，旅游也自然而然成为我们家每年最大的一项生活支出。正是李老师的旅游和照片，令我更加笃信生活终将是美好的。

二是了解了人生还有各种各样的喜怒哀乐。记得小学的假期，我最喜欢的事情无外乎在山上四处转悠，捉蜻蜓、粘知了，累了还可以偷偷挖地里的花生、红薯，或者是摘各种野果来吃，抑或找个竹编的簸箕、细眼的筛子或者任何可以滤水的工具，到家门前的小河里捞点小鱼小虾。一直让我不解的是，这些捉到的小鱼小虾最后都到哪儿去了？在上世纪70年代末80年代初，小朋友想用油来煎一下小鱼小虾吃，应该还是相当奢侈的事情。尽管一直以来学习成绩不错，但读书似乎一直不是我喜欢做的事情。所以，上初中之前，我相当多的自由时间一直沉浸在山水的野趣中。直到上初中，李老师利用读报时间给我们读小说、报告文学，还带着大家欣赏唐诗宋词，一个很重要的原因就是让我们看日出的时候，不要只是大叫："啊！真美呀！""啊！太美了！""啊！像个咸鸭蛋蛋黄！"尽管我现在看到美景也是不能吟诗作画，只会安安静静地享受自然美景带给身心的安宁与惬意，但正是通过这些文学作品，我知道除了野趣直接而纯朴的快乐，人生还会有各种悲欢离合、酸甜苦辣。忘不了北岛的《回答》："卑鄙是卑鄙者的通行证，高尚是高尚者的墓志铭。"暗自下了个决心，做个正直的"大写"的人。知道了梁晓声，知道除了《新闻联播》里的幸福生活，社会中也有钩心斗角、尔虞我诈的阴暗面。于是告诉自己，要做个积极阳光的人。痴迷于《平原游击队》中机智勇敢的正义之师扣人心弦的抗日斗争故事，以及听名字就觉得好笑的"猪头小队长"；遥想着苏轼《赤壁怀古》的"羽扇纶巾，谈笑间，樯橹灰飞烟灭"，周瑜从容潇洒的英雄气概；震撼于岳飞《满江红》的"壮志饥餐胡虏肉，笑谈渴饮匈奴血"，为收复河山冲锋陷阵、气冲云霄的豪迈；赞叹于范仲淹《岳阳楼记》中"先天下之忧而忧，后天下之乐而乐"的家国情怀，体会给人带来幸福的价值；揪心着苏轼悼念亡妻的《江城子》"十年生死两茫茫，不思量，自难忘……相顾无言，唯有泪千行"，亲人离世触动心弦的哀伤；还有《爱的教育》《钢铁是怎样炼成的》《红岩》……不胜枚举，每每想到李老师眉飞色舞地朗读和讲解时，两条灵动的眉毛和丰富的脸部表情总是让人忍俊不禁。也正是这一颦一笑，让我在冥想中体会了人世间的冷暖，世态炎凉，潜移默化中逐渐明白了自己要做一个什么样的人。

读了这样的文字，我不仅是感动，还感到吃惊：原来我曾有过这样的教育！原来我这些属于自己的爱好居然成了我教育的内容和手段！原来我有意无意的一些行为，潜移默化地滋润着荣建幼小的心灵，而且直到今天，他依然不曾忘记！

我再次感慨：教育不是无所不能的，不要把什么都归功于或归罪于教育；但教育也不是无所作为的，指不定教师的一言一行、一笑一颦，就会嵌入学生的人格。

百尺竿头，更进一步

中学毕业后的荣建，其人生发展如何，还是引用他自己的回顾——

仅仅因为1990年北京要举办亚运会，我执念要考北京的大学。高考后如愿进入了北京理工大学学习应用力学。本科毕业，唯恐多页纸才能写完的行列式把我原本为数不多的头发早早耗尽，毅然决然地到了北京工业大学，学习交通工程专业，听说这个专业更有烟火气，毕业以后也许可以做点实实在在的事情。

攻读硕士期间，我的另外一个关键节点出现了。在硕士二年级，因为导师们长期争取的“交通运输规划与管理”博士学位授权点被批准了，我有了可以硕博连读的机会。然而，我到底是早点出去工作，能够自食其力，还是继续学校生活，拿到当时多数人还不会选择的博士学位，从而离儿时立下的flag——做一名科学家的目标更近些？在家人一致的坚定的支持声中，我选择了继续攻读博士学位。在博士论文工作完成的那天，我把自己关在宿舍，把录音机磁带的音量调到最大，声嘶力竭地喊了一下午，旁边宿舍的同学大概以为我是疯了！

博士毕业，在科研院所和高校之间，我选择了自己更喜欢的按部就班的生活方式，留在了北京工业大学当老师。5年时间，在导师们的全力支持下，自己坚持一周7天、一天14小时以上的工作模式，顺利地完成了从助教、讲师、副教授到教授的晋升，也有机会接触北京奥运交通规划、运行速度路线设计方法、《道路通行能力手册》、北京智能交通系统等一系列重要的研究项目。

做了近25年科研工作后，尽管我还是热爱交通的科研工作，但由于对当前科研工作的开展模式深深地失望，于是把工作的重点，转到机缘巧合负责起来的北京交通工程学会上来，希望能为交通工程领域做点实实在在的工作，办学术杂志、开展学术交流、做技术咨询、搞工程继续教育，不亦乐乎！

2012年4月，在北京举行的“李镇西从教三十周年学术研讨会”上，荣建也来到现场做了发言。

在他发言之前，我先说了几句话：“刚才主持人介绍荣建是教授，是博导，是什么研究中心主任，我听着觉得很好笑，荣建，不就是那个小男孩吗？什么教授博导和他有什么关系？是的，在我心中，荣建一直是个可爱的小男孩的形象。同样，我相信，荣建来到这个会场，也会很吃惊或者说不适应，他会感到什么‘著名专家’之类的称号怎么会和李老师有关系呢？在他的心目中，李老师就是李老师。因此，不管现在我有多么耀眼的荣誉，不管荣建有多么显赫的头衔，我和荣建就是最单纯的师生关系。”

我又说：“百度上的荣建有许多头衔——北京工业大学教授、博士生导师，北京交通工程学会理事长，中国交通运输协会共享出行分会秘书长，《城市交通》《北京工业大学学报》编委和《交通工程》常务副主编。曾任北京工业大学交通研究中心主任，建设部市政公用行业专家委员会城市交通（公共交通）专家组成员，第29届奥林匹克运动会组织委员会安全保卫工作顾问……但在我的心中，他好像永远都是天真可爱的小男孩，这些头衔和他有什么关系？”

我说：“荣建好像是1972年3月26日出生的……”荣建点头认可。我的话音刚落，下面老师们就鼓起了掌。我理解，他们是惊讶于我的记忆力之好。那时候我年轻，记忆力当然好，但更重要的是每一个学生的生日，我都要给他们赠送小礼物，自然会记得他们的生日。我又说：“我现在都还清楚地记得当时的荣建是一个很温顺很腼腆的同学，我印象中，好像从没批评过他，是吧，荣建？”

荣建说：“是的，我也不记得李老师批评过我。”

我一边说，一边在投影仪上展示一张张荣建当年的照片，大屏幕上的少年和眼前富有学者风度的教授同时出现，让人感到了时空穿越。

李老师让我自由地成长

荣建开始他朴实的讲述，谈当年的我留给他的记忆。荣建的性格比较理性，所以他的发言没那么多的“激情”，简短但很真实。会后，他根据发言整理了一篇文字稿——

叛逆的青春自由地成长

说起李镇西老师，很多人会觉得成为李老师班的学生是一件很幸福的事情，很多的人都会想到他130多万粉丝的博客、中国的苏霍姆林斯基、教育家等，让人佩服。然而，在我心目中，李镇西老师就是我初中和高一时期的班主任。他不像教育家那么遥不可及，而就跟其他普通的班主任一样，就在我的身边，亲切、真实。李老师在我心目中就是班主任应该有的样子。

回想起来，我在班里不是成绩出类拔萃的学生，也没有太突出的特长，所以，在我的印象中，跟李老师的关系是最最正常的师生关系。但大家都说李老师好，我也想了想，李老师跟我所遇到的其他老师相比，到底有哪些不同?

语文考试从来不用复习。在李老师担任我班主任期间，是我语文学习非常轻松的一个时期。我还清楚地记得，我们的语文课一开始，都会有1分钟新闻时间，同学们会轮流站到讲台上，给大家汇报前一天的新闻。我们还有早晨半小时的朗读，轮流办未来班班报，天天坚持写日记，到街上“捉”错别字等。我还记得李老师给我们读过的书，像《爱的教育》《钢铁是怎样炼成的》《敌后武工队》《志愿军战俘纪事》等，印象深刻。也许正是因为这种种生活中的语文学习，让我在没有现在意义上的复习，更没有题海战术的情况下，总能把考试应付得还不错。想一想，这是我对李老师最直接的印象了。

李老师像是个“单身汉”，在班上的时间总是很多。记得大年初一，李老师就带着几个同学上大佛坝活动；春天来了，李老师带上同学们，骑着自行车去欣赏油菜花；夏天，李老师又带着同学们去游泳池游泳；秋天，李老师填完了词，请学校音乐老师刘老师谱完了曲，又带着同学们唱组曲，准备参加学校歌咏比赛；冬天，李老师又带着凌云文学社的同学，开始交流诗赋歌词。如果读过李老师的博客，你就知道了，李老师好像总有用不完的时间，以至在我的印象中，除了其他任课老师上课的时间，李老师似乎永远在班上。是的，李老师确实是一个和其他老师不太一样的班主任老师。

到目前为止，我一直坚守一些做人、做事的原则，追根溯源，都是在李老师这个班上逐步形成的。我们班的班歌——《唱着歌儿向未来》，是谷建芬老师写的曲，让我觉得名人并不遥远；我们班的班干部要民主选举，还要进行就职演说，回答大家的问题，让我明白班上的事情就是我的事情；读《一屋不扫，何以扫天下？》的评论，组织就此展开讨论，让我知道爱国不是空洞的口号，要从爱身边的人、爱集体做起；还有“你有你的好，我有我的好”，让我知道“天生我才”；还有更有名的，“卑鄙是卑鄙者的通行证，高尚是高尚者的墓志铭”“让别人因为我的存在而感到幸福”“先天下之忧而忧，后天下之乐而乐”等，这些道理不知道什么时候，以什么样的方式，长到了我的身上，成为我做人做事的原则。不是简单的知道，而是将这些道理铸成了我的价值观。由此想来，李老师还真是有些了不起。

在李老师的陪伴下，我在叛逆的青春期自由成长。看来，我真的是幸运的，更是幸福的。

博导荣建

文中提到“叛逆的青春期”，说实话，荣建一直很温和温顺，我没有感到他有什么叛逆。我想，他说的也许是青春期的内心世界吧。

我经常去北京，只要时间允许，包括荣建在内的许多学生都会请我吃饭。现在的荣建，完全没有36年前我第一次见他时的秀气小女孩的模样，而是一派教授风范、学者气质。

毫无疑问，我以荣建为骄傲，但不仅仅是因为他是教授，而是他依然保持着当初的纯真、善良与正直。

2018 年 7 月 21 日，荣建专程从北京赶回四川乐山一中老校园，听我退休前为乐山的学生上“最后一课”。看着他那凝神的表情，我心里暗自调侃：这是我第一次给博导上课。

在写这篇文章的时候，我去搜索了一下他的相关资料，发现他曾 17 次获得省部级以上的奖项，包括“北京市科技新星”称号，还曾获“国家科技进步二等奖”！可他居然没对我说。

我向他“求证”时，他才向我“坦白”了。

我说：“国家科技进步二等奖，牛啊！”

他却说：“当时还是博士生，也不能说是我一个人的成果，是在大的科研团队中取得的。”

这就是荣建。

2020 年 3 月 16 日

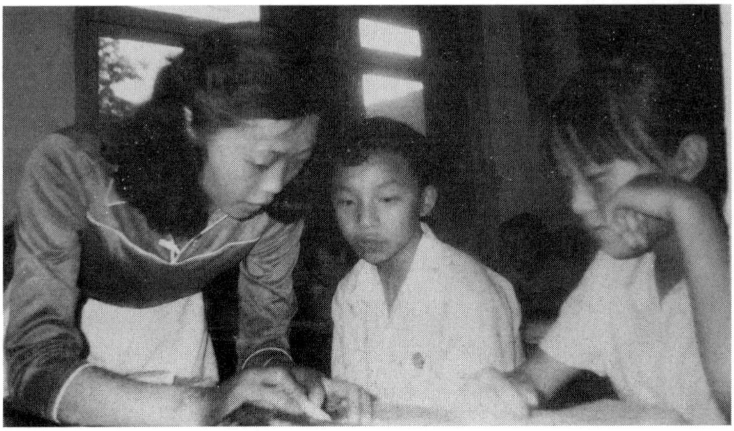

1985 年，荣建（中）和潘芳奕在英语早读课上

陈峥：中美教育架桥梁，抗击疫情“打全场”

只教了一个学期的女孩

1982年2月寒假一结束，我正式参加教育工作，走进了乐山一中。陈峥是我所教第一个班的学生，一个普普通通的小姑娘。

陈峥的确很普通，性格文静，但不失大方，模样清秀，乖巧可人，绝对是乖乖女。她成绩不算拔尖，但绝对属于“上等生”，特别是她的语文成绩很好。当时我在班上成立了一个“语文兴趣小组”——就相当于后来的“文学社团”，陈峥是成员之一。我曾带着语文兴趣小组的孩子们去拜访郭沫若的同学杜高崇老先生，当时杜先生已经90多岁，我们的合影中就有小陈峥。我甚至现在还记得她当年的字迹特征，稚拙可爱。

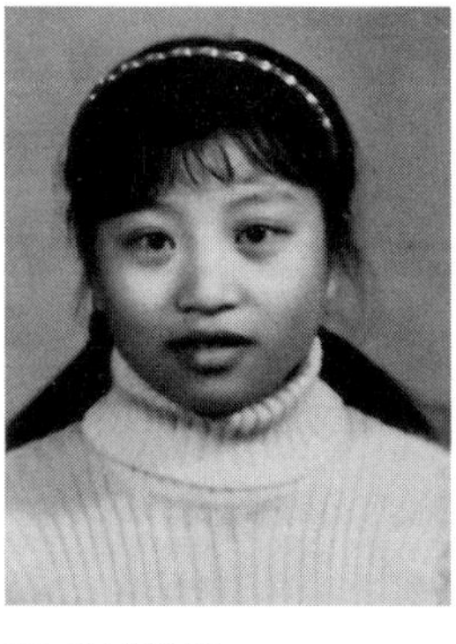

初三时的陈峥

那学期快放假的时候，她父亲来学校找我，说他将调往南京工作，陈峥也要转学去南京。我带着他去教务处办理有关手续。临别时，他感谢我对陈峥的关照，说：“陈峥很舍不得这个班，她很喜欢你！”我说：“我对陈峥真的谈不上什么关照。刚工作也没经验，可能忽略她了。”

我说的是实话，像陈峥这种普通的孩子，是很容易被老师忽略的。

不过，毕竟一个乖乖女要转学了，而且去那么远的地方——那个年代，南京对从来还没出过省的我来说，那就是“在那遥远的地方”了，这一辈子很可能不会再见到她了。所以我还是有那么一点点……怎么说呢？说“惆怅”好像过分了，说“忧伤”更是夸张，嗯，有那么一点点不舍吧！

我喜欢带学生去野外玩儿，这个习惯一直保持到退休前带的最后一个班。刚当上陈峥这个班的班主任的第一个月，我就带全班孩子去游览峨眉山。那学期期末考试一结束，我就带着孩子们来到大佛坝，隔江而望便是乐山大佛。我们在草地上做游戏，在江边戏水。

我看见陈峥和她的好朋友秦智英在不远处的竹林边聊天，估计也是依依不舍的。我走过去和她们一起聊。具体聊了什么，完全不记得了，但估计应该是勉励陈峥“到了新的学校好好学习”之类的。不过，我现在还清楚记得，陈峥当时说，她到了新的学校一定要给李老师写信。

我相信，可爱的小陈峥说的绝对是很真诚的心里话。不过，我也没想过她会给我写信，或坚持给我写信。小孩子小，随着一天天长大，小时候的人和事会渐渐淡忘，这也很正常。

毕竟只教了她四个月，说实话，更多印象我就没有了。写到这里，我很想再写出她更多的“故事”，可实在没有了。

当年 9 月新学期开学，班上少了一个陈峥，开始好像还有点不习惯，但慢慢地我和同学们都习惯了。

一个月后，也就是国庆刚过，我收到一封来自南京的信。一看信封，我就认出，这是陈峥的字迹。

写到这里，我起身去翻我的“文物”——我有保存书信的习惯，我断定我还能找到小陈峥当年给我写的信。经过不太困难地一番翻找，居然真的找到了小陈峥转学到南京后给我的几封信。看着这些发黄的信纸，看着落款的日期——1982 年 10 月 4 日、1985 年 9 月 7 日、1987 年 9 月 2 日、1988 年 9 月 14 日……我真的很激动！

这些信都是向我诉说她去南京读书和生活的情景。离开我到南京后给我的第一封信的结尾，小陈峥这样写道：“李老师，您嗓子好了吗？您要多注意身体。以后我半期考试后、期终考试后就给您写一次信。”

当时我刚工作，不会用嗓子，初一的男孩儿比较调皮，我常常对着他们大吼，所以第一个月下来，就不幸失声了，但又不能不上课，有一个星期，我几乎是用悄悄话再辅之以手势给他们上课的。孩子们很懂事，别看把我气得声音嘶哑，话都说不出来，他们竟悄悄地把治嗓子的药塞在我宿舍的门缝里，还有胖大海之类。所以，已经转学去南京的陈峥，还惦记着李老师的嗓子。

这以后，陈峥时不时都给我写信。不算特别密集，但一直持续着。1985年暑假，我和爱人去华东旅游，到了南京，当时我还想到了陈峥。不过也就是想想而已，我在南京就待了一天，也没有时间去看她。

陈峥读高二开学不久，正逢我国第一个教师节，我收到小陈峥给我写的一封信，我看信封背面还写着两个字和三个惊叹号：“请快！！！”当时我就乐了：好天真可爱的陈峥啊！好像邮递员看了这两个字就会快些把信送到我手里似的。

我拆开信一看，开头是这样的——

敬爱的李老师：

您好！9月10号的教师节快到了，班主任叫我们随便给哪位老师写封信，我头一个就想到了您，因为您是我认识的班主任中最年轻、最有干劲、最有责任心、和同学靠得最近的班主任。我很佩服您这个老师，在您教我们的时候，您刚分配来，第一次带班。您把整个精力都放在了教育事业上，放在了未来班上。您完全可以称得上是个高尚的人、优秀的人民教师。您也许很讨厌听这些赞扬话，不过，这是您的学生我发自内心的话。

…………

我记不起1985年9月我读这些话时是什么感受，但我今天读来十分感动。此刻，我要对30多年前的陈峥说：小陈峥啊，李老师并不讨厌你说这话，凡是发自学生内心的真诚的赞美，老师都爱听，而且在我看来，这应该是所有教师所获得的胜过任何“荣誉称号”的最高的奖赏！

再后来，她每逢遇到她认为需要人帮她拿主意的大事时，都给我写信。比如文理班选择，比如高考填报志愿，等等。

来自大洋彼岸的电话

进入 90 年代，随着我调离乐山到了成都，我俩渐渐失去了联系。那个年代，还没有手机，更没有微信，写信基本上是普通人之间唯一的联系方式。一个人只要调动单位或搬家，就很容易与朋友们失联。

这一失联，就是 20 多年。直到 2012 年 9 月的一天，我突然接到她的电话，我才知道，可爱的陈峥一直没忘记我。后来我多次想：幸好我那天接了那个座机电话，不然我和陈峥还会继续“失联”下去。

其实，那天下午办公室电话响的时候，我犹豫了一下，怕是推销电话。但就这么犹豫的时候，我居然鬼使神差地接了。

“请问是李校长吗？”一个女声。一般搞推销的电话，都是这样开头。

“我是李镇西。”不冷不热，不卑不亢。

“哦，是这样的，这个电话是在美国打的……”对方说着，我心里更警惕了，因为有几次推销电话就是从美国呀中国香港呀等地打来的。我不动声色，继续听对方说：“我是你以前教过的学生，叫陈峥……”

这话让我无法继续“不动声色”，相反，我惊呼：“陈峥呀！你的声音怎么变了？”陈峥是我高 95 届的学生，品学兼优，后来考上清华，再后来去了美国，好长时间没音讯。她的声音我很熟悉，但今天的声音，却不是我记忆中陈峥的声音。

我嗔怪地问：“怎么这么多年不跟我联系？”

她说：“我和秦智英说起你的……”

我一愣，秦智英？我一下反应过来，更加激动了：“哎呀，原来是我的第一个陈峥啊！”

所谓“第一个陈峥”，是我刚工作时教的第一个班，即未来班的那个陈峥。我赶紧解释：“我把你当作我教的 95 届的陈峥了。我先后教过两个陈峥，都很优秀。我教第二个陈峥的时候，还对她说过，李老师以前也教过一个陈峥，同样优秀。你刚才一说是陈峥，我就以为是她了，我就说嘛，怎么声音变了呢？嗯，你的声音没变，还是当年那个声音。”

“李老师的声音也没变呢！”电话那头，陈峥说。

我问：“你怎么想到给我打这个电话呢？这个电话我一般都不接的，我今天居然接了，这就是缘分啊！”

她说：“我今天和秦智英聊起你，然后我就去网上搜索你的联系方式，结果找到你办公室的电话。”

我说：“时间过得真快呀！我们分别30多年了！我现在无法想象，当年12岁的小姑娘陈峥，现在43岁了是什么模样。”

她说：“嗯，李老师见了我可能认不出来了。李老师，你虽然只教了我一学期，可我当时就感觉你和一般的老师不一样，你与众不同。我现在还保留着未来班的毕业纪念册，是秦智英后来寄给我的，我带到了美国。”

要说的话太多，可是我正忙着。我说：“就这样吧，下次回国一定要来看李老师啊！”

“肯定的，一定。”

从未忘却的记忆

几天后，陈峥发来了她写的一篇回忆文章，题为“从未忘却的记忆”。全文如下——

从未忘却的记忆

前些天和多年好友秦智英越洋聊天。提到我们乐山一中的班主任李镇西老师，越聊越兴奋。“哎，你能打听到他的联系电话吗？”我问道。“我没有他的联系方式，我帮你去网上搜搜吧，哪天找到再告诉你。”智英答道。向来急性子的我，似乎不能等待，赶紧上网搜“李镇西”。不搜不知道，一搜吓一跳。只是听秦智英谈到李镇西老师现在很有名了，没有想到，李老师获得了这么多荣誉称号，还出了这么多书来影响师生，影响整个教育界。我想，李老师的成功是必然的，从踏上教育之路开始，他就是在以生命影响着生命。

依稀记得初一的下学期刚开学那天的语文课，我们班来了一个刚从四川师范大学毕业的语文老师，一个小伙子。他戴着宽宽的黑边框的眼镜，镜片后的眼睛中透着认真、亲切和热情，也透着几分稚气。后来，很快地，李老师就代替冯老师成了我们的班主任。刚开始，大家似乎还不太愿意，很快，同学们都喜欢上了这个刚刚踏上教师岗位的年轻老师。

也记得我参加了李老师组织的语文兴趣小组，参加了拜访名人、去峨眉山等活动……当时感觉有时李老师甚至不像个老师，似乎更像个家里的大哥哥。

记忆中，李老师利用午休以及读报课的时间，给我们读小说。在我后来的学生生涯里，没有一个老师能做到，也没有一个老师去做过，即使也是敬业尽责的老师。那是独一无二的教学方式，那种独特的教学方式向我们输送着文学、文化的滋养，尤其在那个信息并不发达的年代，像春雨一样浇灌着我们刚刚发芽的稚嫩的心灵。在我的记忆里，就有那本王蒙的《青春万岁》。我是个从小就语文好数学差的学生。当时的我，更是像海绵一样吸收着这些当时称之为课外知识的东西。

“人生的道路虽然漫长，但紧要处常常只有几步，特别是当人年轻的时候。”我在很多场合都喜欢引用这句话。每当我在某个场合引用这句话的时候，嘴上说着王蒙的《青春万岁》，其实脑袋里想到的是李镇西老师。《青春万岁》的内容在我脑海里随着岁月的荡涤渐渐淡去，只是依稀记得郑波、杨蔷云、苏宁、李春……像烙印刻在我的生命里的，只是那句话——“人生的道路虽然漫长，但紧要处常常只有几步，特别是当人年轻的时候”。这句深入骨髓的话，就是李老师带给我的，尽管那时我只是个初中一年级的孩子。长大后，经历了很多，从中国到加拿大，再到美国，生命中遇到过无数的人和事，这句话始终刻在我的灵魂深处。岁月在流逝，无情地流逝，不管你愿不愿意，大浪淘沙，但在海边依然闪亮的那个贝壳，足以让你去珍藏一世。

做李老师的学生真的是幸运又幸福，很遗憾，由于父母在南京，我在初一结束，做了李老师一个学期的学生后，离开了乐山一中，离开了未来班的同学，离开了李老师。

后来听说他还为我们班的同学读了《红岩》《烈火金钢》等，还听说他居然因为教我们那个班太投入，以致生病住院一个多月……

之后，成立了未来班，还请了全国著名作曲家谷建芬老师为我们的班歌作曲，并且有了班徽、班旗……让每个未来班的学生拥有的不仅仅是珍贵的记忆、难忘的经历，还有因一生中有这样一段学习生涯而有的生命的定力。

李老师教过我们苏联卫国战争时期的英雄马特洛索夫的名言："让人们因我的存在而感到幸福。"是的，我们——他的学生因他的存在而感到幸福。真的很有幸曾经是未来班的学生，更有幸的是曾经是李老师的学生。虽然他谦称那时的他对学生的付出"谈不上教育，只有热情和爱"，但是，那已足够影响我们的一生了……李老师在我的心里被贴上了一个标签——最好的老师！

耳畔响起了这样的歌声——

想起来是那样遥远，仿佛都已是从前。

那不曾扑灭的梦幻，依然隐藏在我心间。

是谁在默默地呼唤，激起了心中的波澜。

也许还从未感觉，我们已经走过昨天。

哦，一年又一年……我们迎接明天……

未来班学生：陈峥

2012年9月15日于美国洛杉矶

教育的幸福是彼此珍藏

真让我感动。一个只教了4个多月的学生，30年来，对我却保留着"从未忘却的记忆"，这就是做教师的幸福。真不是谦虚，那时候我——一个刚刚大学毕业的小伙子——的确没有什么经验，更谈不上智慧，但我有爱、梦想和激情，所以，我的确如小陈峥所说："从踏上教育之路开始，他就是在以生命影响着生命。"

由此我想，至少在小学生初中生幼小的心灵中，老师的所谓"专业水平"并不是我们想象的那么重要，最最重要的，还是"爱"。

记得2004年11月我通过翻译和苏霍姆林斯基的一个学生聊天，她说："当年苏霍姆林斯基教我们的时候，已经很有名了，在苏联教育界已经很有影响了，他也写了许多著作。不过这一切都是我长大后才知道的，而当时这一切我们都不知道。我们只知道苏霍姆林斯基爱我们，他是我们最好的老师！”

请老师们别误会，我没有否定教师专业水平重要性的意思，我只是想说明，学识、能力、底蕴等都很重要，但置于最上端的，还是对孩子的爱。离开了这一点，所谓的“专业素养”等于零。

小陈峥朴素而真诚的文字，唤起了我的记忆。是的，当年我利用中午的时间给他们读小说，从那以后，这成了我的“保留节目”。历届学生都记得我给他们朗读长篇小说，一学期一本。除了小陈峥说的《青春万岁》，后来还有《烈火金钢》《爱的教育》以及《悲惨世界》等。

不过，小陈峥文中有一处有误。“人生的道路虽然漫长，但紧要处常常只有几步，特别是当人年轻的时候。”这话是《创业史》的作者柳青说的，不是王蒙说的。也许我当时给他们说这句话的时候，同时在读王蒙的《青春万岁》，12岁的小陈峥，就误以为是王蒙的话。不过，我当时不太可能给他们读《创业史》的，哦，我想起来了，当时我可能给孩子们读过路遥的中篇小说《人生》，而《人生》的开头，路遥就引用了柳青这段话。因此小陈峥便记住了，只是她记混了。这句话通过我的转述，让小陈峥记了30年，并影响着她，我很欣慰。

小陈峥至今还记得《青春万岁》中的人物名字，可见我当年激情澎湃的朗读，给她幼小的心灵留下了何等深刻的印象。30年一晃而过，是的，“想起来是那样遥远，仿佛都已是从前”“也许还从未感觉，我们已经走过昨天”……就年龄而言，我当然不再年轻，小陈峥也已步入中年，但是，我和小陈峥的“青春”，的确“万岁”！哦不，这话不准确，不只是我和小陈峥，还有我和我历届所有学生，我们共同拥有着永远鲜活的记忆和永远年轻的心灵。我们——青春万岁！

已经长大的陈峥还从美国发给我一些照片，其中有几张是她现在模样的照片。哇！当年那个可爱的小姑娘，现在这么漂亮啊！还有她扫描的未来班纪念册《未来》，从1984年到2012年，从中国到美国，她居然保留到现在，真让我感动！另外还有几张我的照片（照片上的那个小伙子真是年轻啊）。我想起来了，1985年我和爱人第一次去华东旅游，到了南京，回四川后，我给陈峥写信时把南京旅游的照片寄给了她。

当我看到远在美国的小陈峥珍藏着的我 30 年前给她的《未来》和我的照片时，心里特别感动，可以说受到了震撼。我只教了小陈峥几个月，她却记了我几十年。30 年前，我意气风发地站在讲台上讲课，她乖乖地坐在下面听；30 年后，我们分别在辽阔的太平洋两岸，这份师生情感因时空的穿越而成为传奇。

我把我保存的陈峥给我写的信拍成照片从网上给她发去。她非常惊讶："李老师，你真的是最好的老师，你仅仅教了一学期的学生的信你都保存了这么多年，真让人感动！"

其实，这份感动是我们共同的。陈峥文章的题目起得真好："从未忘却的记忆"。是的，不论多久，无论多远，几封书信，一沓老照片，一本班级史册……都在温馨中走进记忆深处，又时不时浮现在眼前。师生都彼此在心里珍藏着对方，对教师来说，这就是教育的幸福；对学生来说，这也许就是人生的幸福吧。

不断超越自己

从那以后，我和陈峥的联系就再也没断了。借助网络，我们随时都可以联系，后来有了微信，我们更是可以天天"见面"。

2014 年 9 月 6 日，未来班（乐山一中初 84 届 1 班）毕业 30 周年聚会在乐山举行。本来陈峥早早就订好了机票，说一定要准时赶到的。结果第一天她却没到。本来她是提前半年就订好了回国的机票，然后就一直等呀盼呀，哪知道当她兴冲冲赶到机场时，机场工作人员告诉她："你的护照上没有中国签证，是不能登机的，中国不办理落地签证。"陈峥一下傻了。原来由于那段时间她工作超级繁忙，竟然忽略了需要去中国领事馆办理中国签证延期。后来她说："还有一个原因，在国外多年，虽然为了生活方便早就加入了美国籍，但是骨子里从来都认为自己永远是中国人，潜意识里真的从没有把自己当老外，所以真的容易忘呀。"心急如焚，她赶紧通过一些渠道找了中

未来班 30 周年聚会时，我和陈峥

国驻洛杉矶总领事馆的领导，终于特批了加急签证，再改签机票。可就这样，还是没能赶上我们的聚会，等她匆匆赶到乐山时，聚会已经结束。但许多同学因为陈峥又重新和她一起欢聚，并共进午餐。

几十年不见，大家自然有说不完的话。聊天中，我们知道了这 30 多年来，陈峥大致的人生经历——

陈峥大学毕业后，先是在一家中美合资的企业工作了几年，后又调到江苏省林业厅，工作六年之后，她觉得还是应该出去闯一闯，去打拼自己的未来。2001 年她从南京移民到了加拿大，在多伦多生活了大半年之后，转到了美加边境的一个叫作温莎的小城市。之后，往返于美加之间，在那里读书生活工作，长达七年之久。她取得了美国会计学硕士，之后供职于美国密歇根州最大的非营利机构。2007 年辗转到了美国西海岸，供职于美国最大的电信公司 AT&T，出任片区财务主管。2010 年，陈峥创办了自己的国际教育交流公司，全方位双向大规模开展国际教育交流项目。2016 年正式受聘出任江苏省教育厅苏教国际美国海外基地负责人，2018 年又出任苏教国际加拿大海外基地负责人。现定居在美国洛杉矶。

说起刚到加拿大的情景，陈峥很有感慨：“当飞机降落在多伦多机场时，迎接我的是漫天的大雪。裹着羽绒衣走在街上，满耳满眼的英文将我淹没。我的天！我什么时候才能在这个世界找到工作呀，哪怕是打工。”

当时，陈峥除了学习，没有他路。她说：“于是，我真正努力地开始学英文。踩着咯吱作响的雪，常常徒步走上 20 多分钟，去教堂听他们免费的初级英语圣经班；每天带着孩子去参加政府为新移民办的英文班。总之，不放过任何一个学英文的机会。”

从某种意义上说，陈峥的创业之路，同时也是一个不断求学的过程：“为了能在这个举目无亲、不同文化、不同语言的国度里找到一份像样的工作，重返校园，重拾书本，从头开始，同时还要照顾着年幼的孩子。孩子在这里幸福地成长着；大人们则要辛苦应付一大堆的作业，Projects（专题研究、计划等），考试的，同时也在为毕业后的道路迷茫着。”

后来，为了有更多的工作机会，为了一个更大的平台，已经不再年轻的陈峥决定考托福、GMAT，到美国密歇根去读硕士。因为她本来就是学财会的，所以她仍然选择了职场热门的会计专业。每天往返于仅仅一条底特律河相隔的美加边境，每天往返于两个国家之间。就这样，几年的苦读，陈峥终于在 2006 年的那个春天拿到了美国的会计硕士，随即也在底特律最大的一个非营利机构找到了工作。

她说：“在这个 2000 多人的机构里，只有我一个中国人，我再次被生活锤炼。在刚开始的日子，连电话都不敢接；开大会，由于不是完全能听懂，一不留神就走神，有时甚至是不懂装懂地应付着。和同事一起出去吃饭，我根本不知道点什么菜，选择什么样的沙拉酱。在大家开 Party（聚会）的时候，面对一大堆的不同名字的蛋糕，不同名字的 Cheese（奶酪），我晕！到最后，也开始享受牛排和冰水的时候，我知道了什么叫作环境也是一把刀！”

在我和同学们的印象中，当年的陈峥是一个很柔弱甚至有些胆小的小姑娘，但环境的逼迫和不断进取的勇气，让陈峥不断超越自己，迸发出极大的潜能。

2010 年 7 月，陈峥决定做自己想做的事，于是她辞去已有的工作，自己开办了一家促进中美教育文化交流的美国阳光国际教育交流中心，业务有中小学生研学活动、大学生暑期进修项目、教师培训、校长论坛、校际合作、留学申请、美国学生赴华项目等。陈峥越做越好，声誉也越来越高，业务自然越来越扩大，她当然就越来越繁忙。她说：“上百成千的中国的孩子，在我的团队的安排下，住进美国家庭，感受美国文化，到美国学校学习；同样，许多美国孩子也在我团队的安排下，一批又一批来到中国，体验中国生活，了解中国文化，游览中国风景区，学习中国戏曲，品尝中国美食，练习中国功夫……我的团队曾组织几百名美国学生，参加了我们的‘锦绣江苏’深度中国文化体验项目，与江苏姊妹学校互动后，留下了浓墨重彩的篇章。这些美国学生回国之后发表的文章，在社交媒体的留言，以及传递给他们的父母的信息中，透出中国对这些美国青年产生的巨大的影响。看到这些，我有一种巨大的成就感。”

因为工作关系，陈峥经常回国。每次回国，只要时间允许她都要来看我。最近的一次是2019年1月17日，她回成都，我约上原未来班的秦智英、刘春华等同学共进晚餐。席间聊天时陈峥说：“我现在很多时候组织国内校长培训时，会说到自己的中学时代，自然有时候就会提到李老师。只要我一说到我初中的老师叫‘李镇西’时，所有人的反应都是超级一致的‘哇’的惊呼，他们对您的尊敬和赞赏，远远超出了我的想象。原来李老师在国内教育界的影响这么大！”

我说：“那是因为他们可能都读过我的书，所以知道我。”

陈峥说：“不只是读书，有的校长说还听过您的报告。他们因为尊敬您，所以对我也刮目相看。每当大家惊呼时，我都很自豪，感觉又和李老师相遇了。无论在美国还是在加拿大，我与众多优秀教育工作者和校长们，因着‘李镇西老师’，很快拉近距离。在无数场的开学典礼和结业典礼致辞中，我常常会提及李老师。”

陈峥由此感慨：“人生如此微妙，谁也未曾料想，30多年之后，在大洋彼岸致力于架设中美教育桥梁工作的我，与一大批江苏优秀教育工作者畅谈教育，探讨‘国际理解教育’时，又与李镇西老师在另外一个空间奇妙地相逢了。”

陈峥的话让我也很感动，我感动的是，虽然我和她不常见面，但因为都是从事教育，我们往往会因教育而在不同的时空相遇。是的，这种特殊的相遇是多么的奇妙和美好！

“几个月的教育却让我终身受益”

她还对我说了一件事：“2018年，就是去年，我被江苏新海高级中学韩金山校长邀请到他们学校，他带领我参观了他们的百年中国语文人研究院，突然，您的展板映入了我的眼帘。李震院长欣然向我介绍说，全国名师李镇西老师向研究院捐赠了几十本他的著作。我惊喜地骄傲地告诉他们，我曾是您乐山一中的学生，是未来班的学生！然后我低头在学校收藏的几十本您的著作中，找到那本《彼此珍藏最温馨》，翻开了有写到我的那一页，展示给他们。韩校长、李院长、苏教国际的领导以及在场的其他老师沉浸在一片惊叹声中，惊叹于这样的师生缘分。今年，我促成了他们学校与我们南加州一所优秀特许学校的姊妹学校对接，开展了两地师生密切的互动。”

陈峥说：“多年之后，我没有成为李老师的骄傲，但李老师成了我的骄傲！”

这句话是陈峥的谦虚，其实她现在完全已经成为我的骄傲。十年来，她的公司实际上是一座中美教育交流的桥梁，通过这座桥梁，陈峥醉心于国际教育交流的事业。从做学生修学旅行项目开始，到现在，她每年都运作江苏1000余名教师赴美加参加基础教育教师交流培训项目、1000余名中小学生赴美加修学旅行教育交流项目、大学生政府奖学金项目以及校际合作交流等项目，同时建立江苏海外留学生之家公益关爱平台。

为了让每一位到美国或加拿大的师生来有所获，学有所得，陈峥还带领她的团队，开发了大量美国和加拿大的各项优质深度教育资源。每一次的中美或中加校长论坛，她都尽量实现两国教育工作者的深度交流。为了让中国的大学生在美国和加拿大的一流高等院校短时间内吸取宝贵的营养，为了让我们的中学生能浸入式地体验美国课堂，陈峥带领其团队竭尽全力，与美国、加拿大的学校及教育机构衔接沟通，做了大量的宣传，落实具体工作。

陈峥同时也是江苏省教育厅聘任的苏教国际美国中心及加拿大中心的负责人。这两个中心是苏教国际的两大海外基地，所以陈峥组织安排了很多江苏教育工作者与美国教育工作者的交流互访活动，比如，美国蒙罗维亚学区与南京市鼓楼区教育局的教育工作者的深度视频对话，加州南帕萨迪纳学区的40名师生与南京二十九中师生同台开展模拟联合国活动及热点话题讨论，等等。

她说：“我知道，出国学习对很多老师来说一生只有一次机会，所以我一定要让他们的这段经历成为人生不能忘却的记忆。当我醉心于国际教育交流时，脑海里常常闪现刚走出校门、醉心于未来班、全身心投入做我们班主任的李老师。当年只有 12 岁的我，只接受了李老师几个月的教育，但那几个月的教育却让我终身受益，留下了永不褪色的记忆。那么，现在我也要尽量帮助每一个参与国际交流的老师和参与赴美研修的孩子，为他们将来留下温馨的记忆。”

为促进文化交流而努力

何况，通过这些交流活动，中国师生收获的不仅仅是温馨的记忆，还有教育本身的积极改变。这几年，国内不少学校的校长赴美培训交流回国后，都根据中国的国情和本校的实际情况，创造性地借鉴学习美国学校的一些先进理念和做法。比如南京二十九中唐云龙校长就娓娓道来他在美培训的收获，对有同样教学理念、学生培养理念的南加州蒙罗维亚高中赞不绝口。他们的机器人项目、汽车维修项目，更是让唐校长大受启发，回来之后，便立刻建立了在江苏省居于领先地位的机器人实践基地、校园 STEM 科技实验园。南京二十九中机器人竞赛团队多次荣获全国冠军，并代表中国赴美国参加“FIRST”机器人大赛。之后，在陈峥团队的牵线下，南京二十九中与美国南加州蒙罗维亚高中缔结为中美友好学校；随后，也是在陈峥团队的促成下，南京鼓楼区与南加州蒙罗维亚学区结为友好学区。

为此，我电话采访了南京市第二十九中学教育集团的总校长唐云龙。在电话里，唐校长对陈峥及其团队评价很高：“陈峥和她的团队很有国际眼光，国际教育交流的活动做得很好。他们不是随意的，而是让各种层次的人对接交流。由陈峥团队的牵线，我们在美国建立了几个友好学校，加强了交流。他们联系了加州的一些顶尖高中，和我们江苏的学校结成友好学校。陈峥团队还和江苏省教育厅合作，每年举行大规模的国际校长研讨会，有时在中国，有时在美国，还有网络会议、视频连线，我都参加了好几次。陈峥的思路非常广阔，他们也非常注重专业性，引领校长打开国际化视野，而不完全是功利化的教育、唯分数的教育，超越功利，超越应试，走向人生的终身发展。另外，陈峥团队的年轻人也很不简单，他们的条件其实很艰苦的，但他们愿意吃苦，而且珍惜奋斗过程中的苦。他们的服务工作做得非常专业，而且公平公正。他们心智健康、阳光、敬业，让我很欣赏！我还专门问他们，你们怎么不回国呢？他们说，我们在美国做事没那么复杂的关系，很单纯。在这里一样为祖国服务！总之，我很佩服他们！”

几天前，我写了我另一个叫“陈峥”的学生的人生故事，并推到了微信公众号上，结果有个别人居然留言说陈峥去美国是“媚外”！这种“神逻辑”本来不值一驳，但今天写到这儿，我还是想说，评价一个人是否“爱国”，不要简单粗暴地以他在哪里工作来画线，不要把一种朴素的情感作为一根道德棒子来挥舞。多年来，陈峥为中美教育交流做了这么多实实在在的工作，且收到了实实在在的成果，我有理由为她骄傲！如果陈峥在国内工作，是难以为推动中美基础教育的交流做出这些贡献的。为教育事业做探索，为文化交流做贡献，是不分地域国界的。

抗疫“打全场”的健将

在写这篇文章之前，我给陈峥发信息，请她给我简单写写她的人生经历，为我提供一些素材，但她一拖再拖，迟迟没给我回复。原来，陈峥实在没有时间，因为她正投身于抗疫战斗中。

从她匆匆发给我的一些片段文字和照片中，我知道，从年初开始，陈峥就一直在“战疫”。最近有一句关于抗疫的流行语：“中国打上半场，外国打下半场，华人打全场。”陈峥，正是“打全场”的运动健将。

上半场，也就是在今年新年伊始的时候，一场突如其来的“荆楚战疫”，让陈峥义不容辞地投身其中。作为主要领导人之一，陈峥带领南加州原毕业于祖国大陆 63 所校友会联盟的成员，5 万多校友，一起参与了这场“战疫”，驰援武汉。在前半场“战疫”中，陈峥的团队成为第一个海外物资直接援助

2020 年 2 月，陈峥组织在美华人支援祖国抗疫

武汉医院的团体。她对我说：“我们无愧于祖国无愧于家乡父老！”

祖国抗疫刚刚取得阶段性胜利，陈峥马上又不遗余力地投入了下半场的战斗，带领她的团队捐助美国一些医疗物资缺乏的逆行者，她所在社团成为南加州 400 多华人华侨社团中捐款捐物金额最大、数量最多的华人社团！

陈峥说：“为了树立海外华人在主流社会的形象，我们砥砺前行，不辱使命，不负韶华，一往无前去负起我们应该担当的社会责任，去挽救我们能挽救的生命。在整个‘战疫’中，树立了‘海外华人打全场’的典范。我们向主流媒体发声，为树立华裔群体在美国社会中良好的形象贡献着自己的绵薄之力。”

我再次为我的小陈峥喝彩！

昨天，陈峥给我发来这样一段话——

“人最宝贵的是生命，生命对人来说只有一次。人的一生应当这样度过：当他回首往事时，不会因为碌碌无为，虚度年华而悔恨。”——这是李老师当年为我们读的《钢铁是怎样炼成的》中的片段。教育，如此的奇妙。李老师的教育在当时年少的我的心里萌芽；多年后，我又在来美学习的孩子们心里，在一个课外课堂上播种，以生命影响着生命。

人生的确很奇妙。1982 年 6 月，12 岁的小姑娘陈峥转学离开了我；当时我们谁都不会想到，38 年后，我俩将再次相逢于教育之路。

这种感觉很好。

2012 年 9 月 26 日写成

2020 年 4 月 20 日补充

2012 年 9 月，陈峥寄自美国的照片

张春银：乡村教育的默默守望者

乐于助人的班级体育健将

1983 年 10 月 14 日，乐山一中田径运动会在乐山广场举行。在跳高比赛处只剩下最后一名没有被淘汰的运动员了，这就是我班的体育委员张春银。他已战胜所有对手，夺得跳高第一名的成绩了，但他又向新的高度飞跃。

横杆升到 1.38 米，一阵急促有力的短跑声，他风一般奔驰到横杆前，然后猛然一跃……“过了！”周围爆发出一阵热烈的掌声。

我走过去，拍拍他的肩膀：“张春银，你只比朱建华少 1 米，你是张建华！哈哈！”当时我国著名跳高运动员朱建华刚刚以 2.38 米的成绩刷新了世界跳高纪录，所以我这样调侃道。

初三时的张春银

他却没有被我的玩笑话逗乐，居然叹息道：“唉，还没平时跳得高。”

张春银赢得了同学们由衷的敬佩。运动会结束后，他被同学们评为我班的“最佳运动员”。

一般来说——至少多数时候是这样的，有体育特长的学生都比较调皮，至少会让班主任多费些心，但张春银却不是一个让我操心的孩子。他纯朴善良，乐于助人，只要是班上的事儿他都会挺身而出，不遗余力。作为体育委员，工作一丝不苟。他成绩不算拔尖，但也不差，中等吧。总之，除了突出的体育特长，张春银并没有给我留下太多富有戏剧性的故事。

李老师的教育，未来班的影响

但没想到，我在张春银心中印象却很深。多年后，他在给我的信中这样写道——

我现在仍然会时常想起您课堂上的身影：或慷慨激昂或娓娓道来，同学们不经意间就跟您走入了文中意境，我们一起领略祖国壮美的北国风光，争辩鲁达打死郑屠是伸张正义还是目无法纪，体会“先天下之忧而忧，后天下之乐而乐”的家国情怀，在文学天地自由呼吸，任意驰骋。我们共同感受青春的激扬，产生思想的共鸣，得到心灵的升华。讲台上的您，真实、从容、自信、激情，旁征博引、挥洒自如，浑身散发出一种魅力。

印象最深的是您从教我们开始一直到我们毕业，每天中午用休息时间为我们朗读小说，风雨不改。《青春万岁》《红岩》《钢铁是怎样炼成的》……杨蔷云、郑波、许云峰、江姐、保尔陪伴我们度过了整个初中三年。每天中午，是我们最期待的时刻。记得有段时间您嗓子发炎，说话都费劲。同学们买来胖大海让您泡水喝，恳请您暂停读书几天，但您却笑着说没事。那些天，教室比往常更加安静，在一双双眼睛的凝视中，您用沙哑的嗓音轻声、缓慢地读着，那一刻，同学们心中的温暖和感动，不身临其境是无法体会的。学贵得师，亦贵得友。在您沙哑的声音中，我们听出了您对我们的深爱和期盼之情。正是您的坚持，让我们受到美的熏陶，提高了我们的文学素养和审美意识。也是从那时起，我慢慢喜欢上了看书（可惜看的都是小说）。我的视力似乎也是从那时开始下降的。（这个您要负一定的责任，哈！）

也是在这封信中，张春银谈到“李老师对我产生影响的两件事”——

一次，学校组织班级合唱活动，您想让我担任指挥。我因为胆怯怕能力不足影响班集体，不敢接受这个任务。您尊重了我的意见，但是教导我：人生中总会面对许多第一次，要勇敢尝试。努力了，即使失败也是一种经历。这些话对我触动很大，后来遇到难事我都会试着去面对。

还有一个周末，您带我们去乐山师范学校跟一个班联谊，其间和他们打了场篮球赛，我们输了。虽然我明白您只是希望我们玩得开心，不在意输赢，但是我仍然有点自责。过后我主动加强了篮球方面的练习。现在我篮球打得还行，这对我的工作帮助很大。

这两件事我的确一点印象都没有了。可见，有时候老师不经意的一次谈话，也会给学生留下长久的印象。

张春银还告诉我一个秘密——

有次课间我们男生在教室外斗鸡，您路过非要参加，还要跟我单挑，斗了两分钟打了个平手。我一直没好意思跟您说那次我保留了实力，当然您也可能没尽全力。不过真斗起来我估计还是您输的可能性大。

看到这里我笑了，心想，如果双方都全力以赴，很难说谁输谁赢，虽然张春银有体育特长，但毕竟只是一个初中生，而我是 20 多岁的小伙子啊！

张春银初中毕业后，因几分之差，没有考上乐山一中高中部，去了乐山二中。他一直没有给我来信，我估计他心情沮丧，感到对不住李老师。于是，我主动给他写了一封信，鼓励他要经得起挫折。我说，你经常参加体育比赛，其实人生也是一次又一次的比赛，哪能次次都赢呢？但如果能够经受住失败，最终就一定能赢得人生。在信中，我还约他周末一起去沙湾玩儿，想让他散散心。

一周后，我便收到他的回信——

亲爱的李老师：

您好！收到您的来信，我非常惊诧和感动。您还没有忘记一个您的不争气的学生。您在繁忙的工作中挤时间写来这封感人的信，我将永远不忘。

您说得不错，当我接到二中的通知书时，确实感到非常懊悔。我只差几分就能考上一中，当时我很恨自己在考试时为什么不能再仔细一点，但是，想来想去还是应该怪自己在初中时太不努力，以致造成了现在这个结果。我确实气馁了一段时间，但最后我终于明白气馁是没用的，一个人要是陷入气馁之中而不能自拔，那么一切都完了。我决心在高中阶段珍惜时间努力学习，把失去的东西夺回来，绝不能做一个自暴自弃的人。

二中这个地方还是不错的。我们这个班有近一半的同学是团员，同学们也都比较朴实，所以我想我们这个班也是会搞好的。另外老师安排我搞班上的团组织工作和小组工作，这样一来确实很忙，但我觉得是光荣的。我们不能只考虑自己的得失而辜负同学老师的信任。我要努力把我们未来班的好作风带到这里来，让这里的所有同学都充分感受到集体的温暖。您对我提出的几点希望，我一定用行动来回答您。

这次运动会我的项目都报满了：跳高、跳远、100 米跑、4×100 接力。我感到压力有点大，但我也想到只要尽自己的努力，即使没有取得好成绩也没有关系。二中的操场很不规则，有些体育训练无法开展，但我们还是尽力锻炼，争取获得好成绩，为班争光。

您邀请我 16 日到沙湾去游玩，我非常兴奋。不过我是在 17 日才接到您的来信的，所以没赶上，万分抱歉。请您和参加旅行的同学们原谅。16 日下雨，我想你们大概也没去吧？

非常想念未来班所有的同学，我确实感觉到我们未来班的同学是世界上最好的同学。请代我向在一中的同学们问好！您现在的学生一定非常可爱吧，也向他们问好！

我忘不了您——我们未来班辛劳的园丁！您永远是我们的老师！

祝您身体健康，万事如意！

您的学生张春银

1984 年 9 月 18 日

高中毕业后，他考上乐山师范专科学校，学体育教育专业。1988 年秋天，我应邀去乐山师专给学生开了一门叫“班主任工作艺术”的课。讲课时，我就讲到未来班的故事。课间休息，一个小伙子上来和我打招呼，我定睛一看：这不是张春银吗？又长高了，是一个标准的帅小伙了！

“我还记得李老师带我们去河边玩儿，中午给我们读小说，还带我们去师范学校打球……”在聊天中，他还记得当时在我班上的许多活动：河边野炊、骑自行车旅游等。

他说：“未来班对我最大的影响，就是老师教会了我活泼开朗，教会我如何与人相处。我一直像老师那样待人诚恳，乐于助人，分享快乐，积极向上，正确面对挫折，还有就是不读死书，学会快乐学习、快乐生活。”

我说：“你以后也会当老师，也会有自己的学生，也会有自己的教育幸福的。”

身心安顿即圆满

1989 年，张春银从乐山师专毕业后，先被分配到离市区很远的迎阳中学，担任体育教师，两年后又调到另一所农村学校茅桥中学工作，依然教体育。刚参加工作时，张春银有挫折感，因为他觉得自己待在农村中学没有前途，所以他曾想过调离，但是村镇的孩子和家长朴实真挚，对张春银很好，孩子们对他也很依恋，张春银很爱孩子们，这让他有了牵挂。他和单位领导同事相处也很好，他越来越觉得处在一种淳朴和善的氛围中，日子过得简单而快乐。心灵安顿了下来，他就再也没有调离的念头了，一干就是 30 多年，至今依然在茅桥中学工作。

未来班 30 周年聚会，张春银因特殊原因没来，但他特意写了一段文字给大家：“30 年过去了，岁月沧桑了我们的容颜，却蚀不去同学的情谊……我特别想对李老师说：老师您不愧是我一直膜拜的对象啊！您的童心与执着一直是我努力学习的啊！”

记得当时我对同学们说：“春银说他曾经对环境不满，想过离开，但最终被那片土地的淳朴留下了。这就是真实的春银的真实人生。”

2018 年 7 月 21 日，我为包括未来班在内的乐山历届学生上了退休前的“最后一课”，张春银也赶来了，还带来了他的同事。虽然已经年近半百，但课堂上他认真的神情，让我觉得他和他的同学们又回到了十三四岁的年龄。

2020 年 1 月 11 日，伍建邀请我和一些同学去他家玩儿，我再次见到了张春银。

午饭后，我们来到岷江边的一个茶楼，张春银有些“得意”地说：“这里只有我最幸运，因为我两次成为您的学生，当年您到师专教过我班主任工作艺术这门课。正是在您的言传身教和潜移默化下，我们未来班才形成了积极向上、团结友爱、正直善良、勇于进取的优良班风，在这个集体中养成的一些习惯使我终身受益。初中三年的点点滴滴，是我人生中最美好的回忆。”

当时到场的学生，只有我和张春银是中学教师，所以我俩共同语言就多一些，他也坐在我旁边，我们聊起教育，有许多共鸣。他说：“我和我的同事经常感叹，教师真的是一份良心职业，许多工作都是隐形的，做没做，做得好不好，只有自己才清楚。”

“是的，教师的工作很难用具体的‘量化’来评价。关键是要用心，别人也许看不到你不认真，但你自己是否问心无愧。”我说。

他说：“用心也是一节课，敷衍也是一节课，但是我们的尽心与否，很可能会改变一个孩子的人生轨迹。每当自己觉得疲倦，想懈怠一下的时候，想到这些，就会逼迫自己打起精神，继续做好自己的事。”

我问他：“现在乐山市城镇化发展很快，茅桥中学现在还算农村中学吗？”

他说：“现在应该算乡镇中学，茅桥中学是同类学校中规模较大的一所。”

我又问：“生源情况如何？”

“都是农村孩子，学生家庭条件不太好，还有部分留守儿童。”他说，“当他们的父母外出打工时，老师也许就是他们身边最亲的人了。当他们犯了错误或是遇到困难、彷徨苦闷的时候，我时常会想：如果他们是您的学生，您会怎样做？如果我的孩子在学校遇到同样的事，我希望她的老师怎样做？想到这些，就会发自内心地关心和帮助他们。这都是受您的影响。”

“这个和我没有关系，是因为你本身就很善良。”我说。

他说：“看到学生脸色不好，我会问他是不是生病了，是不是没吃早饭，需不需要送他去校外的诊所看看；遇到天气突然降温，我会拿出放在办公室的备用衣服让衣着单薄的学生穿上。这些事虽然微不足道，但是能让学生感受到老师对他们真诚的关爱。”

张春银就是一个普通的乡镇中学教师，看起来没有什么显赫的荣誉和头衔，但他一直关爱着每一个孩子，守护着孩子，上好每一堂课。我们信赖的优秀教师不正是这样的吗？

我说：“在我心目中，春银就是一位真正的优秀老师！”

他谦虚地说：“我的很多同事在这方面做得比我好！哦，对了，他们差不多都是您的粉丝，好些人前年都专程去听了您给我们上的‘最后一课’。我们学校氛围很好，教师之间、师生之间关系都很融洽。时常有毕业的学生三五结伴回学校看望老师，兴奋地跟我们诉说在新的学校或单位里的学习和工作情况。看着他们那一张张纯真的笑脸和对未来憧憬的目光，真切感到我们的付出是值得的。”

“就像你现在给我讲你的工作和生活一样，这就是当老师特有的幸福！”我又问，“你孩子多大了？”

他说：“我女儿今年 11 岁，读五年级，活泼顽皮，字写得很好，琵琶弹得不错，酷爱游泳。每天回家，她会眉飞色舞地跟我讲学校里的趣事，有些在我看来平淡无奇的小事她也讲得津津有味。”

我笑了：“一代更比一代强！”

说起女儿，张春银很是自豪：“周末我会陪她去弹琴、画画、跳舞，有空也会打打篮球或郊游。见证她长大的每一个瞬间于我是最幸福的事。女儿从小就喜欢跳舞，从一年级起每个周末都要练习。四年级的一天，她突然很认真地跟我说她不想跳舞了。”

“为什么呢？”我问。

他说：“是呀，当时我也觉得奇怪，学了四年怎么一下子不想跳了？问她原因，她委屈地说：‘我学了那么久，而且你晓得我练得好认真嘛，可现在有些才学了一期的小朋友都比我跳得好，真没劲。’原来是这么回事。说实话女儿跳舞真的认真，好多次我在窗外看，她都在一板一眼地跟着老师练，但是可能舞蹈方面的天赋差一些，我曾开玩笑说她跳的是机器人舞，她听了笑得乐不可支。”

“对孩子还是要多鼓励。”我说。

“嗯，当时我想了一会儿对她说：‘跳舞是为了让自己健康快乐，你已经坚持了四年，现在放弃不觉得可惜吗？再说舞蹈学校你有那么多朋友，你不想再见到她们吗？你考虑几天，跳或不跳自己决定。’一周后，她自己穿好舞蹈鞋和服装乐呵呵地跟我走了。女儿懂得坚持，她长大了。”他说。

我说：“教你们时，我刚大学毕业，现在你们的孩子都这么大了，也开始琢磨家庭教育了。我看你这方面做得不错。”

他说：“不是的，其实在女儿的教育上我有不少欠缺的地方，比如当她看书时，我在看手机而没有静下心来陪她阅读；有时她犯错后，我会发火甚至暴怒而不是耐心引导。我时常提醒自己改正这些错误，并让女儿督促我。女儿最主要的不足是自律性差，比如说好看半小时的电视，时间到了耍赖要再看一会儿；主动学习、自主学习能力不强。希望她尽快改掉这些缺点，不断进步。最高兴的是女儿阳光、快乐、真诚、善良，懂得感恩，愿她能永远拥有这些品质。”

我对他说：“最好的家庭教育，是孩子和父母之间互相学习，彼此促进，共同成长！”

那天天气特别晴朗，我和春银来到江边，冬日的阳光洒在我俩身上，特别温暖。

他说：“在我们学校的墙上，有您的教育格言和头像。我每次看到都非常自豪！”

我问：“同事们知道我是你老师吗？”

他说：“不知道，我没有跟他们说。我现在做得还不够好，怕给老师丢脸。”

我很感动，说：“春银，每一个老师之间是不好简单比较的，我有我的优势，你有你的强项，做最好的自己。你这么爱学生，又敬业，怎么还说‘做得还不够好’？你已经很好了！”

他说：“嗯，我还要继续努力！我希望我的每一个学生都像未来班的同学一样，拥有一段值得留恋的经历和温暖的记忆。”

平凡的教师，优秀的教育者

2020 年 4 月 15 日早晨 6：05，天还没亮，但我已经开车出门了。我打算去 160 多公里以外的茅桥中学看看张春银，实地感受一下他的工作常态，

2020 年 4 月 15 日，我去张春银学校看他

也采访一下他的同事和学生。

我是 8:30 抵达茅桥中学的，张春银到校门口来接我。

学校不大，但环境不错，四周郁郁葱葱。“农村学校这点很好，空气新鲜。”张春银陪我走进教学楼。

在校长办公室，杨元科校长和我聊了起来。

说到张春银，杨校长赞不绝口：“张老师相当不错！他的专业很扎实，所教的体育，成绩在农村学校这个层面比，是相当优秀的。最近几年的中考体育成绩，在整个乐山市中区所有学校里面比，都排在六七名的样子。”

我说：“很不错，进入前十名，名列前茅呢！”

他说：“我们学校很小，人不多，体育老师除了张老师，还有一个兼职的年轻人。张老师绝对是体育骨干教师，学校的体育教学主要靠他。因为我们学校的体育成绩一直都很好，所以家长都很感谢张老师。”

我问：“你觉得张春银最大的特点是什么？”

他说：“非常实干，在工作中特别能够吃苦，踏踏实实地干工作，很有担当精神，从不计较任何个人名利，也从来没有半点怨言，他是两年前才评的高级教师。其实，张老师也可以说是我的老师，我从他身上学到很多东西，而且我爱人就是这个学校毕业的，是张老师教过的学生。”

说着，又走进来一位中年老师，杨校长介绍他是隔壁茅桥小学的教导主任，名叫武小勇。一进来，武主任就很自豪地说：“我是张老师的第一届学生。”

我问：“哪一年？”

他说：“1989 年，张老师刚刚毕业当老师，我刚进初中，张老师就教我们体育。”

我问：“你回忆一下，当年对张老师的印象是什么？”

他不假思索地说：“张老师长得特别帅，上课时语言幽默，对我们的要求很严格。我当时初中毕业准备考中师，体育成绩很重要，张老师对我们的训练都抓得很紧，动作不标准的，他会一对一单独地辅导纠正。后来我去考中师，有一个同学文化考试比我多几分，但面试时因为有体育项目，最后我的综合成绩超过了她，我考上了，她却落榜了。”

他很得意地说：“是张老师让我喜欢上了打篮球。他是我的篮球启蒙老师。”

张春银插话说：“他的篮球打得好！”

武小勇主任继续说：“那时候我和我的同学都很崇拜张老师，虽然那时候学校条件很差，没有专门的篮球场，地面是泥土，篮球板就是一个木板板，但看到张老师很潇洒地运球、投球，我们都感到很惊讶，所以特别崇拜他。然后就跟着他学打篮球。以前我和同学们都不会打篮球，觉得只要抢到球往篮球框里扔就可以了，以为抢得最多，扔得最多，就是打篮球了。张老师笑我们把篮球当成橄榄球打。于是张老师就带着我们打，让我们懂得了篮球规则，教我们如何运球，如何投篮。这以后我就迷上了篮球，工作后虽然我教语文，但一直都爱好篮球。无论是当年读书时在班上，还是参加工作后在学校，我打篮球都是主力。后来经常和张老师一起打篮球。”

与张春银搭班的英语老师方建利说：“张老师非常好，他长期和我搭班，我班的体育成绩很突出，在乐山市中区前三名。他很善良，有正义感。一个学生摔伤了腿，不能参加中考，张老师很关心他，亲自进行心理辅导，还通过网络视频给他进行一些辅导。”

正聊着，上课铃响了。大家纷纷朝教室走去。

我对张银春说：“我想看你一堂课。”

他说：“可以的。不过这只是一堂常态课，没有什么好看的。”

我说：“我就是要看最自然的常态课。”

我在操场边看了张春银一节体育课。因为疫情，他们学校刚开学三天，所以学生们都戴着口罩，张春银也戴着口罩，但基本的训练却一丝不苟：压腿、蛙跳、跑步……张春银还不时示范，或对做得不到位的学生个别指导。

当然，我知道这都是一个体育老师应该做到的，没什么值得夸奖的。但几十年如一日，每一天都把基本的教学常规做到位，依然令人敬佩。

下课时，我提出给他和孩子们照一张合影。于是孩子们簇拥着他，我按下了快门。

我随便找几个学生聊了几句，说到张老师，他们七嘴八舌地说："张老师很有责任心。""张老师对我们很有耐心。要求很严，却一点都不凶，从不骂我们。""同学们都喜欢上张老师的课。"……

杨校长希望我给老师做个报告，我说："我没有准备报告，就给你们老师讲讲我的教育故事吧。"

于是，在一间会议室，我给老师们讲我和我的历届学生共同创作的"教育童话"，其中特别讲了张春银的故事。我展示了我笔记本电脑中保存的张春银初中时的照片，好多照片还是我当年给他拍的，还有我翻拍的张春银高中时给我写的信……

我说："我今天是为写《教育的100种可能》而特地来体验张春银的日

2020年4月15日，张春银在上体育课

常工作和生活的。张春银是我的第一批学生，当年就是一个普通的同学、中等生，没有什么传奇般的故事，但他善良、勇敢、正直。如今，张春银坚守乡村学校 32 年，他已经 52 岁了，依然是一个普通的教师，依然没有什么感人肺腑、催人泪下的事迹，但他在每一天的日常工作和生活中，保持了善良、勇敢和正直，他培养并影响了一批批学生，在他的学生心中，张老师有爱心，正直、帅气、优秀！张春银不是'全国劳模''特级教师'，但他真正代表了绝大多数的平凡教师、普通劳动者，这就是我要写张春银的原因。”

2020 年 4 月 26 日

2018 年 7 月 21 日“最后一课”（乐山）下课时，全体起立，高唱班歌《唱着歌儿向未来》

李嘉文：从顽童到博士

开场就打架、还没“长醒”[1]的顽童

1984年9月，我接手了我的第二个班。

开学不久的一天，有几个同学跑到办公室来告诉我：“有两个同学打架了！”我问是谁，他们也说不清楚，也难怪，刚开学嘛，好多同学都还叫不出名字。

我到教室门口一看，竟然是一男一女两个同学在打。女生发育早一些，因此个子自然高大得多；那男生小小的、矮矮的，显然处于下风，但他毫不畏惧，拼命朝女生扑过去，旁边的同学拉都拉不住。

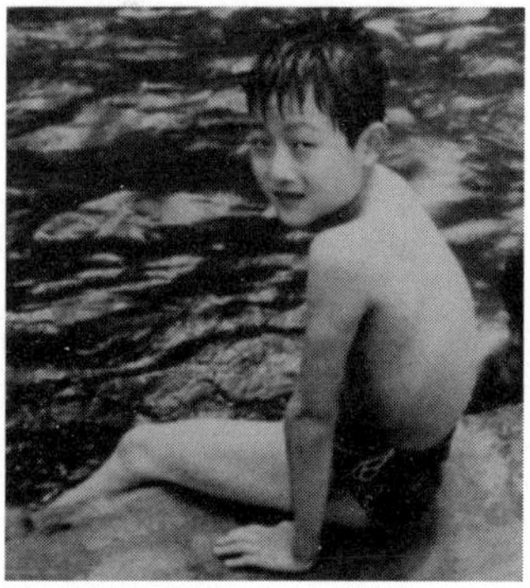
初一时的李嘉文

那是我工作的第三年，年轻，没耐心，一下火了：“真要决一雌雄吗？”

话一出口，我就有点后悔了，觉得用“决一雌雄”的成语来批评两个男女同学打架相当刻薄。

但这就是当年真实的我。我从没打过我班上的学生，但80年代我讽刺挖苦是很经常的，还自以为“幽默”。

我的一声怒吼，把两个孩子镇住了。尤其是男孩，他停止了攻势。

① 四川方言，即很幼稚，还不懂事。

这个男孩，叫李嘉文——哦，不对，那时候他还叫梁汉明。

我所带初87届1班的学生，大多是1971年或1972年出生的，仅有几个是1973年出生的，梁汉明就是其中之一。他的生日是1973年2月5日（好像是），也就是说他进初中时，才11周岁，是班上最小的几个学生之一。

因为个子矮，他一直坐第一排。虽然在老师眼皮底下，但他上课依然不安稳，动个不停，或说个不停。现在想起来，因为年龄小，再加上他身心发育比同龄人晚，梁汉明当时就是完全没有"长醒"，所以他时不时惹出点事，便很自然了。

可他文静的时候，那是非常乖！他模样清秀，一点都不像有时表现出的那么粗野。他皮肤白白的，眼睛小小的，一笑起来嘴里两排白牙细细的，整整齐齐。特别是我给大家读小说的时候，他特别专注，仰着笑脸呆呆地望着我，还不自觉地吮着手指，有时候嘴巴半张开，或情不自禁地呵呵地笑出声，引得全班同学都笑了起来。

梁汉明的成绩不可能优秀，因为他上课很少专注，但是他的成绩也不是最差的，毕竟他还是很聪明的，就算不认真学习，成绩也不可能垫底，一般还是能够及格的——初一的孩子，成绩仅仅及格，不算"最差"也算"比较差"了。

不过，有一点他很突出，就是钢笔字写得好。当时班上钢笔字写得好的同学不止他一个，比如程桦、吴涛等钢笔字写得都非常棒，但梁汉明的字很老练。有一次，为了调动大家练字的积极性，我在班上举行钢笔书法比赛，梁汉明获得一等奖。若干年后，他还自豪地对我说："那是我人生第一次获一等奖！"可见，第一，在此之前，调皮的他很少得到奖励；第二，这"人生第一次获一等奖"给他留下的印象多么深！

孩子对老师的胸襟很开阔

其实，梁汉明当时虽然经常让我操心，但内心深处我真的没有讨厌过他，可能是因为我天性就喜欢孩子吧，尤其是对他这种“奶气”[1] 的孩子，我还特别喜欢呢！

有一次我走进教室，看见同学们都围着梁汉明在议论着什么，有的女同学还发出惊叫声，我走近一看，梁汉明的桌子上居然有一只小白鼠！一问，是他从家里带来的。他妈妈是乐山市教育学院的老师，常常做实验，所以实验室有小白鼠。有时候做完实验，妈妈便把小白鼠给儿子玩儿。梁汉明便带到了学校，想给同学们玩儿。可我当时很生气，一把抓起装小白鼠的纸盒子就想扔，可我看到梁汉明惊恐的眼睛看着我，两手护着小白鼠，我的心软了。我想，他毕竟是孩子，喜欢小动物也没错，只是不应该带到教室里来玩儿。于是我把盒子还给他，并很温和地说：“好好保管小白鼠，别让它跑出来吓着女同学了。上课也不要玩儿。”

这也是多年后梁汉明给我回忆起的一件印象深刻的事：“当时我看您来了，真的吓坏了。但没有想到您对我很温和，只是提醒我不要影响上课，不要影响女同学。您当时对我挺宽容的。”

但我也有对他不客气的时候。有一次我带着学生去烈士墓扫墓，在那么一个庄严肃穆的地方，梁汉明却嘻嘻哈哈的。现在想起来，他也就是不懂事而已，不可能有什么恶意，可当年的我便上纲上线地批评他“对待革命先烈的态度有问题”。活动结束后，我罚他扫地。正巧一起去的学校团干老师，把我罚他扫地的场面给拍了下来。照片上，梁汉明在认真地扫地，我在不远处看着他，我的表情很严肃，凶巴巴的。

梁汉明喜欢踢球，但经常不按规定去操场踢，而是在教学区踢。有一次课间，他又在教室外面踢球，兴致勃勃的他飞起一脚，把球踢到了玻璃窗上，“哗啦”，玻璃碎了一地。我当场狠狠批评了他，小小的弱弱的他，被我的厉声吓得瑟瑟发抖。后来我让他家长赔付了玻璃钱。

我说过，孩子对老师总是胸襟很开阔，很少有学生会记恨老师。比如梁汉明，在 1985 年 5 月的一次语文课上，当值日生叫“起立”后，全班同学

---

① 四川方言，即特别幼稚。

没有像往常一样齐说：“老师好！”而是整整齐齐地喊出：“祝李老师生日快乐！”其实孩子们搞错了，那天并不是我的生日，但我还是很感动。班长代表同学们给我鲜花，还有班干部代表同学送我礼物——笔记本、书签等。坐第一排的梁汉明特意走到讲台前，说：“李老师，祝您生日快乐！”他还送我一份生日礼物，是一支毛笔。我非常感动！

还没长大的孩子转学告别了我

我有一个习惯，写信都要打草稿，把信寄出去以后，草稿保存着。为写这篇文章，我查了查我保存的书信草稿，居然找到了好几封当年写给梁汉明的信。有一封是1985年暑假里，我和爱人外出旅游途中给梁汉明写的信——

梁汉明同学：

你好！现在我远离乐山给你写信，你想不到吧？

出来10多天我挺想念同学们，也想念梁汉明同学。回想上学期梁汉明对我非常关心，专门送我毛笔作为生日礼物，可我对你却常常不客气，批评得很厉害，无意中伤了你的自尊心，我现在向你道歉。你能原谅李老师的过失吗？

梁汉明思想纯洁，为人淳朴，但是你最大的缺点是学习目的不明确，好像不知道每天上学是为了啥，大概仅仅是为了不受爸爸妈妈的责备吧。可是你想想，时间一晃便过去了，转眼间便初中、高中毕业了，如果你什么都没学到，岂不成了做什么都没有用的废人了吗？那时，你就会悔恨地回忆起自己初中时的每一节课、每一位老师和同学……因此我真希望你现在就懂事，明确学习是为了自己将来能是一名对祖国有用的人。只有这样学习才会有自觉性。

但愿下学期你能一切都重新开始！

李镇西

1985年7月15日

进入初二，梁汉明应该还是有进步的，比如上课时开小差的时候少了，按时完成作业的时候多了。不过总的说来，还是没有完全“长醒”，各科成绩不但没有明显进步，反而在初二这个分化阶段有所下降。用现在的话来说，他的“花期”比别人要晚一些。

1986 年 6 月，就是初二学年快结束的时候，我和成都十二中的冯惠芹老师商量，我俩各自带的班结成友谊班，在下学期（也就是初三）让两个班的孩子“一对一”交朋友。我给冯老师写信把我班每一个学生的情况都做了简要介绍，介绍到梁汉明，我是这样写的：“梁汉明，男，13 岁，性格活跃，天真，思想单纯，对人和善，但毅力较差，学习成绩不好。”这段话当时是作为“秘密档案”写给冯老师的，应该说是对梁汉明当时情况真实客观的介绍。

但没想到期末放假前，梁汉明的爸爸妈妈告诉我，因为他们调往重庆工作，梁汉明要转学了。当时，我一下子还真舍不得这个天真烂漫的小不点儿。我觉得不应该让梁汉明就这样默默地离去，于是，1986 年 6 月 30 日，在期末考试结束后的第一天下午，我组织全班同学为梁汉明开一个热烈的欢送会。

那天，同学们都带上了送给梁汉明的礼物，他所在的二小组的同学，专门用美人蕉叶手工制作了一个小工艺品，沈建同学还细心地在上面刻上一排小字：“出淤泥而不染，濯清涟而不妖。”

关于这次欢送会，在我保存的黄建钊同学的作文《欢送梁汉明》中有这样的记载——

欢送会开始了，班长彭艳阳致欢送辞。而梁汉明完全没有了平时的活泼，就像变了一个人，规规矩矩地坐着，脸上没有一丝笑容，垂头丧气，好像要哭了。但同学们都逗他说笑。

为了让梁汉明开心，同学们表演文艺节目，全由梁汉明“点播”。他点到谁，那个同学或跳舞，或唱歌，或讲笑话……气氛渐渐热闹起来，梁汉明白白的脸上终于绽放出了笑容。

李老师也为梁汉明表演了节目。在同学们的掌声和欢呼声中，李老师走到教室中央，说："今天，我给大家表演一下我的拿手好戏——跳'忠字舞'！"全班哄堂大笑。李老师故作运气，然后脑袋一扬，双手一挥，一边唱一边指指天又指指地："天大地大不如党的恩情大……"接着他又木偶似的用手比比八字胡，摸摸后脑勺上并不存在的发髻，又是一句："爹亲娘亲不如毛主席亲……"逗得大家哈哈大笑。

…………

我至今记得那次欢送会上，最后一个环节是让梁汉明举行"记者招待会"，回答大家的任意提问。我首先发问："请问，你喜欢吃什么？"他毫不犹疑地笑答："凡是能吃的，我都喜欢吃！"我又问："你现在个儿不高，你有没有计划将来长多高？"他依然不假思索地回答："一米八二！"同学们看着他那还不到一米五的个儿都笑了，他自己也嘿嘿笑了。

欢送会上，梁汉明专门送了大家一本绿色塑料封皮的日记本："我希望同学们用这个本子来写班级日记！"

就这样，梁汉明还没长大就转学告别了我。后来他给我来过几封信，我也回他信。

记得他曾给我来信说初三毕业考砸了，打算复读一年，我去信鼓励他。第二年，他又给我来信报喜，说他初三毕业会考取得了全校第二名的好成绩。我马上给他回信——

亲爱的汉明：

你好！代我向你爸爸妈妈问好！

来信收到。我真的为你初中毕业会考取得好成绩而高兴！祝贺你！

你离开我们已经两年了，可我一直惦记着你。去年暑假我与沈建等几个同学旅游经过重庆，很想来找你，可一来时间紧，二来太累，三又找不到你家所在的渝州大学，所以未能与你见面，现在想起来真是遗憾。

你几次给我的信和明信片，我都收到了，只是由于忙未能回信，但你的心意我领了，谢谢！

高中将是更为严峻的考验，你切不可因为初中毕业会考较理想就盲目乐观，低估困难。高中的课程更深，现在我班的黄勇、彭毅等人都说："以前读初中太轻松了，到了高中才真正感到了紧张！”可见高中学习不会一帆风顺，你也要有充分的思想准备。不必硬性规定自己一定都要在前三名，万一达不到岂不灰心？只要刻苦，胜不骄傲，败不气馁，你总会成功的。

我还是老样子，忙得很，下学期教高二文科班。唯一值得欣慰的是有了一小女儿，下班以后抱抱她，便消除了不少疲倦。我真诚地欢迎你和爸爸妈妈一起回乐山玩！

你的朋友　李镇西

1988 年 7 月 7 日

随着我工作的调动，我们渐渐失去联系了。但我还时不时想起这个可爱调皮的小不点儿。每次想到梁汉明，我忍不住就想，这小家伙长到一米八二了吗？

憋着一口气发奋努力

再次和梁汉明见面，是 31 年后的 2017 年 8 月 7 日初 87 届 1 班（我的第二个未来班）毕业 30 周年聚会活动上。

现在的李嘉文

如果在大街上碰到他，我真认不出来了。他虽然没有一米八二，但至少有一米七，他把他读初二的儿子也带来了。我不禁感慨：“梁汉明的儿子都这么大了，时间确实太快！”

聊到当年对李老师的印象，他说：“印象最深的还是李老师为我们读书，能听到好多有趣的故事，遇到有趣的灵魂，并把书中的思想和观念暗暗地植入自己的灵魂深处。还有就是课外活动丰富多彩，课余组织同学游泳、吹口琴。及时鼓励学生，宽容并关注每个学生，多方面提高学生的素质……”

几天前，学生们便请求我在聚会时给大家读小说，重现当年的一幕。于是，我拿出了特意带去的当年给他们读过的《钢铁是怎样炼成的》，选了其中保尔救朱赫来的片段，给大家朗读了起来。

我一边读，一边模拟保尔的动作和样子。我走到梁汉明身旁，当年上课很容易分神的他，此刻却听得非常专注，两只眼睛盯着我，手托着下巴，嘴巴半张着——当年听我读小说时他就是这样的。他的表情紧张——为保尔紧张。和梁汉明专注表情形成对比的是，坐在他身边的他的儿子却心不在焉，搞自己的小动作，就像当年的梁汉明上课时一样。

我乐了，暂停朗读，说："小朋友，你怎么像你爸爸当年一样啊？"大家都笑了。

我继续说："你看，你爸爸现在听得多认真呀，向你爸爸学习！"

小朋友不好意思，赶紧坐正，果然，接下来他听得很认真。

那一刻，时光穿越，1986年梁汉明正是在初二的时候转学走的，年龄刚好和他现在的儿子一样大！可31年后，我印象中的小屁孩梁汉明居然又带了一个和他一样调皮的小屁孩！真有趣！

说起当初离开乐山一中刚到重庆时，梁汉明和我说了当年的"不容易"。本来他父亲联系了最牛的省级（当时重庆还属于四川省）重点中学重庆一中，那边听说是乐山一中转学的，都同意接收，因为乐山一中也是川中名校。但人家一看成绩单，每门功课只是刚及格，就拒绝了。于是他父亲退而求其次，又去区级重点中学重庆十八中，依然是同样的遭遇——校长说："这么差的成绩还想来我们十八中？"当梁汉明听到爸爸转述这句话的时候，心里很难受，他第一次意识到学习成绩的重要性，感到了成绩直接关系着自己的尊严。

后来，爸爸让他读普通中学，而且留级一年。梁汉明只能含泪同意——在那一刻，他一下子长大了。于是，他憋着一口气发奋努力，一年后初三毕业，以648分全校第二名的成绩，保送十八中！

"本来我也可以参加第二次考试，读重庆最牛的重庆一中、三中或八中，以我当时的状态是完全能考上的。当时我校初三第一名650分，比我高两分，第二次考试，他就考上了重庆三中。但是为了那口气，我就决定不参加第二次考试，直接保送十八中高中。然后，高中三年一直在班上的前10名左右，而且担任副班长及组织委员。1991年高考失误，只上了专科线，但我决定复读重考。1992年考上了苏州医学院，就是现在的苏州大学医学院。”

其实，梁汉明现在已经不叫“梁汉明”，他当年从乐山转学到重庆就改名叫“李嘉文”了——他原来是跟着妈妈姓梁的，后来还是随爸爸姓李。不过，我和同学们依然习惯于叫他“梁汉明”。对我来说，除了习惯，还因为“梁汉明”三个字代表着一段亲切的记忆。

孩子有无限可能，教师要静等花开

我之所以这么不厌其烦地写他中学的学习经历，是想说明，当初那么不爱学习的小孩儿，一旦醒悟，就迸发出了让老师、家长和他自己都吃惊的无限潜力。所谓“静等花开”，大人终于等来了他的花开。当然，和乐山一中原来的初中同学相比，他晚了两年读大学。晚两年就晚两年嘛！他的“花期”就比同龄人晚两年，但后来他的生命之花不一样鲜艳吗？为什么一定要捆绑着所有的孩子齐头并进呢？为什么一定要强迫所有的花儿在同一个时刻开放呢？

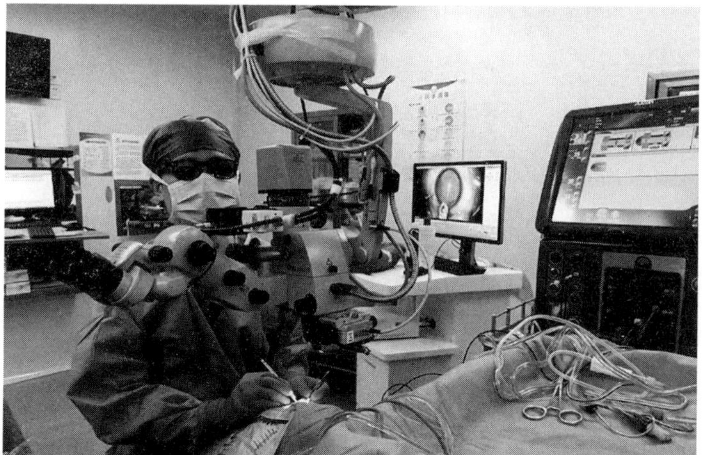

手术中的李嘉文

大学毕业后，李嘉文回到重庆，成了重庆市第四人民医院（急救医疗中心）的一名眼科医生。2002 年他报考了重庆医科大学眼科学研究生，三年后获得硕士学位。2007 年，李嘉文已经熟练掌握眼科绝大多数手术，特别是白内障手术，他升职成为了副主任医师——当时医院最年轻的副高。

但李嘉文没有自满，更没有停止不断地自我提升。他认为，一名好的眼科医生，一定要有精湛的显微手术技术，科研能力也必须在比较高的水平，这样才能被同行及患者认可。为此，2009 年他毅然扔掉“铁饭碗”，从急救中心辞职，到重庆爱尔眼科医院担任白内障专科主任。李嘉文的手术量迅速上升，手术技巧达到新高度，他的白内障手术水平逐渐被市内眼科同行认可了。

但他依然不满意，为了进一步提升自己的专业技能，2012 年，他又从爱尔眼科医院辞职，加入了由全国著名眼科专家阴正勤教授、王一教授领衔的第三军医大学第一附属医院（西南医院）眼科，并担任眼科白内障组三线责任医师，带领一个团队专做白内障手术。李嘉文说，他能够去西南医院，和他的硕士论文答辩委员会主席王一教授的帮助分不开，因为是王一教授看上了李嘉文各方面条件，把他引入西南医院的。李嘉文说：“王一教授也是我的贵人！”

2014 年，李嘉文考上阴正勤教授的博士生，后获得博士学位。

这一切换来的是李嘉文各项专业能力的不断提升，并获得业内认可：2016 年获西南医院“手术状元”称号,2017 年获得全国白内障超声乳化“手术大师”称号，2019 年升到了主任医师。在学术上，他目前担任中华医学会眼科学分会视光学组委员、中国医师协会眼科学分会视光学组委员、中国康复医学会视觉康复专委会委员、重庆市医学会眼科学分会视光学组委员、重庆市医师协会眼科学分会白内障学组副组长。

已经是白内障学专家的李嘉文说：“目前我最专注的是，白内障及眼前段复杂手术，做同行做不下来的高难度手术。我最大的愿望就是，帮助更多的眼科疾病患者恢复光明。”

我问他：“以你这么多年的从医经历，你认为怎样才能当一名好医生？”

他想了想，说："我没有资格对其他医生提什么好医生的标准，我只能说作为眼科医生，我对自己的要求是要有三种'心'——方寸毫厘之间操刀，要足够细心；手术中出现了意料之外的情况，更要耐心；对于病人，要始终怀着一颗爱心。"

提到"爱心"，李嘉文说："从小到大，我父母一直教育我要有爱心。他们也以身作则影响着我。2016 年 8 月，我父亲临终前将双眼角膜都捐赠出来了。"

他父亲的样子我还有印象，以前我家访时见过，高大英俊。我说："是你这个眼科医生给他建议的吧！"

他说："是的。当时跟他聊：'爸爸，你的角膜很好，能不能捐出来啊？可以捐给两个人，然后你就可以一直看着这个世界。'当时他说：'好呀！你说捐我就捐，听你的嘛……'"

讲到这里，李嘉文稍微顿了一下，沉浸在回忆中。

过了一会儿，他又说："要当好一名医生，还一定要跟上国内和国际的本专业发展潮流，不断阅读最新的文献，要勇于和国内、国际同行交流，了解别人在做什么，自己在做什么，差距在哪里，如何去缩小差距，如何在本行业内形成区域性优势，一定要虚心学习别人的经验，不断超越自己，这也是我从李老师您当年为我们读的书里面体会到的。"

"哈哈！你还不忘拍我马屁！"我跟他开玩笑。

"我是很真诚的，确实是这样的。"他又补充说，"另外，好的医生一定要学好英语。"

谁能想得到，当年的小屁孩"梁汉明"，30 多年后会成为眼前的专家李嘉文博士？

教育，的确能让一个人有无限可能。

像李老师那样宽容、细心，理解孩子

一晃又是几年没见李嘉文了。但通过微信，我俩又觉得似乎一直没离开对方。近年来，我眼睛不太好，有时流泪，有时红肿，每当这时，我就用手机拍个图片发给李医生，他当即就给我开药方，不出一天，我的眼疾便好了。有一次我说："梁汉明啊，有一个当眼科专家的学生真好呀！谢谢你！"

他说："小意思小意思，有什么您尽管找我。"

我心里说，我希望我的眼睛好好的，我才不希望找你呢！

前不久在微信上和他聊起了教育："你当年那么调皮的一个小孩，现在也做父亲了，对教育有什么想法呀？"

他说："这方面李老师是专家，我只能根据我孩子的情况谈谈我的体会。我觉得小学阶段一定要培养孩子养成各种好习惯，特别要重视做事专注度和持续性，训练孩子集中精力、持续完成一件事情，这样会让孩子终身受益。"

我说："可现在的家长们都特别看重孩子的成绩呀！他们会认为，你说的那些都是虚的。"

"是的，国内教育经常'唯成绩论'。"他说，"虽然大家都在谈素质教育，但家长和他们的孩子往往疲于参加各种考级来证明孩子能力强素质高。"

我说："这真是讽刺啊！现在很多人用应试教育的成绩，来证明孩子的素质高。但这些通过各种考级'证明'的所谓'素质'并不是真正的素质。"

"您说得太对了！长大后回过头看，其实并不是拿到多少证书就能证明你厉害，成人后，有大部分证书和所学的那一点点东西的作用都会烟消云散。"他说。

"那么，你认为什么东西才是超越那些证书的素质呢？"我问。

"孩子的体质是第一素质！"他说，"从我作为眼科医生的角度看，我国近视发生率这么高，都已经引起国家层面的高度重视，就是因为在视力和生长发育的关键阶段都去读书了。学生减负不能光口头说说，体育课、课外活动也不能被某些升学考试的科目占用。"

我说："但现在其实学校已经逐步开始进行相关改革了，包括重视体质和品德，但往往家长还不理解，不配合。比如，学校减负，家长就有意见。"

"所以，教育改革要取得真正成功，家长必须全程和学校配合。孩子正确的人生观往往在中学时代逐步形成，这需要家长和学校，特别是家长的努力。”他说。

我问他：“你的孩子应该读高中了吧？”

他说：“对，目前儿子读高一。但好像还没有‘长醒’，没有大的挫折，也没有当年我‘憋着一口气要成长’的动力。但愿他能早一点觉醒，产生自我学习的意识。”

我说：“你也不要太着急，慢慢引导，要多理解孩子，要学会宽容。”

“嗯，在孩子成长的叛逆期，我希望自己能像李老师那样宽容、细心，理解孩子。当年我遇上您无疑是幸运的。”他说，“您能够给我儿子上上课就好了。您什么时候能够来重庆？”

我说：“重庆我经常去的，只是因为来去匆匆，没敢惊动眼科专家李大夫，呵呵！不过，下次去重庆前，一定先告诉你。”

“好，一言为定，我把儿子带上去看您。”

我笑了：“没问题的！对了，儿子现在比你高了吧？”

“一米八一！”他很是自豪。

我乐了：“你当年的一米八二，让儿子帮你实现了。”

“哈哈！”他更得意了。

我说：“三十年后，你让我吃惊；再过三十年，你的儿子一定会让你吃惊！”

2020 年 3 月 28 日

刘春华：驾驶“生命公交”从容前行

2020年3月25日那天，我很早就起来了，因为我要去乘坐的272路公交车站点离我家很远，本来我得先乘坐114路，一个小时后能够到272路公交车起点站，但我决定先步行一个小时，算是晨练。步行六公里后，我坐了几站28路，到达了美洲花园。这是272路公交车的停车场。我要找到35124号公交车，我今天就是专门为坐这辆车来的。

这辆272路公交车的司机叫刘春华，他是我参加工作后带的第一个班（乐山一中初84届1班，即未来班）的学生。

“中等生现象”

刘春华性格温和，善良，乐于助人，男生嘛，偶尔也犯点小错。无论是当时的印象，还是现在的回忆，不管从哪个角度讲，刘春华都是一个“很一般”的学生：成绩很一般，中不溜，常常会“溜”到中下；各方面表现很一般，不算很差，但不突出，我印象中他没担任过班干部，好像连小组长都没当过；纪律操行方面一般，肯定不是惹老师头疼的学生，但有时候也有些小违纪，不过都无伤大雅；甚至他的个子也是中等个儿，五官端正，不特别帅也不丑。他站在一群学生中，自然就“融化”到集体中了。他如果哪天没来上学，我第一时间不会想到他。总之，他既不是让老师特别“自豪”的优等生，

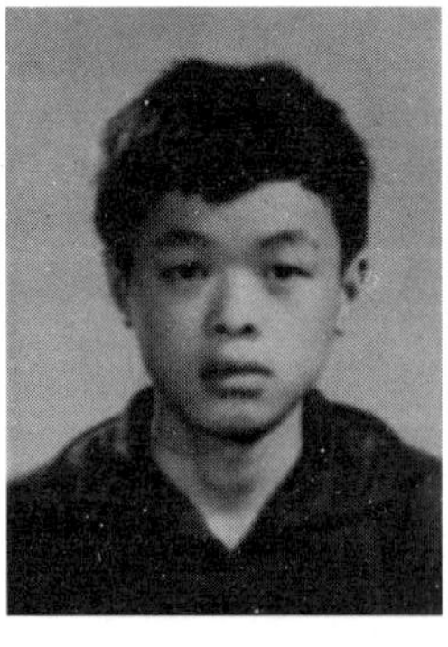

初三时的刘春华

也不是让老师特别操心的“差生”。应该说，这样的学生无论在哪个学校哪个班，都实在是太普遍了。

说实话，比起当时班上我认为应该特别关注的学生，比如刘春华的同班同学王红川，我对刘春华的关心太少了。这种教育上的“中等生现象”应该不是只存在于我这里。

我那时候经常带学生去野外玩儿，和男生们摔跤、斗鸡，刘春华往往都是积极分子。

初中毕业，刘春华就读另一所高中，但我依然有时在周末带他们出去玩儿，有一次我们还骑自行车去郊游。

他经常给我写信，寄新年贺卡。下面是1986年初，我给他的一封回信——

春华同学：

你好！代我向你父母问好！

元旦收到你寄来的明信片，我很是高兴。对于过去的一切美好的东西（包括你提到的未来班）我都是很怀念的，并永远不会忘记。对春华也是如此，你没忘我，我很感动，也很惭愧。过去我对你是很严厉的（你还记得那一次课间操你被林校长批评后，我要你回家请家长的事吗？），现在想起来，我真不够耐心。

春华现在的学习一定有进步吧？在初中你的语文基础较差，现在情况如何了？一晃已读高二，明年即毕业，想来你一定很勤奋，但还要注意学习方法，不要死记硬背，应多多培养自己灵活的思维能力，要养成看教材的习惯，总之，既要刻苦，又要得法，学习效果才会好。另外，我还希望你保持初中时的纯朴，现在的社会风气不太好，要注意分清好坏是非，即使以后成不了科学家，也应该成为一个正直的人、高尚的人！

那天环城跑，我碰到你妹妹，她真有礼貌，请代我问她好！

预祝春节愉快！

李镇西

1986年2月1日

“李老师始终要求我们做一个正直善良的人”

刘春华对我的印象很深。未来班毕业30周年聚会前，刘春华写了一篇文章，他有这样零碎的回忆——

李老师的字写得很好，他给我们上第一节课时做自我介绍，在黑板上写下“李镇西”三个字，很潇洒，我当时忍不住说：“写得好！”

李老师一直持有快乐教学的理念，要求学习是学习，玩耍是玩耍，每周一次课外活动（当时一周只休一天），他就带着我们斗鸡、野炊、骑自行车感受大自然。作为当时的差生，我很感动，觉得李老师对我们就像亲人一样，一视同仁，从来不会厚此薄彼。

我一直认为李镇西老师毫无功利心，他始终要求我们做一个正直善良的人，对我影响很大，我一直记着。未来班的班训是：“团结，正直，勤奋，创造。”确实，社会的发展也是如此，哪里有那么多精英？这个社会就是由千千万万个我们这样平凡平淡的人构成，成绩、分数、名次在生活中没那么重要，只要是一个正直、善良的人，对社会有贡献的人，那就是一个幸福的人。

其他我不敢说，至少毕业30年来，“正直”和“善良”我是做到了的。

坚守良知，“近墨而不黑”

刘春华的学习成绩其实并不算差，放在今天考个大学应该没有问题，但那是80年代，大学录取率很低，所以他高考落榜。他上了乐山市技工学校，学驾驶专业。当时国家还包分配，他毕业后分配到峨眉九里汽车十三队，后来又调到乐山市印刷厂。不久随着国家改革深化，他所在的印刷厂转制，他下岗了，便到了深圳，还是驾驶汽车。但他感到自己不适合那里的工作，半年后便回到乐山自己当老板经营中巴车。几年后，经营状况不好，又去搞装修，帮老板开车……但生意依然不好，便到了成都闯荡：搞过物业管理，之后进入旅游界，开旅游车，经常跑乐山、峨眉、九寨沟一带，福建、广东、广西、贵州等地。最后进入成都市公交集团星辰巴士公司，成为一名公交车驾驶员，一直至今。

多年后我俩重逢，他给我讲这段经历时，深有感触地说：“我有这么复杂的经历，本来是很容易沉沦堕落的，但我却没沾染任何社会上的邪恶风气，这是很不容易的。因为我开车的关系，我曾和黑社会性质组织的人打过交道，见过形形色色的人，我还从监狱开车送过犯人回家看母亲。无底线的人和事我见了很多，但我没有受影响。在乐山，有些政界的人，还有些后来被枪毙了的贪官，我都认识，但也仅仅是认识。我帮老板开车时，老板带我见了社会的许多阴暗面。说实话，像很多处在黑暗中的人一样，只要心里一放松，我就‘过去了’，但我内心深处有底线，有准则，那就是善良和正直，我经常会提醒自己不要越界。李老师教我的，就是善良和正直。当年在班上我成绩虽然不算好，但内心深处，我就是要做一个好人。成人之后，虽然我曾经‘近墨’，但没有受影响，并没变黑，因为我坚守良知，所以我‘近墨而不黑’。”

同车即为缘分，做好服务是本分

在未来班毕业30周年的聚会上，每个同学都站起来说说感言。刘春华说：“我现在当公交车司机，心态很好，收入不算高，但相对稳定，我知足了。我心态一直很好，什么都想得开，对人宽容。我对每一个乘客都很和善，一直很随和，从没跟乘客吵过架，更从来不吼乘客。我觉得我还是素质比较高的驾驶员。工作中，捡过乘客丢失的钱包呀，还有其他东西，我一律上交给调度。当然，这都是我们公交司机最起码应该做到的。作为一名公交驾驶员，我始终认为，同车即为缘分，我应该做好优质服务，把乘客当上帝。毕业这么多年，我说不清未来班具体留给了我什么，但潜移默化中，未来班的确在影响着我的人生。记得李老师当年教的一句话‘让人们因为我的存在而感到幸福’，是的，我做到了。李老师也经常对我们说：‘做一个正直善良的人！’我也做到了。李老师当年对我们很好，经常带我们去玩。现在这么多年过去了，我见了李老师觉得他比我大不了多少，觉得比以前更亲

2020 年 3 月 25 日，我和刘春华

近，总感到李老师和我们的距离很近，我们可以随便和李老师开玩笑。我完全把李老师当哥了，就是‘西哥’。”

听了刘春华的话，我感动地对他说：“我一定要去坐坐你驾驶的公交车。”

可是，由于一直很忙，再加上他先后驾驶的 59 路、272 路公交车线路都离我比较远，所以快六年过去了，我一直没有去坐春华的公交车。

今天，我终于来到 272 路公交车的起点站，而且找到了停在路边的 35124 号车。正好，穿着工作制服的刘春华从调度室里走了出来，他迎上前来，笑着说：“疫情期间，就不握手了。”

我也笑着说：“不必了不必了。你是专门在这里等我的吗？”

“不是，我也刚刚跑了一趟，正好休息。”他说。

我问：“你每天都要跑车吗？”

他说：“不，我们是开三天，休息一天，然后循环。”

“哦，那你们就不休正常的周末？”

“是的，反正跑三天休一天。”

我又问：“你每天几点钟出车？几点收车？”

他说：“现在我跑 272，这是短程循环，每天早晨 6 点半第一班，晚上 7 点过就可以下班了。原来开 59 路的时候，晚上往往 12 点才到家。”

我接着问：“那现在的 272 路车，你开一趟，要多长时间呢？”

“要看情况，一般半个多小时，有时候 40 分钟，然后歇半个小时，再出发。”

说着，他带着我上了他的公交车，离发车还有十多分钟，他拿出消毒剂，在车厢喷洒，说：“疫情期间，每次发车前都必须消毒。”

我又问：“你们是哪一天上班的？”

他说：“我们一直在上班啊！每天都在跑，只是前段时间大家都宅在家里，我们减少了班次。”

还有一会儿才发车，刘春华和我在车上闲聊起来。

我说：“你们开公交车确实辛苦啊！而且很枯燥，每天每一趟都是同样的线路，同样的操作，日复一日，月复一月，年复一年，又不能和乘客聊天。”

“是的，确实很枯燥。不但不能和乘客聊天，也不能接电话。但习惯了也无所谓。”他说。

我问了一个很世俗的问题：“你现在每个月的收入是多少？”

他说：“我们的工资构成很复杂，有基本工资，有绩效，等等。这样简单说吧，每个月所有加起来大概六千多，扣除各种保险，拿到手的大概五千多。”

应该说，五千多的收入，在成都算中等吧，但考虑他工作的辛苦程度，还是低了些。

善良仁爱的刘师傅

我又问：“你开公交车这么多年，遇到的最恼火、最倒霉的事是什么？”

他一下愣住了，想了想：“最恼火、最倒霉的事……哦，我想起来了，大概是 2012 年的样子，有一次我被一个乘客打了……”

“啊？还有这样的事儿？”我很惊讶。

他继续说：“那是一个晚上，我开车到了一个站，乘客下了，我继续开，结果一个男子要求下车，因为他发现自己坐过站了。你想，我当然不可能给他停车，因为这不符合规范，离开了站台就不能中途停车，我继续正常行驶。没想到他冲过来挥拳打我的脸部头部，一阵乱打，当时我就血流不止。

我闻着他满身酒气，看他情绪很激动，就知道他是喝酒喝醉了。我稳住方向盘，忍着痛把车开到路边停下，然后趴在方向盘上眯了一会儿，感觉眼睛痛。这时候有乘客过来保护我，有的乘客把他控制住，然后报警。后来 110 警察赶到，把他带走了。我后来去省医院，眼角缝了七针。其实这个乘客也不是坏人，第二天酒醒了，他非常诚恳地给我道歉。后来派出所要求他赔偿我损失，连同医疗费，他总共赔我一万三千元。”

“你受了这样的伤，他已经触犯刑法了，但最后你解决得很人性化，也算圆满。”我说。

“他毕竟是喝醉了，所以我也没有起诉，原谅了他。如果他是清醒的，放在今天，他的行为就叫妨碍公共交通安全罪。公交车上上下下乘客那么多，什么样的人都有，很多时候我们也难以防备，所以这些事也难免。”他指了指驾驶台，“现在好了，你看驾驶台都有防护栏隔离。这是那年重庆市公交车坠江后，我们所有的公交车都统一安装了防护栏，保护我们司机。”

我又问：“说了最倒霉的事，再说点愉快的事。你开公交车期间，遇到过的最开心的事，是什么？”

“那我再给您讲一个故事，也是一个乘客坐过站的故事。”他笑着说，“那时我还在开 59 路公交车，要经过玉林小区，有一次，一位女乘客忘记在该下的站下车，一直坐到了终点站。按道理，她到了终点站就应该下，然后再坐另一辆 59 路车返回去嘛，因为我还要等半小时再发车。但我发现她不下车，我就对她说：‘我帮你转到其他车吧，你再坐回去，我帮你跟那个司机解释一下，你也不用重新买票。’结果她说：‘一会儿我还是坐你的车回去。没关系，我等你。’我很奇怪，就问她：‘你为啥子还要坐我的车呢？还要等很久哦！’她说我开得好，态度好。后来她硬是等到我重新发车，再坐回去，在玉林北路下的车。这件事很小，但我很感动。”

“我也很感动。”我说，“你脾气好，可能没有和乘客吵过架。”

他说：“是的。”稍微停顿了一下，他突然说：“不对，也不是绝对没有，以前是从来没有和乘客吵过的，但上次破了这个例。因为刚才说了，乘客是啥子样子的人都有，有时候你根本没有思想准备，就会出现一些想不到的情况。”

“你又遇到什么情况了？”我问。

“上次，一个中年男子，上身赤裸，挺着个啤酒肚，一上车就骂骂咧咧，说粗话，用很下流的脏话骂我。”

我问：“他为什么要骂你？也是喝醉了酒吗？”

“没有没有。”他继续说，“因为公交车有时候遇到高峰期，可能不是那么准时到站，这很正常，结果他一上来就骂我：‘你 ×××，开什么车哦！……’”

“所以你就忍不住和他吵起来了？”

“没有，我真的不是和他吵，我是很严肃地给他解释，并说，你不要骂人嘛！当然，因为我心里有气，声音自然就大。结果他居然还去投诉我，说我骂了他。我们单位领导直接看了视频，说这是‘无效投诉’。我没有受到任何批评，因为我本身就没有做错。”

我说：“你们这一行，还得忍受委屈啊。”

他说：“是的，但毕竟这种情况比较少。更多的时候，我们还是要细心，尽可能服务周到。比如，停车不要太急，因为我们这条线路是短程，不属于社区公交车，但相当于社区公交，所以乘客有一个特点，就是老年人多，我就怕他们摔倒，肯定就要特别小心。有一个经常坐我车的乘客，年纪比较大，经常提着大包小包的东西，上车很吃力，我自然就要停下来等他，不能催。有时候他的东西太多，我还要下车去帮助他。还有，有时候有些乘客上车突然发现卡里没钱了，身上也没有带现金，很尴尬，我都让他们上来。人家已经很尴尬了，我咋个可能又去为难人家呢？”

这些细节，都自然而然地体现了他的善良仁爱。

在聊天的时候，刘春华时不时看表，我知道他怕发车迟了。还有两分钟发车时，他说：“我得把车开到起点站去。”

十点一刻，272 路的 35124 号公交车从美洲花园站准时发出。阳光透过玻璃窗斜斜地射进来，洒在车上不多的乘客的脸上、肩上和手臂上。虽然大家都戴着口罩，没有说话，但整个车厢明亮而温馨。

隔着防护栏，我看不到驾驶台的刘春华，但透过驾驶台上方的后视镜，我看到他的头像，口罩上方露出的两只眼睛一直专注地看着前方。

稳稳地停站，待乘客上车坐好，再缓缓地驶出。272 路总共 20 个站，从起点站出发，绕一圈最后又回到起点站。如此周而复始，刘春华每天跑 12 趟，每一趟都重复操作，但每一次出行他都同样认真细心。

中途，有一位老太太上了车，拿着卡去刷，刘春华好像发现了什么，提醒她："这是 272 路哦！你是不是上错了？"

老人一下反应过来："哦，是上错车，我是要乘 1076 路。"

说完，她便下车了。

我当时非常惊讶，刘春华怎么知道她上错了车呢？

我问刘春华，他说："相同的线路，天天跑，有许多老年人坐错，一般我们看他们的神态，就估计得到，当然也不绝对。"

他说得轻描淡写，我心里却惊叹：这得积累多少经验而又要多细心，才能洞察这些老年乘客的错误啊！要多么耐心才能一个个提醒老人们的失误！

40 分钟后，车又回到了美洲花园站。整个行程，从容平淡，波澜不惊。没有什么令人"意外"的故事，也没有什么值得"挖掘"的细节，刘春华的每一天、每一趟，都是这样平淡而从容，温馨而舒适。这是他生活的常态，也是千千万万普通劳动者寻常的日子。

有人会因一趟出门而有幸福感

2006 年最后一天，作为校长的我为全校老师播放了一个从网上下载的视频，叫《生命列车》。

这是一段非常美而且富有哲理的视频。伴着口哨版的《斯卡布罗集市》的音乐，一幅幅温馨的画面映入眼帘，字幕上的一行行字抓住了我们的心——

人生一世，就好比是一次搭车旅行 / 要经历无数次上车、下车 / 时常有故事发生 / 有时是意外惊喜，有时却是刻骨铭心的悲伤……/ 很多人下车后，其他旅客对他们的回忆历久弥新……/ 生命之谜就是：我们在什么地方下车？ / 我们的朋友在什么地方下车？ / 我们无从知晓……/ 我下车后，和我同行的旅客都还能记得我，想念我，我将感到快慰。/ 祝你 / 旅途愉快！

当时我向老师们感慨道：“在生命列车上，每一个乘客之间，都是一种生命的彼此相遇。这是一种缘分呀！”

现在，坐在刘春华的公交车上，我想到这段视频，并有了新的联想：公交车上所遇每一个素不相识的乘客，不也是一段生命的缘分吗？他们之间的相遇是偶然，但他们登上272路公交车却是一种必然，所以“生命公交车”的驾驶员刘春华就成为他们生命一瞬间的那个“必然”。“我下车后，和我同行的旅客都还能记得我，想念我，我将感到快慰。”有的乘客还会“必然”记住坐在前面驾驶台的师傅，他的温和敦厚，他的耐心细致，他的关心照顾，有人会因一趟出门而有幸福感：“我今天乘车真快乐，遇到一个很好的师傅！”比如那位坐过了站，却依然等着要坐刘师傅的车回去的乘客。

这样一想，刘春华日复一日、周而复始的公交线路，便有了生命的意义。

我之所以选择刘春华来写，就是因为他的“寻常”“普通”。他也获得过一些级别不太高的表彰，被评为三星级驾驶员，但毕竟没有获得过市省乃至全国级别的荣誉，然而，我依然认为他是一个优秀的公交车驾驶员。而且恰恰如此，我认为他才最具有代表性。我们的学生中，能够成为“全国劳模”“省市先进”的毕竟是个别，而千千万万默默无闻的普通劳动者，才是中国前进的推动者。我们的绝大多数学生，若干年后正是这样的劳动者。

同时，刘春华也因为他的善良仁爱而幸福快乐。他有幸福美满的家庭，为自己的爱人和孩子感到骄傲；他助人为乐，向亲戚、朋友、邻居、乘客辐射自己的乐观和温暖，得到了大家的信任和喜爱。他不止一次快乐地表达自己生活得踏实舒心。他是一个幸福的人！

六年前，在未来班毕业30周年的发言中，我对所有已经不再年轻的学生说：“只要你善良、正直、勤劳，就是我最优秀的学生！”当我说这话时，心里想的，就是包括春华在内的许多同学。春华就是一个普普通通的公交车司机，但一个让坐过了站的乘客执意要坐他的车返回的司机，该有多么的敬业、善良、值得信赖！这样的司机，就是我最骄傲的优秀学生！

也许春华会说：“西哥，你把我说得太高大上了，我就是做了我应该做的。”但我要说，所谓“善良”“优秀”就在平凡中。

其实，普通的刘春华也有过他的高光时刻。2021 年 10 月的一天晚上，我从成都电视台的新闻节目上看到一则消息，说市区一辆小车突然冒烟起火，后面的公交车司机挺身而出，拿着灭火器下车，把小车的火扑灭了。我仔细一看，新闻里那个公交车司机正是刘春华。第二天的报纸这样报道——

10 月 14 日中午 11：00 左右，刘春华驾车行驶至蓝天立交桥时，看见一辆红色私家车停在路口，车头冒起白烟，一名小伙在车旁打电话，似乎很着急。

刘春华立即靠边停车，向车内乘客说明情况并得到乘客的理解后，拔下车钥匙，拿起公交车内配备的灭火器，快速奔向起火车辆。

他看到私家车车头引擎盖上已经有两处明火，赶紧拔掉灭火器的保险销，将喷嘴对准引擎盖火苗根部，压下手柄喷射，直至火焰完全扑灭。

在路旁打电话的小伙还未反应过来，刘春华已提着空灭火器返回自己的车上，姓名也没留便开车继续运营。

三天后，当事人黄先生打听到刘春华所在的车队后送来锦旗，感谢刘师傅的热心相助。刘春华腼腆地说：“看到车辆冒烟，出手相助是本能，大家路上跑，互相帮助嘛！”

黄先生对记者说：“从刘师傅身上，我看到了成都公交的担当，感谢他们为城市交通的辛劳付出，这展示着城市的文明与温度。”

那一瞬间，我特别自豪，赶紧给春华打电话，他却很平静地说：“没什么，应该的。”

2018 年 7 月 21 日，应未来班学生的请求，我在乐山一中为他们上了退休前的“最后一课”。刘春华特意从成都赶回乐山听我的课，还带着他的妹妹来听。

一周后，我又应邀在成都玉林中学为成都的学生上“最后一课”，刘春华又赶来重听，这次他是全家出动——他爱人和女儿都一起来了。简直就像粉丝追心中的偶像。

是的，一个老师就是应该让自己的学生成为自己的粉丝。

只是，现在我也是刘春华的粉丝。

2020 年 3 月 25 日

周慧：从乡村走向世界

开学就“骑在人民头上”的学生

1987 年 8 月 31 日，是高 90 届 1 班的新生进校第一天报到的日子。

当天夜里，我刚上床准备休息，忽听有人敲门。

披衣开门一看，是上午报到时才认识的宁玮。

她神情紧张而急促地对我说：“李老师，周慧病了！”

周慧？我脑子里闪现出一张清秀而白皙的脸，忙问：“什么病？”

“不知道。她肚子疼得厉害。”

虽然已经很晚，但我没有犹豫，马上便跟宁玮来到女生宿舍楼下，几个女生已把周慧扶了出来。

看她弯着腰捂着肚子，显现出十分难受的样子，我决定立即送她到医院。但医院离学校非常远，现在公共汽车早已停开，只有用自行车送她去医院了。

我估计她要住院，决定让宁玮和我一起去，以便照顾周慧方便些，但宁玮不会骑车。这时，与周慧同寝室的朱建英说她会骑车，要求一起去。我同意了。

高三时的周慧

于是，我便用自行车搭着周慧来到了医院。

医生一检查，怀疑是阑尾炎，但又还没有到动手术的时候，需要住院观察。

住院部在门诊部后面的山上，路途是“之”字形的陡坡，自行车根本没法上去，而此刻的周慧好像更加疼痛难忍了，小声地呻吟着，几乎走不动路了。

怎么办？我一蹲，弯下腰，让朱建英把周慧扶在我的背上。周慧过意不去，想自己走，但我已憋足劲一步一步向山上走去了。

开始还不觉得累，我一边走还一边说些话来安慰周慧。可越往上走，路越来越陡，我的腿有些发颤了，我大口大口地喘粗气，说话也很吃力了。

走了大约十分钟，我们终于来到住院部。当天夜里，我就和朱建英在病房里守候着她。到后半夜，周慧昏沉沉地睡过去了，朱建英也趴在床沿打着盹，而我，却望着输液瓶里的点滴，一直到天明……

当时医生说做好动手术的准备，要病人的家长签字。周慧的父母远在彭山农村，不可能赶来，于是我就代她父亲签了字。后来经过保守治疗，效果不错，周慧没有做手术，一周以后出院了。

周慧出院后，她在彭山农村的父亲赶到学校来看我。我说：“不好意思，当时情况紧急，只好在手术单上替你签字了。”这位朴实的汉子说：“李老师，您就是我女儿的父亲啊！……”他给我提了一只肥鸡来，流着泪硬要我收下。

出院后不久，班里举行中秋联欢会，周慧很开心地和大家玩游戏，她本来消瘦苍白的脸变红润了，绽放着笑容。

因为一开学便住院，周慧的学习受到影响，期中考试她排名靠后，但她学习很勤奋，加之她很聪明，所以学习成绩进步很快。第一学期放寒假后，我给她写信报告成绩——

周慧：

你好！代我向你爸爸妈妈问好！

这次你考得不错，虽然在班上还不算冒尖，但你从半期考试的四十几名一跃成为二十一名，这个进步是惊人的。这是你勤奋的结果，我向你表示祝贺！

我平时由于工作太忙，对你关心不够，还望你多原谅。周慧在下学期除了要保持学习劲头外，还要特别注意身体，尤其要注意饮食，如果有不适应及时告诉老师。总之我希望周慧能顺利地度过高中生活，完成学习任务。

春节快到，祝你节日快乐！

李镇西

1988 年 2 月 10 日

后来的三年中，周慧的善良、温和、勤奋、文静，跟同学们相处和睦，也给我和大家留下了很深很好的印象。

三年后，高中毕业前，她回忆起进高中第一天就生病住院的情景，写了一篇作文《在我生病的日子里》：

…………

我连走路的力气都没有了。李老师见状便微笑着对我说："来，我背你走。"

我怎么好让他背呢？他的个子并不高，背我肯定是很费力的，无奈他一直固执地坚持，恭敬不如从命，我只好顺从地让他背着我向住院部走去。去住院部要经过一段很长的陡坡。一个人什么也不拿走这段路也是很费力的。李老师背着我慢慢走着，头埋得很低，腰也给压弯了；他不停地喘着粗气，可还给我开玩笑："骑在人民头上的，人民把他摔垮！"我一句话也说不出来，却在心里默默地接着诗句念着："给人民做牛马的，人民永远记住他！"

终于，经过艰难的跋涉，总算到了住院部，李老师已经累得气喘吁吁了。看到李老师的模样，我很过意不去，可此时的我却又无话可说。

…………

说实话，开学第一天晚上送她去医院，这事我印象很深，但背她去住院部过程中这个细节，我完全忘记了。不过读到周慧这篇作文，我还是很感动的。

那年高考，周慧失误导致落榜。复读一年后，她考上北京外国语大学德语系。

刚进大学时，周慧还给我写信写贺卡，后来我调到成都，慢慢就和周慧失去联系了。但我心里一直惦记着她。

带着译著从德国回来的文学博士

一晃20多年过去了，感谢微信，让我和周慧联系上了。原来，周慧大学毕业后留校任教，后来又读了博士，专业是日耳曼语言文学。再后来由学校派到德国任教，便在德国留下，现在在德国一所大学教书。

周慧在微信上告诉我，说买了我的《爱心与教育》《做最好的家长》，正在看。我给她说，几年前我写了一篇《学生给老师撑伞，何错之有》的文章，在文中，我说，不了解教育的记者是很难理解那种亲密无间不分彼此的师生关系的，比如我的确就经常让学生帮我倒开水，帮我抱本子，帮我去办公室拿东西，帮我搬家，等等，可我也经常为学生做事。我特意举了我当年背周慧上医院的事，然后我写道："写到这里，突然想到，这事若发生在今天，一个年轻男教师半夜背着一个高一女生，多半会被一些无聊的记者演绎成为别样的'新闻'！"

我把这篇文章发给周慧看。周慧看了回我："下次回来我背你，看媒体怎么说！"我乐了，回复道："哈哈，李老师长胖了，你背不动的。"

在微信上和周慧交流，我感觉，周慧已经远不是当年那个害羞的柔弱小姑娘了，而是有思想有主见的知识分子。可能是久居国外的原因，她视野开阔，无论对国际形势还是国内政治，以及民主、自由、人权等话题，都有着清醒的认识和见解。我觉得周慧长大了。

2016年春天，宁玮给我打电话，说周慧从德国回来了。周慧也在微信上跟我说，想"见见李老师"。于是，那天我自驾前往彭山，在宁玮开的茶楼里，见到了分别26年的周慧和她可爱的小女儿。细看周慧，她比我记忆中略胖了一些。其实也不胖，只是和高中时比，脸颊没那么瘦削了。她四岁的女儿可爱极了，标准的"洋娃娃"。看着抱着女儿的周慧，我再次感慨，周慧的确长大了。

美好的相聚总是很短。时间不早了，我得回成都了。周慧送我小礼物——一盒巧克力、一瓶香水和两本她的译著，其中一本是《启蒙的冒

2016 年 3 月，和周慧母女合影

险——与诺贝尔文学奖得主君特·格拉斯对话》。

2018 年 7 月 21 日，周慧特意从德国赶回来，赶到乐山一中，听我退休前给学生们上的“最后一课”。她是当时课堂上从最远地方来的学生。

在构思《教育的 100 种可能》时，我想到了周慧。是呀，30 多年前的那个晚上，捂着肚子疼得蹲在操场上的柔弱小姑娘，谁能想到若干年后，她会成为文学博士并在德国大学教书呢？

高中生活的影响

写作本书时，我请周慧就她的成长和后来的工作、家庭，给我提供一些素材。没想到，一向认真的周慧，给我写了一篇 7000 多字的文章，不但回忆了她的中学时代，还写到了她后来的工作、中德教育的比较以及家庭教育感受等。我觉得，这是一篇很好的文章，与其我从中截取素材，不如全文展现给读者。

2020 年 3 月 27 日

附录:

高中生活的影响

今年高中毕业快30年了。每天在微信里看到勤奋的李老师一篇篇的文章。通过阅读李老师的文章，我们慢慢地从分开20多年后的陌生逐渐又开始彼此熟悉。20多年过去了，难以相信，当初才30出头的李老师已经退休了。但从他的文章中发现他对教育的热情有增无减，他的文章针砭时弊、忧国忧民的情怀也不减当年。几年前的2016年，在分别25年后，我终于又跟老师见面了。李老师对时政侃侃而谈，分别的时候还送我两本书《爱心与教育》《做最好的家长》。

回想当年的高中生活，记忆犹新的是我“骑在李老师的背上作威作福”。当时，李老师背着生病的我，气喘吁吁地走在去乐山市人民医院住院部的长长的陡坡上。边走，还要边安慰和鼓励我，为了让我轻松起来还跟我开玩笑，说“骑在人民头上的，人民把他摔垮”。

在我生病住院期间，同学们都纷纷来看我，同学陈炎的妈妈当时在医院工作，对我可谓关怀备至，还有彭艳阳同学的姐姐也来陪我。同学们还凑了钱，送到我的病床前。我还记得大概有20多块，这在当时应该差不多够我两三个月的伙食费了。当时父母不在身边，生活在这样一个班集体让病中的我倍感温暖。这样一个温暖的集体并不是理所当然的，而是在班主任潜移默化的影响下形成的。

上高一的时候，我们从外地来的同学都是第一次离开父母，到一个陌生的城市。虽然路途并不遥远，但一般只有节假日才能回家。李老师担心我们外地的同学周末会想家，便安排我们去城里同学的家里过周末。因为李老师一家就住在校园里，所以我们也自然而然地成了李老师家里的常客，跟李老师的岳父母、李老师的爱人万老师都成了老熟人。

对李老师的语文课印象最深的是他的阅读课。从他的阅读中知道了很多作家及其作品，现在仍留在我记忆中的是梁晓声的《今夜有暴风雨》、柏杨的《丑陋的中国人》，还有龙应台等作家的作品。这些作家至今仍是我最喜爱的。李老师的阅读课伴随了我们三年，就算在临近高考的时候，在我的印象中，李老师也仍坚持为我们阅读。李老师家里的宝贝也就是那些一书架一书架的书，可以供我们随时借阅。尽管我从小就喜欢看书，但以前看的差不多都是从父亲那儿听来的古典名著，李老师的阅读让我扩大了自己的阅读范围，从小说、诗歌、报告文学到时评……

这一阅读的习惯一直伴随着我，因为学了德语，现在又住在德国，所以接触、阅读德国文学的机会多了起来，但如果我能得到一本中文的好书，那我会抛开所有别的书，恨不得一口气就能把它看完。阅读对人的影响是潜移默化的，在一切都是快速运转、信息碎片化的今天，阅读尤为重要。阅读得多了，很多东西对你来说就成了一种“常识”，面对众多的信息，阅读是保持自己独立思考，不会“脑残”的唯一方法。我还记得李老师特别喜欢表扬有逆向思维的学生，如果同学的作文思路跟别人的完全不一样，多半会得到李老师的表扬。举个例子，如果大家都去讴歌雪是多么纯洁，但有人说，雪掩盖了一切丑陋的东西，那李老师多半会表扬后者独到的思维。这种思维方式使我们从多方面去看待一件事物，因为不管是人还是物，非黑即白的东西是很少的，一个人不会一无是处，也不会是毫无缺点的神。

现在回想起来，其实李老师一直在做现在很时髦的“新教育”。他给我们上的语文课绝不是为了应付高考，而是教育我们独立思考，教育我们首先应该怎样做人——正直、善良，要是我们每个人都能做到，那我们的教育就是成功的！我当时并不觉得李老师的教育理论有多么优秀，只是觉得上语文课就应该这样，并不只是概括中心思想、划分段落大意……当时还真有点身在福中不知福。

大学时代的回忆

第一年高考失利完全出乎我的意料，尽管我在班上并不出类拔萃，但考上大学应该没有问题，显然我过高地估计了自己。回到家乡再上了一年的高三，在这一年中学习变得不再吃力，很多同学都熬夜看书，可我照常宿舍一关灯就上床睡觉，填志愿的时候我随便填了一个北京外国语大学，我根本没想到我会考上，北外当时在四川只有两个德语专业的名额。我居然被北外录取了。

拿到通知书后我有点后悔，本不想离乡背井，无奈只好第一次坐 30 多个小时的火车到了北京。到了北京后才知道自己的知识面是多么狭窄。当时我们班上有 15 个同学，大部分都是北京的，他们的父母来自北大、国防大学、外交部等高大上的各大学校和部委。跟他们聊天给我的感觉是，他们真的是天文地理、国内国际时事、文学、音乐、艺术、足球等无所不知。自卑我倒是没有，只是感觉压力很大，我得先弄明白他们在谈什么，才能参与到他们的谈话中。幸运的是当时歌德学院就在我们学校，图书馆里有各种原版的书籍、报纸杂志、音像材料，当然还有我们学校自己的图书馆，只要有时间我就会去图书馆看书，恶补知识。

90 年代初德国统一，以前不能随便旅行的东德人开始一批批地到中国旅行，大三的我德语说得还没那么流利，但因为德国游客太多，旅行社纷纷找便宜的劳动力当导游。当时旅行社每天补贴 20 块，加上小费，还有我每次都不好意思去拿的提成，收入还可以，除了自己用还能贴补弟弟妹妹的学费，而且还能练习口语，提高自己的语言水平，还结交了不少朋友。觉得四年中除了德语，并没有学到什么东西，所以就直接上了硕士研究生，学习翻译理论与实践。

关于留校赴德

硕士毕业后留校任教，其实我从未想过要当老师，一切好像是自然而然发生的，当时系主任问我愿不愿意留校，我觉得当老师也挺好，有寒暑假。教的第一届学生我只比他们大几岁，所以也曾像李老师那样跟他们打成一片，跟他们一起滑旱冰，进小馆子吃饭，到我住的宿舍一起做饭，调解他们的三角恋爱。有时候有学生失恋了，晚上 10 点钟打电话找我，我便陪他们一起在校园里散步……

2000 年我被系里派到海德堡大学汉学系任教，海德堡大学是德国最古老的大学（建于 1386 年），我一走进大学图书馆便被震撼了。跟汉学系同事聊天才得知，龙应台也在这儿教过汉语，可惜我在的时候，她已经离开汉学系了。因为一直喜欢看她的作品，所以特意看了她的《在海德堡坠入情网》，书名取自歌德的一句话“我把心遗失在海德堡”。

二战时期海德堡是少数几个没被联军炸毁的城市之一，据说美国人也把心丢在了这儿，二战结束后在海德堡附近的小镇建起了自己的军事基地。在海德堡的这一年，我利用大学周末组织的郊游机会差不多走遍了德国著名的城市，和朋友利用德国签证的便利去了我向往已久的雅典。站在雅典卫城，看到古老的奥林匹克运动场，吹着爱琴海的海风，感觉这一切就像是一场梦，当时真的很激动，没想到自己竟然来到了只在历史书上看到过的地方。

2003 年再次被系里派到波鸿大学州立语言学院汉语系任教。通过这两次在德国的经历，我的德语水平当然有了很大的提高，对德国的认识也逐渐走出书本的介绍。2005 年回国后，在德语课的教学中我逐渐收放自如，不仅教学生德语，也跟他们一起看德国的报纸杂志，我跟学生一起看得最多的报纸是《法兰克福汇报》。针对国内讨论很多的话题，我从报纸上找到对这些话题讨论的文章，跟学生一起讨论，各抒己见，引导他们从不同的角度看问题，敢于有自己的看法。这一点也有点像李老师当年对我们的启发，可见老师对学生潜移默化的影响。

对中德学生的看法

通过我和中国学生与德国学生的交往，我发现中德学生很大的一个不同点是：德国学生学习的专业一般都是自己决定的，很多人在选择专业的时候不是为了以后能找到一份很好的工作，而是因为自己的兴趣。老师根本不会管他们，他们爱学不学，全是自己的事，只要你能通过考试就行了。如果他们发现自己对所学的专业失去了兴趣，可以再申请别的专业继续学习。

而中国学生有不少是家长要他们学这个专业，但他们自己没有兴趣。在大学里，因为学外语的班比较小，所以还跟中学一样，有班主任。我当过好几年的班主任，要找学生谈心，学习不好的学生还要给他们免费补课。万一学生要留级的话，还有家长找上门来求情的。

另外，德国的学生无论家庭条件好坏，一般都很节约，去超市买吃的都会挑便宜的买，就算他们的父母很有钱，一般也不会给孩子很多钱任他们去挥霍。还有，德国学生上课的时候一般发言很积极，喜欢发表自己的看法，也敢于提出自己跟老师不同的想法，如果自己有问题会随时打断老师。德国学生一般从小学开始就经常以小组的形式来完成作业。讨论课上他们有很多不同的令人意想不到的观点。而中国学生的观点往往很类似，他们一般喜欢听老师讲，不会打断老师。

因系专业发展的需要，在系主任的要求下我攻读了德国外交与经济的博士专业。在博士众多的年代，这个头衔真不算什么。

教学和翻译

2007年国内掀起了建孔子学院的热潮，我被学校派到维也纳大学担任维也纳孔子学院的第一任中方院长。我觉得维也纳是继罗马之后最有意思的城市。这个人口不到200万的小城就像一个博物馆。曾陪一个奥地利记者团访问中国，每当我说我们现在要去一个小城市，只有500万人口的时候，他们便哈哈大笑。

在维也纳期间也为汉学系兼一些课，感觉他们课程的设置很随意，尤其是高年级的课，一般是没有教材的，上课用的材料一般都是任课老师的科研作品，如果任课老师去国外访学，那这门课就取消了。为了节省经费，他们也会找中国留学生上语言课。但他们学外语跟我们在中国学外语完全不同。我们学外语到了大三几乎都是用外语上专业课。而他们的学生学两年汉语后，专业课都用自己的母语上。汉办每年都会为去中国学汉语的外国学生提供奖学金。申请到奖学金一般不怎么困难。

两年任期后，我辞去孔子学院的职务，也辞掉了北外德语系副教授的职务，来到了我曾工作过的波鸿大学州立语言学院。学院曾是北威州州政府的一个语言所，主要为德国各大部委、各大公司驻中国的人员进行语言与跨文化方面的培训，现在合并到波鸿大学名下。成为大学的一部分后，学员也有很多大学生，其中有很多是各种基金会派到中国学习的奖学金学生。

在这儿工作，我觉得一下子轻松许多。终于没有那一大堆科研任务了。在北外的时候，虽然有寒暑假，但没有一个寒暑假是不用工作的。平时要上课，只能靠寒暑假去搞科研。大学里现在科研任务很繁重，而且还直接跟评职称挂钩。在德国大学当然也应该搞科研，但主要还是靠兴趣，没有硬压在你头上的任务。而且如果你手里有项目的话，可以申请停薪留职，可以去国外访学、做项目。这在中国大学很难做到。

因为我硕士的专业是翻译，所以利用课余时间翻译了一些书，主要是社科类，唯一的文学作品是诺贝尔文学奖得主君特·格拉斯的采访集《启蒙的冒险——与诺贝尔文学奖得主君特·格拉斯对话》。这是我差不多20年前翻译的，当时自己的德语水平真不怎么样，对德国的了解也不多，所以现在看来，里面有不少翻译不太妥当的地方。去年人民文学出版社通过我北外的同事找到我，希望我修改译稿，因为出版社准备出版格拉斯全集。由于找不到以前的译稿了，所以我从头到尾把这本书重译了一遍。全集有望今年出版。从希腊回来后觉得自己对希腊文化的了解太少，尤其是那些神庙，真是搞不懂，是为什么神建造的。在欧洲旅行，不了解希腊罗马神话有很多东西很难理解。正好有出版社找我翻译《希腊罗马神话》，我也就答应了。但总觉得自己的中文底子太差，语言有些枯燥乏味。别的译著我在这儿就不提了。

我的育儿理念

2009年到德国后，已不再年轻的我要完成的第一个艰巨任务就是生孩子。怀孕期间自己跟许多别的妈妈一样，看了很多育儿的书，有中文的，也有德文的，孩子出生后在家成了专职妈妈。

我首先给孩子的是安全感。每当她哭的时候，我总会以最快的速度来到她的身边。德国有很多针对婴儿的亲子班，如按摩班、亲子体操班、亲子游泳班、亲子音乐班等。这些班的主要目的都是促进孩子与父母的感情交流、身体接触，根据孩子的发展阶段促进他们的发展。德语中有很多亲吻、抚摸这样的词汇，而我们中文里好像这些词汇并不多，很多德语词汇我很难把它们翻译成中文。孩子三个月的时候，我带着孩子参加了市政府办的亲子班

（PEKiP），这一亲子班的理念来自布拉格的一位心理学家Jaroslav Koch，引导父母根据孩子的发展阶段促进孩子各方面的发展，如感官刺激、运动器官的刺激等。必须有父母的一方参加，多半是妈妈参加，偶尔也会看到爸爸们的身影。亲子班中孩子们一般都只穿着纸尿裤，或者全裸，辅导老师根据孩子的年龄摆放各种玩具，引导孩子去观察、触摸自己周围的世界，妈妈抱着孩子跟辅导老师唱一些很温馨的儿歌，很多孩子在听唱歌的时候就在妈妈的怀里睡着了。

孩子们玩耍的时候，妈妈们可以分享自己的育儿经验。亲子班的气氛是温馨、无拘无束的。孩子饿了，可以随时喂奶，撒尿了、拉㞎㞎了，妈妈们可以随时为孩子擦洗。婴儿游泳班也是很多家庭必学的项目，我也带着三个月的孩子报了游泳班。当然他们不是学习真正的游泳，而是在水里给孩子这样一个感觉，好像他们还在妈妈肚子里的羊水里，让孩子感到满满的安全感。父母陪着孩子在水里玩耍，在水里玩到四五岁的时候孩子可以开始学习真正的游泳。所以德国很多孩子一般在上学前都会游泳了。孩子还可以参加游泳考试，过级，第一级是海豚，接下来是铜、银、金。

我教育孩子的第二个理念是培养孩子的独立性，只要她表现出自己有兴趣独立做任何事，我就会鼓励她自己做。当她开始爬的时候，当时我家里还是地砖，我开始有些担心，会不会太凉。我向我的助产士咨询，她毫不犹豫地说，没关系，孩子很快会习惯的。这样她就在我们的屋子里开始了探索，从客厅到洗手间到房间。渐渐地我喂她饭的时候，她要来拿我手里的勺子，我就让她自己吃，结果掉在衣服上的多，吃到嘴里的少，撒了一地。没关系，换衣服、打扫卫生。这样她养成了自己吃饭的好习惯，我从来没跟在她屁股后面追着她喂饭。

第三是让孩子做家务。因为我经常一个人带孩子，所以我做饭的时候，孩子也跟着我到厨房。她两岁左右的时候，我会给她一把不锋利的小刀，她可以帮我切黄瓜、柿子椒。也会帮我把干净的餐具从洗碗机里拿出来，再把脏的放进去。我打扫卫生的时候，她也拿着一块抹布，煞有介事地帮我擦桌子。

培养孩子阅读的习惯也很重要。孩子刚出生，我就和先生每天给她阅读绘本，这个习惯一直坚持到她自己会阅读。我给她读中文书，她爸爸给她读德语书。

家庭教育之给孩子以自由与平等

德国对孩子的教育一般都很自由，孩子能做决定的时候就让孩子做决定，但有一定的尺度，这个尺度是不能超越的。尤其是在兴趣爱好方面，很多家长不会强迫孩子去学习孩子没有兴趣的东西。

记得女儿三岁的时候，有一天兴冲冲地跑来对我说，她要去学跳舞。试跳几次后，她成了舞蹈协会的成员，坚持了五年，后来兴趣发生了变化，爱上了骑马，现在每周去马术协会学习马术。北威州有一个项目"让每个孩子有机会学一门乐器"，当地的音乐学校与小学合作，为小学的学生提供乐器课程。在决定选学哪门乐器前，音乐学校为学生们开放了自己所有的乐器，让学生有机会和老师们一起试奏自己喜欢的乐器。女儿最后选择了大提琴。这儿的很多兴趣班大都是协会的形式，每月或每年交会费，一般都很便宜，舞蹈协会每月大概 17 欧元，运动协会一年才 30 多欧元，音乐学校略贵，每月 23 欧元。当然这儿也有各种业余爱好班，但基本都是体育、舞蹈、游泳、足球、合唱、乐器之类的，家长们也会让孩子凭自己的兴趣参加，要是选钢琴的话主要也是以娱乐为主，没有考级之说。

有了孩子后，我学会了放下家长的架子，和孩子一起学习、一起成长。让孩子参与家庭事务的决策，如周末做什么，暑假去哪儿玩等。跟孩子一起我学会了很多德语歌、德语游戏，还和她一起学习滑雪。

孩子一岁半的时候，宅在家里的我准备重新开始工作，孩子怎么办呢？德国幼儿园为三岁以下儿童准备的名额非常有限，所以有很多家长联合起来办幼儿园，这些幼儿园的入园条件之一是，家长最好会一门手艺，如修理器具、修剪花园（德国幼儿园必须有室外活动场所），还要准备在人手不够的时候，随时能帮忙看管孩子。因为没有等到市属幼儿园的名额，只好把她送到一家私立的。像幼儿园这些有关教育方面的事，德国各州有自己不同的政策，在我居住的北威州，市属幼儿园必须为三岁以上的孩子提供入园名额，否则家长可以直接找属于市政府的青年办公室。

在德国，上幼儿园不是义务，孩子可以不上幼儿园，对于那些不上幼儿园的家庭，政府有更多的补贴。幼儿园的费用是按照家庭收入来的，如果失业那就不用交钱。德国的幼儿园跟国内的相比非常简陋，没有高大上的家具，每个幼儿园有自己不同的理念。我女儿上的幼儿园有三个班，每个班孩子的年龄都是不同的，有大孩子，也有刚入园的小孩子，孩子们可以自由串班；这儿不能称为教室，因为这儿的房间里没有像国内教室那样摆放整齐的桌椅，孩子们也没有固定的课程，天气好的时候，孩子们都会在花园里玩。我还从来没听说过有家长因为孩子不小心摔伤了去臭骂老师的，老师的电话号码家长当然是没有的，就连电子邮箱都没有。这儿的老师放学后是不会跟家长有任何联系的，下班就是下班。对即将要上学的孩子，幼儿园会为他们上学做一些准备，如基本的数字概念，参观消防队、警察局，和警察叔叔 / 爷爷一起学习怎样过马路。幼儿园里当然是没有作业的，孩子去幼儿园只需要带一个小便当，笔、纸、本子都不用带。

家庭教育之家长是孩子的榜样

女儿现在上二年级了。这儿的小学每天只上半天课，一般是 4 到 6 节（45 分钟一节）。下课后没有下午托管的孩子可以回家，有下午托管的孩子在学校用餐，之后天气好的话在室外玩耍，室外有滑梯、平衡木等器材，一般都是木制的，没有塑胶产品。两点回教室做作业，每个班都有一个托管的老师辅导，差不多一个小时。下午的托管跟学校没有关系，是专门负责托管的机构承办的。每天下午有兴趣活动小组，如手工、烹饪、小研究者、话剧、足球、篮球等。学生可以凭兴趣自由选择。

下午托管到下午四点半，每个学校时间不一定相同。下午托管因为场地、工作人员有限，所以优先考虑双职工的家庭。下午托管是收费的，根据父母收入由市政府统一制定标准。所以孩子回到家就不用做作业了，但家长会看一下孩子的作业，了解孩子的学习情况。当然家长一般也不会给班主任打电话，也不会时不时给他们写邮件，家长与老师的沟通主要由家长委员会的代表来完成。每个学期开始每个孩子会交 5 欧元（我孩子的班级有 25 个孩子，这个规模算学生比较多的了），由家长委员会代表集体给任课老师送生日礼物或者圣诞礼物。老师会根据每个学生不同的学习进度布置不同的作业，一些很好的学生，也会安排他们到高年级上课。一、二年级期末也没有成绩，只有各任课老师的评语。

李老师送我《做最好的家长》的时候，我女儿差不多三四岁。我很认真地拜读了李老师的这本书。从李老师的书中我得出的结论是：家庭教育非常重要，家长是孩子的榜样。不是每个人都能成为参天大树，绝大部分人只是一株默默无闻的小草。小草经过精心培育可以成为大树，天才没有好的教育也会成为平庸的人。

2020 年 3 月 26 日于德国

潘芳奕：“长成自己曾经渴望的模样”

活泼调皮的野小子画风

现在回想 36 年前，初一的潘芳奕，完全是一副“野小子”的样儿——嘻嘻哈哈，风风火火，常常手握棍棒，“张牙舞爪”，十分调皮，也十分可爱。我可一点儿都没夸张。她家住在乐山一中老校区附近，我和爱人散步时，常常看见她挥舞着树枝站在路边大卡车的引擎盖上，耀武扬威，颇有些“女首领”的味道。我爱人当时留着长长的大辫子，芳奕时不时还跑到我爱人后面去拨弄她的辫子。后来芳奕对我说，因为她从小头发稀少，所以特别羡慕别人长长的大辫子。

芳奕就是这么活泼可爱，开朗大方。她特别有爱心，热心帮助同学。因为父母长期在外地工作的原因，芳奕小时候一直与外公和姨妈生活在一块，从小就学会生活自理，不但勤快，能吃苦，而且练就了一身的生活本领。这些本领刚好用在了她的“本职工作”上——芳奕初中担任过生活委员和劳动委员，勤勤恳恳地为同学们服务。对了，她擅长长跑，在我的老相册里，还有好几张她在运动会上为班争光的照片。

初一时的潘芳奕

她还担任过我的“代课老师”给同学们上课，我有时候出差，就把语文课交给芳奕等几个语文成绩不错的孩子，让他们给同学上课。

不过，初中时的芳奕在学习上并不算特别出类拔萃，当时班上学习成绩比她厉害的大有人在。就以写作而言，初一初二的她也算不上佼佼者，所以初中班上凌云文学社成员的名单里，并没有芳奕。

但她初中时作文还是不错的，虽没显露出后来的文字天赋，不过她清新、自然的文字里一直透着细腻的观察力。芳奕有一篇作文让我特别感动，写的是我妹妹住院时，她和同学们背着我悄悄去医院看我妹妹——

秘密行动

"给，这是鸡蛋、苹果。哦，还有橘子……"我小心翼翼地接过一件件慰问品，按捺不住内心的高兴。一边又回过头去瞥了瞥正站在跑道那边和同学们谈话的李老师：他并没有发现我们的行动！我不禁为我们这神不知鬼不觉的行动而感到得意……

前两天，我们发现李老师心情很不好，有时还对同学大动肝火。经我们了解，原来李老师的妹妹因病住院了。病情很重，动了两次手术还不见好转。李老师一天到晚医院学校来回奔波，还要利用休息时间为我们读小说，晚上还要家访……心情怎么会好呢？

对于李老师，同学们都十分了解和敬重。他为我们操的心远远超过了一般班主任的职责范围。就说最近吧，他妹妹住了院，需要营养，这使本来经济就不宽裕的李老师面临"经济危机"，但他仍然继续为班上购置图书，上周男同学买足球，他又把刚刚收到的一笔稿费捐给了他们。

想到这些，我们心里很不踏实。

于是，一个个小脑袋开始凑在了一起：

"我们自己去看李老师的妹妹，好不好？"

"好倒是好。可他妹妹住在哪个医院、姓名等情况，我们都不知道。"

大家一阵叹息。

可这个难题还是被我们解决了。我们在同李老师谈话时，有意把话题往他妹妹生病的事上扯，结果李老师无意中说出了他妹妹住在市红十字医院。至于他妹妹的姓名到时候再说吧。

我们班委开了一个秘密会议，一致决定：明天学校将在市体育广场开运动会，大家从家里一人拿一个鸡蛋或苹果什么的，凑成慰问品，然后我们中午去医院。放学后，李老师刚离开教室，班长吴涛就对全班同学宣布了这件事。同学们的回答都是那么响亮！

这天早上，我还有些担心：大家可别忘了，或者出什么岔，让李老师发现了。

到了广场，一看吴涛的提兜里，早已有了二十来个鸡蛋，还有一些苹果。一贯调皮捣蛋的谈俊彦出人意料地拿了12个鸡蛋来！陆续来的同学一个个从身上各个部位变戏法似的掏出鸡蛋、水果。我十分感动：同学们对我们的李老师是多么的爱啊！

运动会开始不久，有同学来向班委报告，听说李老师中午放学后也要去医院看他妹妹。我们当机立断：一定要抢在李老师前面到达医院！程桦、杨毅自告奋勇当了“先遣队”。程桦谎称“肚子不舒服，要由杨毅陪着上医院”向李老师请了个早退假，便提前离开了班上。他俩一出广场便骑车飞奔去医院打听李老师妹妹的姓名和病房……

等李老师一宣布“解散”，同学们就行动了起来。我和吴涛，还有谈俊彦、李毅、韩广州、喻建忠、彭可佳等十几位同学赶在李老师前面，向医院跑去。

进了医院，等候在大门口的程桦、杨毅带领着我们一路跑步进了李老师妹妹的病房。她躺在床上，脸色苍白。看到我们提着东西进来，很快就明白了是怎么回事，十分感动。

“还让你们提东西来看我，怎么感谢你们呢？”她欠起身子不停地谢着，“我哥哥知道不？”

我们忙说：“不知道，你可千万别告诉李老师，不然他会批评我们的。”

我们手忙脚乱地把鸡蛋、水果一股脑儿地放在了床前的桌子上，塞进抽屉里、脸盆里、碗里、杯子里……门口这时已站了好些其他病房的病人，他们都惊讶地看着我们，不明白发生了什么事。可我们顾不上这些，时间对我们来说十分珍贵。因为李老师随时都可能进来。我们匆匆放好慰问品，向阿姨说了声“再见，好好养病”，便迎着一双双好奇的目光，一溜烟出了病房。

刚下楼,跑在前面的程桦便慌慌张张跑回来了。“不好!李老师已经进了医院大门!快隐蔽!”我们吓得马上回头躲在了旁边一个小房子的后面,大家都蹲着,尽可能低地埋着头。我们屏住呼吸,只听见自己的心在紧张地跳着,同时又是那样兴奋,一下子觉得自己真像电影里搞地下工作的情报员。李老师的脚步声越来越近了,又从我们身边过去。呀,他竟没有发现我们!

等他的背影越来越远了,我们一下站了起来舒了一口气,大家雀跃着,一阵风似的冲出了医院,像完成了一项重要使命。这时我的心,像长翅膀一样,飞向了那蓝蓝的天空……

小荷才露尖尖角

芳奕这篇作文写于 1985 年,35 年过去了,今天读来依然让我眼睛湿润。

其实,如果细心读她的文字,会感觉到这孩子是有写作潜质的。她写人记事论理,语言都十分有灵气。我至今无法定义这个“灵气”是什么,但我感觉有灵气的句子是自然天成的,是令人眼前一亮的,是出人意料甚至令人拍案称奇的。比如她初三写英语杨老师的作文,有这么一段——

“三八”早晨的英语课开始前,太阳已经有几分笑眯眯了,英语杨老师赶来时,脸上带着一缕阳光,待她看到桌上那张全班同学送给她的明信片时,脸颊更是如同太阳一般嫣红了……

寥寥数语,用太阳写人,将阳光与笑容写成“一回事儿”,又这么自然贴切,看着舒服。这就是“灵气”。

一个人如果真有天赋,那是谁也无法阻挡的,终会显露出来的。到了初三,特别是到了高中,芳奕便显出了才女的味道。我至今还保留着芳奕的一本作文。奇怪的是,有的地方我是用蓝墨水批改的,我拍照发给她看,她说:“估计是您批改时红墨水用光了。”

翻开这本作文,开篇为小小说《小说家》,是讽刺一个人不安心本职工作却老想着胡编乱造离奇情节的小说企图“一举成名”。这篇文章论情节谈不上精彩，但描写特别是心理刻画却十分细腻，而且字里行间有一种内敛的讽刺与幽默——

冷静下来后，他把那篇小说仔仔细细、认认真真再一次从头到尾又在脑海中“看”了一遍，这才发现原来自己的“处女作”有种潜在的、不可名状的力量，他为自己所写的爱情故事深深感动了——那个缠绵而惊险的三角恋爱悲剧。他感到了那位教他写小说的同事的话是那样伟大：“要写得一塌糊涂，不！不！让别人糊里糊涂！”当初他立志创作的时候，就发誓要写得一鸣惊人，开头一定要引人入胜、惊心动魄，中间应该在扣人心弦、荡气回肠而又让人泪眼模糊的情感纠葛中掺和一些打斗纷争的血腥高潮，最最重要的是结尾一定要悲惨，有那么一句让读者百思不得其解的话……

从这些尚显稚嫩的语言中，我们是不是可以感受到小姑娘的想象力和遣词造句能力？

不知芳奕是从什么时候开始写诗的。高中班的罗飏同学在《闲话芳奕》的作文中有这样的描述——

高二下学期，我们成了同桌。一天，她带来一本精美的册子，里面全是诗，有三十几页，她说是以前写的。我读着诗，看到一个吹泡泡的女孩，惊奇地看着周围的一切，对着昙花叫“白雪公主”。她要我提些意见，我说：“很美，想象力很丰富。”订杂志的时候，她一个人订了二三十块（这是八十年代的“二三十块”——李镇西注）的《读者文摘》《青年报》《中学生英语报》。后来，她告诉我她看了很多武打小说，尤其是金庸的，还有亦舒和琼瑶的小说她能借到的都看了。我不解地盯着她，想起她曾向李老师借了不少报告文学。她的阅读真的很杂，很广泛。

诗意氤氲芳华馨

《昙花》是芳奕第一首变成铅字的诗，发表在1989年11月的《读写园地》上——

轻轻地

只那么一点
樱红的小唇含上了
一片碧绿的薄荷
一个炽热的吻
孕育了一片雪白的天地
悄悄地
娇嫩的拳头松开了
摊开了手掌里的世界
如丝的清流从心田里流出来
深处……
一股喷泉展开了笑靥
托着的
该是那害羞的白雪公主
张大了惊骇的双眼
幽幽地
垂下了长长的睫毛……

这一期《读写园地》，还有她另一首诗《盼》——

妈妈讲过海的女儿 / 海边有那玫瑰色的天际 / 朵朵浪花的晶莹 / 托起一个美丽的魂灵；

爸爸赠给我一个海螺 / 海就是那起伏的螺纹 / 淡淡银灰色的恬静 / 传来远方海的呼吸；

上学后 / 老师教我读海 / 蓝蓝的天 / 蓝蓝的海 / 飞过轻盈的海鸥 / 衔走洁白的风帆……

但 / 我无法想见 / 海的胸襟 / 海的深情 / 于是 / 在湛蓝的梦里 / 我盼 / 长大的日子 / 用双手亲自去托起海的黎明！

稚嫩却清新、纯净。第一首是对内的细腻，写的是丰富而美妙的内心；第二首是向外的豪放，写明亮而辽阔的世界。当时，芳奕还没见过海，也许正是因为这份对广阔天地的好奇和期盼，她后来越过太平洋，走向加拿大，走向北美，走向世界各地，最后回到祖国，定居在厦门海滨。用她自己的话说：“长大后我一直在往大海的方向奔跑。”

读高二时，芳奕给我看了一首她新写的诗，这首诗透出的想象力和语言灵气让我大吃一惊——

晨·午·昏三部曲

晨
赶集的乡亲，
翻越重重山岗，
气喘吁吁地
背来了那满脸羞红的太阳；

午
放筏的大叔，
唱着古老的号子，
一篙一篙地
放逐着滚滚东去的大渡河；

昏
爷爷的鱼竿，
抛向夕阳余晖，
颤颤地钓起了
青衣江上雪白的月牙儿一轮……

赶集的乡亲背来了太阳，放筏的大叔放逐着大渡河，钓鱼的爷爷钓起了一轮月牙——这大胆新奇的想象，这壮美辽阔的画面，这情景交融的意象，这豪放磅礴的气势，还有这驾驭语言的能力……显然已经超过了《昙花》和《盼》。那一刻，我对芳奕真的是刮目相看了。

这首《晨·午·昏三部曲》先后发表在《乐山日报》和《四川青年

报》上。

到了高二，芳奕的写作才华已在班上遥遥领先。

诗的灵感如泉水喷涌。即使是写一般的作文，芳奕的文字中也有几分诗意。

这个班高三毕业前夕，我编了一本《花季》班级纪念册，里面有芳奕用文字给所有女生“画”的肖像——

金璐：笑是轻轻的，说话是轻轻的，跳孔雀舞是轻轻的，走路是轻轻的，下笔是轻轻的，就连读者心头吹过的一阵春风，也是轻轻的。

王赟：几分才气，几分脾气，几分文静，几分暴躁，几分秀气，几分调皮。

胡月：人称“小迷糊”，却一点儿不糊涂。古道热肠最质朴，字正腔圆善诵读。胡月读“侍萍”，是“侍萍”读胡月，还是胡月说“侍萍”？唉，实在叫人迷糊，迷糊！

…………

笔墨不多，每个人物却惟妙惟肖，栩栩如生，呼之欲出。

这些文字显然是带着感情从心底流出来的。芳奕中学时曾有一个外号叫“潘阿姨”，因为她做事干练利落，并且热爱班级，富有同情心，经常关心和帮助同学。这既是善良天性使然，也是生活经历赋予她的品质与能力。到了高二，芳奕各方面表现都优秀突出，担任了班长。她一直有着对班级和同学，对学习和生活的热爱与热情。所以，她才能写下这些饱含真情的文字。

临近高考，有几位同学提前离开了我们班级。芳奕写了一首诗——

分别

那天送走李静 / 分别 / 是一缕牵挂 / 被远去的火车 / 拉得好长好长

那天赵伟来信 / 分别 / 是一份相思 / 用一张信笺 / 掂得好沉好沉

那天与好友郊游 / 分别 / 是一同的回望与微笑 / 使两人的步履 / 迈得不再疲惫

那天全小组合影 / 分别 / 是六份友情 / 被一方寸照 / 收藏到永远永远

今天我们还在一起 / 分别 / 是六十份真情 / 把一个夏季 / 点缀得那般温馨

有一天我们各自离去 / 分别 / 是带着六十份爱心 / 去温暖一个世界 / 使它不再孤寂

真情是诗的灵魂。没有对班级对同学的爱，再有写作技巧也写不出这样温馨而感人的句子。将近 30 年过去了，今天我在笔记本上打下这首诗时，不知不觉热泪盈眶。

但这么爱写诗的芳奕，高中毕业却并没有考中文系，而是选择了财经大学经济专业。毕业前夕，我送了她一套《红楼梦》。多年后见面，她说自己辗转世界各地，丢掉了很多东西，这套《红楼梦》却一直珍藏至今。

"被李老师的文学情怀点燃诗情"

90 年代初的一天，我在学校阅览室随便翻阅，结果看到《读者文摘》(那时还没改名为《读者》) 上居然有潘芳奕的一首诗——

小景

窗前 / 下了一场梨花雨 / 白色与我 / 青色寄给你

树下 / 拾起几片落叶 / 清新与我 / 红晕赠给你

发际 / 掠过一阵柳絮 / 轻盈与我 / 温柔伴着你

唇边 / 绽开两朵笑靥 / 恬美与我 / 清醇酿给你

此刻 / 滑出一行小语 / 心跳与我 / 不解留给你

那本《读者文摘》是 1992 年第 3 期。在那个年月，没有网络，没有手机，没有微信……《读者文摘》发行量惊人，而且芳奕是原创诗首发。当时我很激动，好像是我的诗作发表一样。

我说过，我不认为芳奕写诗全是我的"教育成果"，否则我的学生应该人人都是诗人。但是，芳奕听了我整整六年语文课，如果说我的语文教学一点儿都没有在她身上留下痕迹，恐怕也不客观。

我一直喜欢写作。从小学开始，我的作文就经常被当作范文在班上朗读。读大学时，我是少数几个允许免修写作课的学生之一。阅读和写作是我从小就养成的习惯，并一直热爱着。这让我的语文课散发着文学的芬芳气息。

我的历届学生都有一个共同的记忆，就是“李老师爱给我们读小说”。在芳奕读初一到高三的阶段，正是80年代文学繁荣的时代，我利用语文课、午休时间和下午课余时间，给学生读了大量的文学作品:《爱的教育》《青春万岁》等长篇小说，还有王蒙、刘心武、池莉、刘震云的中短篇小说，更有那一时期震撼人心的报告文学。这一切应该说感染了班上不少同学。

那时候我也教学生们写“一句诗”。我对孩子们说:“一个新颖的比喻，一句奇特的想象，就是诗。”比如泰戈尔的“鸟儿愿为一朵云，云儿愿为一只鸟”“根是地下的枝，枝是空中的根”“生如夏花之绚烂，死如秋叶之静美”等。慢慢地，学生们也写了不少这样的“诗”，而且还发表了。

我不知道这些对芳奕有多大的影响。但我估计我对写作的热爱，以及带着学生进行大量的文学阅读，无形中也感染了我班上的一批学生，其中包括芳奕。她说:“我的写作水平是在你眼皮下跟着你的教学和课外阅读一步步成长起来的。”应该就是这个意思。

无论是一些作家的成长经历，还是我自己的切身体会，都让我越来越坚定地认为，一个人从小学写诗，其意义不一定是将来成为诗人，而是养成“奇思妙想”的习惯和锤炼语言的习惯，更重要的是这能让自己始终保持对周围一切的敏锐、抱有热情、富于联想和创意。许多作家的创作之路都是从年轻时写诗开始的，尽管许多人后来并不以写诗著称，但年轻时写诗的经历让他们日后的文字更加精美而富有生命的气息。

我小时候也特别喜欢写诗，后来我并没有成为诗人，但我一直喜欢写作，在写作中常常为一句话的表达或一个词的选择推敲很久，并有意识地追求文字中蕴含的激情、浪漫、隽永……这不能不说是年轻时写诗的“痕迹”和“果实”。

所以，我当语文老师时，就一直有着这样的自觉意识：语文老师不一定是作家，但一定要有作家的情怀；不一定是诗人，但一定要有诗人的激情。当我以这样的情怀从事语文教学时，会不会对潘芳奕们或多或少有些感染呢？我这里说“潘芳奕们”，是基于这样的事实，芳奕他们这个班当时是同年级甚至全校在全国正规报刊——《中学生》《现代中学生》《中学生读写》《少年文史报》《语文报》《读写园地》……发表诗文最多的！

我再强调一遍，潘芳奕、程桦、黄靖、沈建、彭涛、赵刚、张锐、吴涛、何英、杜瑛、王伟等孩子的文章或小诗能够发表，不是我“培养”的结果，但是，我的文学情怀对他们的感染，以及对他们诗情的“点燃”，还有对他们一篇篇稚嫩文字的鼓励包括为他们提供发表园地，肯定都滋润了他们的一颗颗文学心。而芳奕则是他们当中的优秀代表。

从初中到高中，我教了潘芳奕六年，毕业后，我们断断续续一直有联系。记得 1991 年我在庐山讲学时，在江西读大学的她也在庐山旅游，师生邂逅，格外惊喜。几年后她旅行结婚回四川，专门来成都看我。

经济专业的芳奕在大学毕业后却当上了厦门日报报业集团旗下《厦门晚报》的新闻记者和编辑，七年多的新闻工作中她获过很多新闻奖项，比如福建省新闻大赛一等奖、厦门市新闻大赛一等奖、对台新闻大赛一等奖、全国新闻消息大赛一等奖等。

后来芳奕没有继续从文，而是决定出国留学。她怀揣着对广阔世界的好奇心，在报社工作期间考上了加拿大名列前茅的商学院——约克大学舒立克商学院。她毅然决然地辞去厦门日报报业集团的事业单位“金饭碗”，通过两年的刻苦学习，从一个没有任何商界工作经验背景的工商管理“小白”，成长为舒立克商学院毕业战略咨询项目的学生主席，并成为艺术、传媒、娱乐、管理专业奖学金获得者，毕业论文成绩 A+ 通过。经过两年艰苦的商学院学习，她最终获得了舒立克商学院的双专业工商管理硕士学位，并且成为该商学院艺术、传媒、娱乐、管理专业设立近三十年来，唯一获得该专业文凭的亚洲人。芳奕海外留学生活的经历也体现在她的诗歌《多伦多大雪》和《遇你　予我　逾时光》中。

商界精英，诗心晶莹

在国外学成回国后，芳奕转型步入商界，刚回国的六年在多家外企咨询公司担任高管职务。曾任万博宣伟咨询中国公司客户总监、高诚公关中国华南区总监、麦肯光明中国公司的公共事务总监等。现在的芳奕回到厦门家人身边，是一家大型国企集团负责品牌企划和公共事务管理的职业经理人，同时还是知名文创公司——厦门时代空间文化传媒有限公司的董事长。

即便如今身处商界，芳奕仍像儿时一样，保持着对世界的热爱、好奇和与人为善的心灵。2010 年初，她加入海翼集团后，积极投身于国企的公益事业和企业社会责任建设，促成集团捐赠上千万成立慈善基金，用于资助当地贫困孩子的助学教育。过去十多年来，芳奕还担任了厦门市慈善总会的常务理事，热心投入慈善公益教育事业。只要听说周围的贫困孩子家庭经济困难，而且孩子愿意读书，芳奕总是亲力亲为，与慈善总会工作人员一起到山区入户走访，了解需要资助学童的家庭情况。在资助就学的同时，她一直鼓励孩子用积极阳光的心态对待生活和学习，用自己的成长经历启迪他们热爱学习和探索未知世界，开启心灵的窗户。每年夏季假期，芳奕还会将基金会各个项目资助的百来名学生组织起来开展“爱心展翼”的社会公益活动，亲自带领孩子们到科技馆、天文馆、城市规划馆、民俗文化馆、汽车小镇厂区等观摩学习和互动交流，了解课本之外的广阔世界。

芳奕管理海翼厦工慈善基金十多年来，亲眼看着很多孩子从中学到大学，再踏入社会就业工作。每每看到有些接受资助的学生走上工作岗位后，能热心公益回馈社会，她就感到非常欣慰。这些感受在她的诗歌《一朵花的时光》《夏日的期盼》，和随笔《一切都是最好的安排》中都有体现。

夏日的期盼

春天里开出的花 / 调配的色彩 / 夏日里缀满了山林 / 期盼着点亮心境
春天里飞过的鸟 / 掠过的霜露 / 夏日里丰满了羽翼 / 期盼着穿越星际
春天里吹来的风 / 飞舞的花粉 / 夏日里酿成了蜜糖 / 期盼着回味晴朗
春天里起笔的画 / 勾勒的线条 / 夏日里惊艳了视线 / 期盼着定格画面
春天里想念的人 / 哼过的曲调 / 夏日里写成了歌谣 / 期盼着响彻云霄
春天里说过的话 / 许下的诺言 / 夏日里充盈了胸膛 / 期盼着绽放梦想

如今芳奕被别人称作“潘总”“潘董”，但她的诗心依然晶莹，她的诗情依然勃发。

而我却很多年没写诗了。主要原因是我越来越“保守”地认为，诗还是要讲究文字的形式美，过去讲格律、讲音韵、讲节奏……现在即使不讲这些，总还是应该有一些语言结构或句式排列上的美感，以此观照 20 世纪初新文化运动以来诞生的“新诗”，我只觉得许多“诗”只是美丽的句子——有绚烂新奇的比喻，有舒展精致的排比，有奇绝瑰丽的想象，有了无痕迹的拟人……读着这些句子，或怦然心动，或热泪盈眶，但不是传统意义上的诗。

我知道我这个观点，会被绝大多数人反对，包括芳奕，她曾和我讨论：“如果只有唐诗宋词才是诗，那么欧洲那么多著名作家的抒情诗或者叙事诗是什么呢？比如莎士比亚的十四行诗，雪莱的长诗诗句……”我说：“这些诗在其本民族的语言中，也是有形式美的，只是翻译成中文后，成了散句。”我这里不是想“扭转”对诗的定义，或者彻底否定一百多年来中国的“新诗”，只是表达我的一家之言，或强调我对古诗词的偏爱。

古代诗歌特别注重语言的形式美，所谓“形式美”主要指对偶和声律。著名学者王力说：“这两件事（指对偶和声律）都跟汉语的特点有关。唯有以单音节为主（即使是双音词，而词素也是单音节）的语言，才能形成整齐的对偶。在西洋语言中，即使有意地排成平行的句子，也很难做到音节相同，那样只能是排比，不是对偶。关于声律，我们的语言也有特点。汉语是元音占优势的语言，而又有声调的区别，这样就使它特别富于音乐性。”

古人所论语言的形式美，不管是在对偶方面，或者是在声律方面，都是从多样中求整齐，从不同中求协调，让矛盾统一，形成了和谐的形式美。这就是古典诗歌至今魅力不衰的原因。而许多新诗，恰恰是缺乏文字上的形式美，而诗意淡然。

米兰婉转，芳华盈盈嫣然

20 世纪 20 年代，“新月派”提倡“新格律诗”，其理论核心是闻一多的

“三美”，即音乐美、色彩美和建筑美。而闻一多本人也以《一句话》《死水》等诗篇践行其“新格律诗”主张。当代诗人中，我认为余光中的《乡愁》《乡愁四韵》《民歌》等作品在形式上都继承并践行了闻一多新格律诗的“三美”观点。

芳奕的诗也有一种格律与内容自然结合的形式美。比如她的《别后》——

我会想你
想你的目光
在雨后的早上
空气如凝视般透亮

我会想你
想你的笑容
在清秋的午后
雏菊如阳光般轻柔

我会想你
想你的呼吸
在落霞的黄昏
流岚如气息般温存

我会想你
想你的叮咛
在初冬的夜里
雪花如耳语般轻盈

我会想你
想你的别后
在来年的春光

远山如思念般悠长

“透亮”照应“目光”，“轻柔”暗扣“笑容”，“温存”从属“呼吸”，“轻盈”吻合“叮咛”，“悠长”牵引“别后”……这样的诗，意象与意象相叠，环环相连；句式与句式相依，丝丝入扣。辞章整齐而富有情趣，看上去有视觉上的形式美，读起来有听觉的音韵美。比古典格律诗潇洒，又比现代自由诗内敛。看得出芳奕是用心在写诗，不仅是让心泉自然而然地流淌，而且还要“流淌”得精致，这份精致既属于诗情，也属于表达诗情的汉语。对，我这里再次特别提到了汉语的美。古人写诗讲究炼字，唐代诗人卢延让说“吟安一个字，捻断数茎须”，我没有专门听芳奕给我说过她如何炼字，但从她的诗中我读出了她的“僧敲月下门”，她的“春风又绿江南岸”……比如《米兰婉转》，她通过叠字韵律表达出一种古典味儿——音韵和谐，节奏铿锵，一唱三叹，荡气回肠，让读者在品味汉语魅力的过程中，有一种穿越古典的美感体验——

清风习习牵引，
秋叶瑟瑟阑珊；
离人郁郁黯淡，
落华萧萧蹒跚。
暗香丝丝氤氲，
芬芳徐徐弥漫；
耳语细细呢喃，
凤衾软软拥揽。
轻嗅缕缕素洁，
聆听静静姣妍；
柔情卿卿云卷，
暖意悠悠晕染。

沧海过往，
锦瑟弦弦坚强；

桑田回望，
玉心点点柔软。
流光飞舞，
心香皎皎明灿；
米兰婉转，
芳华盈盈嫣然。

这样的诗，适合于清唱般吟诵，吟诵起来满口余香。

30 多年来，我和芳奕一直保持着联系。她大学毕业后旅行结婚回四川我们见过，2017 年 5 月，我应邀去厦门讲学，在厦门工作的潘芳奕自然要来看我。她现在是某企业的董事长，是一个很有文化品位的董事长。她特意邀请我去看她公司的“时代美学馆”，里面陈列着许多绘画、雕塑等艺术珍品，包括毕加索和吴冠中的作品。

第二天，百忙中的“潘总”来到会场。我讲我教育中的诗情画意，讲充满人性温度的师生故事。我特别讲了潘芳奕的故事，同时在幻灯片上打出了她中学时代的照片：竹林深处的嬉戏、运动会长跑、烈士墓前的沉思、采访日本友人……这些黑白照片，都是我当年给学生们拍摄的，也是我自己冲印的。

我拿出我的《爱心与教育》一书，翻到第 18 页“学生们的‘秘密行动’”一节，我朗读了起来——

其实，历届学生对我的爱才真正值得我“永远记住”。

更使我感动的是，我的学生不止一次“爱屋及乌”——因为爱我，进而爱我的家人。比如，1987 年底，我爱人生了孩子后，当时的高 90 届 1 班学生竟背着我每人从家里拿了一些鸡蛋来，然后趁我外出开会的时候，送到我爱人的床前！

而且，学生类似的“秘密行动”已不止一次。这里，让我再全文引用一篇学生的作文，作者潘芳奕从读初一到高三毕业整整六年，我都任她的班主任，这篇文章是 1986 年她读初二时写的，记叙的是那年秋天的事……

读到这里，我停了下来，说："潘芳奕是我的优秀学生之一。当年我出差，从不要学校安排代课老师，我的课都是交给学生上。潘芳奕就当过我的'代课老师'给同学们上过课。她后来还曾担任班长。今天她也来到了现场。"

听了我的话，全场老师惊讶地四处张望，寻找潘芳奕。

潘芳奕从前排站了起来，全场响起了掌声。潘芳奕给大家鞠了一躬，然后自我介绍："我叫潘芳奕，是李老师的学生。从初一到高三，李老师教了我六年。现在在厦门工作。"

我把《爱心与教育》交给潘芳奕，对全场老师说："还是请潘芳奕亲自来读她当年的这篇作文吧！"老师们再次鼓掌。

潘芳奕朗读的时候，所有老师都在屏息谛听。那一刻，时光倒流，岁月恍然，我感到一种美好的伤感。当她读完最后一句时，全场响起了热烈的掌声。

我说："这篇作文，是我和学生们共同的温馨记忆。这样的记忆还有很多。比如，1986 年 5 月，也就是整整 31 年前，全班同学给我过生日。我走进教室上课，孩子们突然起立，说'祝李老师生日快乐'！然后给我送上各种小礼物。几年后，他们读高三了，再次突然袭击祝贺我生日！学生们对我的确太好啦！我还要特别说明的是，当时我作为一个刚工作没几年的年轻教师，完全谈不上经验和智慧，相反作为一个小伙子，性格急躁，完全不懂教育艺术，常常骂学生，损害他们的自尊心，可他们还对我这么好！

"昨晚在饭桌上，我说潘芳奕很优秀，和我没关系的。我从来认为，优等生之所以优秀，主要是人家父母的家庭教育、学生自己的天赋以及勤奋的原因，和老师关系实在不大。可潘芳奕却说：'我真的感到，中学六年李老师对我的影响很大。'"

最后，我对老师们说："每一个老师要想想，等你退休以后回想你的教育人生时，除了一届又一届辉煌的高考分数，还有什么？如果你的教育给学生和你自己留下的，只有分数的记忆，那你的教育不能算成功，你也不能算是一个真正幸福的教师！”

我跟芳奕握手告别时，她说：“李老师，我想和您拥抱一下。”当我们拥抱时，我一下回到了30多年前，眼前的“潘总”又变成了当年那个调皮可爱的小姑娘……

感谢遇见，我“长成自己曾经渴望的模样”

今年4月，芳奕给我打电话，希望我为她即将出版的诗集《遇你 予我 逾时光》写点文字作为序言。虽然我特别忙，但芳奕的序言我是一定要写的。

一个小学生或中学生如果在报刊发表了文章，文末往往有个括弧，写着“指导老师”谁谁谁。中小学生参加各类作文大赛，获奖证书上往往也有一个括弧，同样写着“指导老师”谁谁谁。作为中学语文老师，我想不通：老师如何“指导”呢？

如果是给小作者讲如何构思、如何开头、如何结尾、如何遣词造句，那这篇文章的作者是老师还是学生？或者应该联合署名？如果这里的“指导”指的是平时的作文教学，那所有学生都是被指导者，可为什么只有个别学生发表文章或获奖呢？

我认为，写作天才从来不是老师教的。36年的教龄告诉我，一个班几十个孩子，怎么也会有一两个或几个写作尖子，这和你老师“指导”不“指导”没多大关系，老师本人的写作能力也不一定比这些写作尖子强；但学生发表了文章，获了奖，老师却“理所当然”地成了“指导老师”。如果真的是因为老师的“指导”学生的文章才得以发表或获奖，那你为什么不多“指导”几个呢？

其实，从严格意义上讲，语文教师之于写作尖子，更多的意义并非在于“指导”而在于发现，并给其以思想自由，让其心灵的泉水自然而然地流淌，任其灵感和精神的翅膀自由自在地发挥和舒展。

当然，芳奕一直说她是我“培养”的。她曾在微信中对我说：“如果没有您中学六年的教育，我不可能从徐家扁小学那个野丫头成长起来；如果不是中学遇见您，我就不是今天的潘芳奕。”“我从小在乐山关帝庙徐家扁那里和一群小伙伴长大，大家几乎一样的环境和家境，唯一不同的就是我中学六年是您的学生。”“我的写作水平是在您眼皮下跟着您的教学和课外阅读一步步成长起来的，很明显的。”

2019 年 1 月，潘芳奕在自己的诗集发布会上为读者签名

我相信芳奕的真诚。但教育是很复杂的。作为班主任，可能在做人方面我对她有过引导；作为语文教师，我对她语文学习的兴趣有过感染。但对有天赋的孩子来说，只要教师不压抑其个性、不阻碍其发展，就功德无量了。也许我对芳奕正是如此。但这并不能说明作为诗人的潘芳奕是我“培养”的。这不是谦虚，而是事实。

芳奕现在是企业老总，这点我不意外，因为当年她风风火火就颇有未来“女首领”的风范，但她现在又成了诗人，这有点出乎我的意料，虽然她当年就写过一些让我惊喜的小诗，但能成为卓有成果且有一定影响的诗人，当年我还是没有想到。

芳奕一直强调她现在写诗笔名是“彬罗”，只是诗人彬罗这个名字远不如我记忆中的学生芳奕那么生动可爱、鲜活明亮。这篇文字是写一个人的成长，写对一段青春岁月的回望。一会儿写人，一会儿评诗，拉拉杂杂。说得好听点，叫“发散思维”；说得不好听，叫“东拉西扯”。毫无诗意，但有真情，有成长，有友谊，有我和我的学生芳奕共同经历的教育岁月。

写着写着，我突然意识到，芳奕的成长，就是一首青春的诗。

如芳奕在《时光给予的模样》诗中所写——

来来去去的我

一花一树地找寻
渐行渐远的相遇
终有一刻的驻步
记忆照亮了过往
看见你站在未来的地方
逆着风雨，迎着阳光
长成自己曾经渴望的模样

的确如此。“逆着风雨，迎着阳光，长成自己曾经渴望的模样。”这是我、芳奕以及我所有学生没有止境的共同的追求，共同的理想，也是我们共同的“芳华”。

2018 年 5 月 2 日

2017 年 5 月，我在厦门讲学时，潘芳奕朗读她中学时的作文

彭艳阳：以母亲的眼光回望教育

春天里出生的阳光女孩

1984 年 9 月初，已经开学几天了，教务处主任领着一个小姑娘到我办公室，说："李老师，这是我们补录的一个新生，就分在你班上了。"

小姑娘很秀气，戴着已经洗得有些褪色的红领巾。她大大方方地看着我，始终微笑着。一看就是很有修养的孩子。

教务主任走后，我问她："你叫什么名字？"

"我叫彭艳阳。"声音柔和而又清晰。

我笑了："艳阳，多好的名字。爸爸妈妈为什么给你取这个名字呢？"

她说："因为我是春天出生的。"

初三时的彭艳阳

我看了看她的报到表，果然，她的生日是 4 月 17 日。

我又问："你怎么才来学校报到呀？"

她说："因为爸爸妈妈工作调动，刚到乐山。"

几句聊天，彭艳阳给我留下了非常好的印象：大方，有礼貌，有教养。

我刚接的这个初一新班，学生多数是 1971 年和 1972 年生的，少数几个是 1973 年生的，彭艳阳便是其中之一。

艳阳年龄虽小，看上去却比一般的孩子要懂事，显得特别有教养，而这个"教养"，不仅体现在语言文明、举止得体上，更表现在她随时都为别人着想上。

虽然晚来了几天，但艳阳很快就赢得了同学们的尊敬，后来她当上了班长。

彭艳阳并不是那种很有魄力的“女强人”，完全不是，在我和同学们印象中，她最大的特点就是温柔。她特别善良，随时都想着别人，特别爱帮助同学，成绩也很好。

李毅，是让老师很头疼的“差生”，经常和其他班干部顶撞。他曾写了一篇作文，题目叫“可敬可佩的彭艳阳”。其中有这样的段落——

彭艳阳对同学和蔼可亲，我从没见她发过脾气。有时候她在学习，周围的同学闹得她学不进去，她也只会轻言细语地说：“别在这里闹，到那边去讲吧！”

彭艳阳时刻把集体的每一个同学都挂在心上。最近，就要期末考试了，为了我们几个同学的成绩能有所提高，她组织另外几个女同学利用放学时间，给我们补课。如果换了我，自己复习还来不及呢，何必去管别人。

彭艳阳学习太努力了。我坐在她前面，上课她从不说闲话，总是不停地记着老师讲的重点，老师要讨论她就讨论，也不会说别的。她不但自己不说闲话，还不让我们说。有一次上课我转身去找同学讲话，她就说：“李毅，认真听讲，别讲话。”没办法，我只得转身规规矩矩坐着，认真听讲。如果换别的班干部，我也许不服气，可彭艳阳我是非服不可的。

游峨眉山后，黄靖同学在作文中这样写道——

彭艳阳最显著的特点就是热情大方，而且关心同学。一路上她总是高高兴兴的。坐车时，因为我晕车，她就让我坐靠窗的位置，还想方设法和我说笑，分散我的注意力，结果我果真比以前好了许多。

第一天晚上我们住在洗象池，我们订的两张床，有一张床在门口。我比彭艳阳后进去，按理说我就应该住门口那张床，可我进门一看，她却把里边那张床留给了我。半夜醒来我发现她还在翻身，走廊上的灯光正好照在她的床上。我突然想起彭艳阳睡眠本来就不好，现在又有灯光。一种深深的愧疚之情从我心里涌出。第二天早晨我问她晚上睡得怎么样，她还笑着说很好。

我从不相信会有把方便让给别人的人，现在我相信了。我为这次是和她做伴而不是别人感到庆幸。

“我们全班同学都很敬佩彭艳阳同学”

到了初二，彭艳阳卸任了班长（我班的班干部实行轮换制），又担任了学生会干部。她高度的责任心和自律精神，完全超出了她这个年龄的水平，让我和同学们既感动又心疼。

宋映容同学这样写道——

大家都知道她学习刻苦，同时还要操心别人。她想的东西完全超过了十二三岁的年纪的人想的。她曾真心实意地对我说：“我是学生会的一员，我没为大家做什么，我想为大家做点事。”她没有说空话，这是大家有目共睹的。学生会里有那么多的高中生，还有老师都没有那么做，而她一个初二的学生却如此操心。也许有人会说她自寻烦恼，但却没有人能不为她的精神所折服。

李容同学留级了，彭艳阳很内疚。她说：“李容留级，我也有责任。她在我们班上的时候，我没有好好地帮助她。”有几个同学成绩很差，彭艳阳又想着怎样帮助他们把成绩搞上去。我想，有些同学的成绩连老师都无能为力了，彭艳阳却说：“我也有责任。”

彭艳阳有着一颗为集体为同学服务的心，我们全班同学都很敬佩彭艳阳同学。

平时，我也听同学们表达对彭艳阳的敬佩。罗晓宇在作文里写道：“从读小学以来，我第一次遇上彭艳阳这么好的同学！”从云南转学来的刘忠斌也说：“在我原来的班上，要找彭艳阳这样的干部，除非太阳从西边出来！”

初二下学期期末，我了解到她太累了，平时就忙碌，加上期末考试的紧张复习，我担心她的身体健康，所以一考完我就让她好好在家休息，包括最后一天的散学典礼。“你不用来，就在家继续休息吧！”

可她不愿意，说不能搞特殊，还是坚持说要来学校。我终于第一次生气批评她了：“你还听不听我的话？你不许来学校，只能在家休息！”见我生气了，她只好同意在家休息。

可她给我写了一封信——

尊敬的李老师：

我不知说什么好，我太感激您了，您的时间那么宝贵，您的事情总是那么多，可您却时时刻刻关心着我这个不争气的学生，按理说老师只要教好课就行了，学生生活上有困难问他一下就算了，但您把学生的一切和自己联系起来，您是我一生中遇到的最好的老师。只有您理解孩子的心，您胜过了我们的父母，我们是那样尊敬您。

今天下午您告诉我明天不用来了，我知道老师您是为了我好，我深深地感谢您，可是不管怎么说我还是觉得不好，因为：一、我们小组的活动还需要商量；二、文学社还要让我去联系印刷厂劳动的事，明天要得到结果，可我没完成，我应该和社长商量；三、说不定学生会还要开总结会，我不应脱离组织；四、明天上学校一趟，又不会累死我，何况又不是上课。虽然原因这么多，但我决定不让老师您生气。

老师，不知道您最近照过镜子没有，您胡子又长了。期末的工作一定把您折腾坏了。别牵挂我们了！

…………

后来她给宋映容同学说：“本来还有那么多的事需要我做，但李老师强迫我在家休息，为了使老师不生气，我只好不来了，但心里很不安。”

“我读六年书还从未遇到过这样的好班长”

彭艳阳心里装着同学们，同学们心里自然也装着她。

邱梅影同学的一篇题为“生日的祝贺”的作文，记录了为了庆祝彭艳阳生日，我和同学们去她家狂欢的情景。我截取几个片段——

4 月 17 日，是彭艳阳同学的生日。由于恰逢期中考试，大家只好等考完了再去祝贺她。4 月 19 日是星期日，我和吴涛、程桦、周磊、陈晓蕾、张荣焱、潘芳奕、刘忠斌八位同学，相约来到彭艳阳家，为她祝贺生日。

我们把大家给彭艳阳买的生日蛋糕摆在桌子中央，点上蜡烛——14根。不知怎的，看着这14根蜡烛，我心中陡然涌起一股暖流。艳阳在大家的推搡下，站在蜡烛前，一口气吹灭了14根。顿时，掌声响了起来。大家纷纷说道："艳阳，祝你生日快乐！""谢谢大家！"她真诚地说。从她那兴奋的神情中，我不难看出她心情是如何激动。她激动，我们也激动。因为我们都是幸福的。彭艳阳当班长时，曾给予同学们那么多的关心和帮助，给予班集体那么多的爱！今天，我们来为她祝福，致以生日的祝贺，表达大家对她的敬意。

有人敲门。一打开：呀，是李老师来了！这下更热闹了！大家见家里没有大人（李老师当然不算是"大人"），便开始狂欢。我们在李老师的指挥下，放肆地乱喊、乱叫、乱唱……

我们分为两派：一派是以李老师为首的男中音，另一派则是我们女同学的女高音。待程桦报幕完毕后，战局就拉开了。有唱《少年，少年，祖国的春天》的，有吼《冬天里的一把火》的，还有哼《武则天》的，也有叫《卖报歌》的……真是人声鼎沸！大家互不相让，都把自己平日学会的或没有完全学会的所有歌用最大的力气吼出来。细心的彭艳阳把我们的"节目"全部录下来了，等我们以后再次听到这盒"原声磁带"时，心中一定会充满无限的幸福！

有一次课间，彭艳阳发现自己刚买的五元菜票被人偷了。那是80年代的五元菜票，可相当于十天的伙食费啊！

同学们知道后，纷纷背着彭艳阳给她捐菜票：一毛、两毛、五毛……

晚上，彭艳阳拿着一大沓菜票来找我："李老师，我不能收这菜票！"

我说："同学们的心意，你怎么好拒绝呢？再说，你退给我，我又退给谁呢？"

"可我只丢了五元菜票，而这里有九元多呀！"

"这好办。你把多出的菜票保存好，以后班里谁有困难，你就支援他。好吗？"

彭艳阳只好含着泪点点头。

孩子们帮助彭艳阳的精神让我也很感动。几天后，我在班上表扬同学们，然后提了一个问题叫大家讨论：“同学们为什么纷纷自愿捐助彭艳阳？”

孩子们七嘴八舌，纷纷发言。

有的说：“一方面是由于同学们有互相关心的好思想，但更主要的是因为彭艳阳平时对班集体就特别关心，对同学也很热情，所以，她现在有了困难，大家自然会支援她。”

有的说：“上次我数学上遇到难题了，她主动帮我耐心解答。”

有的说：“她曾用自己的三好生奖学金买来两盆文竹盆景献给班上。”

有的说：“一次，有两位同学闹纠纷了，她主动分别找这两位同学谈心。”

最近我翻看旧物，看到我 1985 年 12 月写的一篇工作总结，上面居然特别写到彭艳阳——

彭艳阳同学很值得一提，这个学生太优秀了，思想纯正，对同学和蔼善良而又坚持原则，学习自觉性极强，她最大的特点是随时都想着能为别人做点什么，她在班上极有威望，不少同学在日记里作文里表达对她的尊敬：“我读六年书还从未遇到过这样的好班长。”“要是班上能多一个‘彭艳阳’多好啊！”“要是我们全班、全校、全社会的人都像彭艳阳一样，社会风气该多好！”这里要说明，彭艳阳的这些可贵品质，是一进初中就表现出来了，我准备认真地研究一下她。

“我建议您应该注意处世的方法”

当时班上品学兼优的同学远不止彭艳阳，而是还有很多，比如陈晓蕾、吴涛、张锐、程桦等，但彭艳阳是其中最突出的代表。我觉得，包括彭艳阳在内的那些品学兼优的孩子，他们之所以优秀，都主要不是因为我的“教育”，而首先是他们家庭教育的结果。

彭艳阳的爸爸妈妈是公务员，也是富有修养的知识分子。每次去家访，她爸爸妈妈都要带着艳阳亲自送我到大门口，一直送到街边，直到我骑上自行车，他们一家三口还站在大门口向我挥手。

我特别要强调的是，彭艳阳虽然善良，随时想着别人，我们从来没见过她生气，仿佛她一直都是那么温顺，总是让着别人，但这绝不意味着她没有自己的思想，实际上她内心深处是有着自己的主见的。只是由于她的修养，她从不愿意和谁争辩甚至争吵。但不争辩和不争吵不等于不表达。

比如对我，毫无疑问，彭艳阳非常尊敬我，也非常信任我。当时，她有什么困惑都愿意跟我说，有时候考虑我工作忙，她便给我写信，我是每信必复。这些信我保存至今。她多次在信中说："我很崇敬您，胜过父母。"但这不妨碍她直率地给我提意见，当然她非常注意方式，往往是和我单独聊天的时候提出，或者给我写信的时候表达她的意见。

说到写信，这是我当时的一种师生沟通方式。不只是因为彼此忙碌，有时候很难找到面对面谈心的时间，更是因为有时候通过书信交流更有效。所以，那时候在班上我和好多学生保持着近在咫尺的师生通信。

那时候我班主任工作和语文教学的一些做法，说好听些叫"改革""创新"，说得不好听就叫"出格""另类"。于是在同事中产生了许多不同看法，但我也不管别人怎么说，照样我行我素。于是，争议甚至非议渐渐多了起来。连学生都觉察到了。

1986年春节期间，她给我写过一封信，信中说——

李老师，您很正直，但我知道现在很多人都不理解您，甚至反驳您，李老师您一定不要伤心。不过，我有过一个小小的看法，不知对不对？正直也要讲究方法。您经常"碰壁"的原因，除了社会风气不好，是不是还有方法的问题？有时您为人处世太坚决了，别人不能接受，因此即使您的做法很对，别人也不服气。我建议您应该注意处世的方法。当然不是想不得罪人。我想，反对的人太多了显然不好，我们应该尽量使别人懂得自己，支持自己。

记得我是除夕傍晚收到她的来信的，我当即便给她回信——

我不愿意把你当作一个学生来教育你，而是以一个朋友的身份把你当成一个懂事的小妹妹与你谈心，交流思想以便共同进步。

读了你新年前给我写的信，我既感动又惭愧，感动的是你这么信任我，把我的成绩夸得有点过分了，我还感动的是你能真诚地对我提出意见。我惭愧的是由于自己的性格不好，思想修养不好，工作做得不好，愧对同学们，当然不管是诚恳的批评，还是真挚的表扬，我一定会把这一切化作无穷的动力，尽心尽力把工作做好，这才对得起大家。

我从来都认为，师生之间在人格上、思想上应该是平等的。师生关系不是绝对的，我可以做你们的老师，你们也可以做我的老师。向自己的学生学习，从中获得纯真，汲取活力，把学生当成明亮的镜子，从中看到自己的不足，进而不断自省、自新，正是我的愿望。你来信给我提的意见极为诚恳："方法的问题""为人处世太坚决了，别人不能接受""应该注意处世的方法""反对的人太多了显然不好，我们应该尽量使别人懂得自己，支持自己"……这些意见很多人都给我提过，这确实是我的弱点。主要是我的性子太急，过分追求"无私才能无畏"，总想：怕什么，我又不计较名利得失！这样一来往往不考虑行动的方式和效果，因此，我这段时间都在反思。

类似这样给我提意见，彭艳阳有好几次。那时候我年轻，有些缺点很明显，也很容易犯错误，所以彭艳阳给我找问题也很容易。而且，我要说的是，班上给我提意见的孩子还不少。这也是我鼓励的。

倾听本身就是一种教育

我也不否认，我也许对彭艳阳有过一些引导。这些引导，更多的不是她的行为习惯，更不是她的品德修养——这两方面她已经做得比我好，而可能是在对学习、对人生、对社会的认识上，我给过她一些建议吧！

比如在给她的一封信中，我这样写道——

这两天我刚刚读了一本书《傅雷家书》。此书堪称人生的教科书。傅雷是我国著名的法国文学翻译家，巴尔扎克好多作品都是他翻译的。但在"文革"初期，他不堪凌辱而自尽。在这300多封信中，傅雷与儿子谈艺术、谈人生，字里行间，我感受到一个纯洁、正直、真诚、高尚的灵魂，深受感染和教育。希望你以后也找来读一读。这里录几段给你：“真诚是第一把艺术的钥匙。知之为知之，不知为不知。真诚的‘不懂’，比不真诚的‘懂’，还叫人好受些。”“尽管人生那么无情，我们本人还是应该把自己尽量改好，少给人一些痛苦，多给人一些快乐。”“人越有名，不骄傲别人也会有骄傲之感，这也是常情，故我们自己更要谦和有礼。”

后来彭艳阳的生日，我送她的礼物，就是《傅雷家书》。

还有一次，看了电影《红衣少女》，她就对主人公安然的理解给我写信，感觉善良和正直有时在社会上不被理解。我回复道——

电影中的老师一味高高在上，缺乏平等，不知道学生也是老师的老师。比如，艳阳你就有很多好品质令我感动，也值得我学习——你的微笑、你的文静、你的认真、你的责任心、你的勤奋、你的宽厚赢得了同学们的尊敬，也是我的老师。我相信你是一个不会骄傲的、会更加严格要求自己的人。不过，我还希望你做好思想准备，去迎接人生的挑战。是的，社会是复杂的，年龄越大，人与人之间的关系也越来越复杂，也许将来你会遇到安然一样的处境。我们要善良地对待他人，也要机智地对待生活。善良，并非意味着愚昧；正直，并非意味着鲁莽。我相信，你将来会用自己的善良、正直与智慧去解开一个个生活的难题，塑造一个完美的自己。我愿与你共勉。愿我们永远心心相印！

有一段时间她感到自己学习比较吃力，我便给她讲学习方法，我还给她讲了当时我正迷恋的苏霍姆林斯基关于学生学习方法的一些建议。小小的彭艳阳曾一度患上失眠症。当时我也经常失眠，所以常常把我如何战胜失眠的一些心得告诉她，比如：“不要过度因失眠而焦虑。因失眠而产生的焦虑，比失眠本身还可怕。”记得我读了一本书，上面有“失眠的自我推拿图示”，我还专门临摹了一幅送给她。

有时候，爱思考的她会给我提一些“古怪”的问题，比如她曾问我：“课堂上讲的那些历史人物和历史事件，真的发生过吗？会不会是杜撰的，一代代传下来，我们便以为是真的发生过了？”又如：“宗教是怎么来的？那些宗教传说是真的吗？”说实话，她提的有些问题，我也没有答案，不过我毕竟是成年人，便给她谈我的想法——不是答案，只是想法。这些想法当然可能也没有解决她的问题，但至少可以让她知道还有另外一些思路。

其实，现在想来，当年彭艳阳向我的倾诉，刚好是我读中学时向我的班主任张新仪老师倾诉的重演，甚至有些问题都相似，关于历史，关于宗教，而当时张老师也没给我满意的答案，但她鼓励我思考，只是那时候是“文革”中，她有点担心我“出问题”。因此我想到，青春的思考以及因思考而带来的烦恼，正是青春的特征之一，不同年代的少男少女都如此。我们的教育，不一定是要给孩子一个无可辩驳的“真理”，而更应该是倾听。倾听本身就是一种教育，而且是师生彼此互相影响的“教育”。

在中学时代建立正面向上的人生观和世界观

从彭艳阳的角度，她是如何感受我对她的“教育”的呢？

多年后，她曾接受媒体采访，谈“李老师当年对我的教育”；她也曾写有文字，回忆中学时代的李老师。这是她写的一段回忆——

多年后回望那一段岁月，我的感受是幸运与幸福，幸运的是有李老师教语文，幸福的是有李老师做班主任。李老师的语文课开启了我对阅读与写作的兴趣，奠定了学习的重要基础。身为班主任的李老师自创了多种集体活动，令我有了一段丰富多彩、有趣而美好的青少年时光。那些中学时代的美好对于建立正面向上的人生观和世界观具有十分积极的意义。

老实说，我小学时挺讨厌写作文的，每次写作文都烦躁不安，不知要写什么。小学语文老师常常让我们反复学习、背诵所谓的范文，结果大家写的东西都是一个模式，苍白、枯燥而单调。小学阶段，我对写作的兴趣与信心完全没有建立起来。幸运的是，自己小学语文课的失败在李老师的教导下被一点点地扭转了。李老师利用语文课、班课、读报课等一切机会，不知疲倦地为我们诵读了大量优秀的课外文学作品，如《青春万岁》《爱的教育》《红岩》《钢铁是怎样炼成的》《唐山大地震》等。李老师栩栩如生的诵读引导着我们进入了广阔的语文天地，感受文字与文学之魅力，了解人生之丰富。多年后的今天，我还记得当年那个画面，一头黑发的李老师身着洁净的白衬衫，神采奕奕，精力无限好，他不坐也不靠，时而左右走动，时而看看手中的书，再看看我们，不断变换手势辅助着诵读。他把讲台变成了一人多角的舞台。他的“金嗓子”有着播音员的范儿，声音洪亮，抑扬顿挫，声情并茂，连面部表情都很投入。李老师代入感极强的诵读让我对阅读产生了兴趣，我开始去教室图书柜里“挖”自己喜爱的书。那个图书柜是李老师放置的，里面塞满了他自费为我们选购的各类书籍。在那个没有任何网络学习资源的时代，纸质书籍是我们最好的精神食粮。

随着阅读面的拓展，我的脑袋瓜里各种念头和表达方式纷纷“冒芽”，写作的兴趣日益增长。李老师并不鼓励我们模仿所谓的范文，而是希望我们用自己的语言从自己的视角表达自己的想法，他强调写作的基础是生活，真诚最美，真实才是写作的灵魂，而技巧只是件漂亮的外衣。他多次带我们去“写生”。我们一大帮孩子曾跟着李老师去金灿灿的百亩油菜花田踏青，去大型菊花展观赏百种菊花的姿态、色彩与香气，骑自行车去郊外竹山体验风过竹林的动与静……这些“写生”令我们在轻松快乐的游玩中积累了大量写作的素材，开启了我们发现美的心和眼，更重要的是培养了我们与大自然的亲密情感。这种情感令日后成年的我在挫败与焦虑的时候总能在大自然的怀抱里得到抚慰。

如果说李老师的语文课给了我阅读与写作的兴趣和能力，那么作为班主任老师，他所开创的种种有意义、有意思的集体活动则给我日后的为人处世深深地烙下了印迹。李老师有句口头禅：“让人们因我的存在而感到幸福。”在李老师的引导下，我们班充满了爱的温暖。初三上学期的隆冬，一个大雾弥漫的黑暗清晨，我骑自行车上学，快速下坡时因躲避迎面而来的大卡车，重重地撞上路边的铁制大垃圾桶，自行车因撞弯了横梁而报废，我则鼻青脸肿地在家里躺了一个月。其间，李老师和同学们带着水果来探望我，大家一起唱歌为我加油，那种温暖，几十年后回忆起来还感到缕缕幸福。

李老师言传身教希望我们具有社会责任感和正义心。他鼓励我们关心时事，天天为我们读报，每一堂语文课，轮流请同学播报新闻。播报时是否字正腔圆或新闻事件是否重大都没有关系，重要的是我们渐渐养成了关注社会的习惯，不做两耳不闻窗外事的书呆子。在那些读报课上，我初次听说了“深圳速度”这个词，感受到20世纪80年代深圳建设初期的日新月异，也看到了令李老师痛心疾首的社会及历史问题，如官员的贪污腐败、“文革”对人性的摧残。这些学习令我有了基础“免疫力”，后来进入社会大染缸才没有晕头转向，迷失自我。

除了关注报刊新闻，李老师还鼓励我们走进社会，获取认识社会的第一手资料。暑假，我们几个初中生上街摆地摊卖杂志，我有了人生第一次经商的经历。经李老师牵线搭桥，我们班在北京、成都有了友好班级。那时没有电子邮箱，没有手机，我们和成都友好班级的同学结成一对一的笔友，定期通信。后来互访时，我们还住在彼此的家里。那时集体乘车去外地游学，并在外地笔友家里过夜，对大多数人来说都是新鲜事儿。我们在这些好玩的、令人兴奋的社会活动中大大提升了社会交往能力。可以说，李老师带我们走在了时代的前列。

李老师还为我们组织了大量有趣的文体活动，极大地丰富了我们的精神世界。在30多年前那个照相机和录放机都是奢侈品的年代，李老师用一己之力为我们提供了“精英”教育。他用自己的照相机尽可能地给我们拍照，记录我们学习与生活的方方面面；他自费购买胶卷，自己冲洗照片，并加印照片送给大家，花费了大量金钱、时间与精力。多年后，李老师再次付出大量时间和精力把我们30多年前的那些黑白照片电子化，并传给大家，那些宝贵的黑白老照片成了我们的记忆宝库。李老师热爱音乐，口琴技艺出众。在他的带动下，我们大部分同学都学会了口琴或口风琴。李老师用自己的卡式录音机为我们录音，尽管稚嫩和羞涩，但我们有了人生最初的声音作品。李老师还为我们播放法国儿童合唱团以及西方古典音乐的录音磁带。在那之前我还从未听到过此类音乐，深深被其美好打动，努力存钱购买了人生中第一批音乐磁带。这些贝多芬、肖邦、莫扎特等音乐巨人的作品多年后成了我给女儿的胎教音乐。

对李老师而言，强健身体与开启学生心智同样重要。他带我们放学后跑步，鼓励我们参加校运动会的各项比赛项目。若非此，我大概永远都不会有勇气参加篮球比赛和少年马拉松，也不可能体会到体育精神的精髓不是比赛的输赢而是参与的过程。他还强调劳逸结合，要求大家午餐后在教室噤声休息。我们可以躺在桌子上睡，也可以趴在桌上养神，安静的环境给了大家“充电”的机会，在漫长的夏日尤其可贵。

回看30多年前的李镇西老师，他那时的工作内容其实远远超越了语文课老师和班主任的职责范围，他同时也做了我们的政治老师、历史老师、体育老师、音乐老师和生活老师……有这样能干的“园丁”的爱心培育，李老师的学生不大可能成为弱不禁风的温室“苗苗”，或被轻易洗脑的“傻白甜”，以及不堪压力的“草莓”。

若干年后，我移居美国，发现女儿的小学老师和当年的李老师何其相似，一人教语文、数学、自然、历史、地理和体育等多个科目，不同的是，这边小学的设置就是如此，对教师的综合素质要求较高，也难怪不少美国小学老师都拥有硕士研究生文凭。

80年代富于改革创新的李老师，算得上是素质教育的先行者之一吧？

说实话，我是参加工作20多年以后，陆陆续续从已经长大的学生口中，知道了我刚参加工作时的教育是多么“超前”，而当年我并没有什么“改革意识”，只是觉得“教育本来就应该是这样的”，也理解了为何当年我的教育会引起那么大的争议，有时候甚至引来攻击。

走向国际化的教育和文化

2020年4月17日的彭艳阳

初中毕业，彭艳阳继续在乐山一中读高中，还在我班上。一年后，因为她父母调往成都工作，她便转学去了成都石室中学。但几十年来，我和彭艳阳从来没有中断过联系。现在，我的一个旧资料箱子里，还保存着她的每一封来信。

1990年彭艳阳从成都石室中学高中毕业，考入西南民族学院，大学毕业后先后在四川省丝绸进出口公司和四川省外事服务中心工作，其间取得了德国学术交流中心的奖学金，赴德国和菲律宾留学，获德国多特蒙德大学和菲律宾国立大学联合办学区域规划硕士研究生。2007 年取得美国太平洋路德大学奖学金，赴美国华盛顿州读取工商管理硕士学位。2008 年中国“5 · 12”汶川地震发生后，彭艳阳和她爱人亲赴北川，将募捐的 200 万捐给北川一所小学用于重建。2009 年毕业后，定居华盛顿州至今。其间作为特约编译，参与翻译了《我与日本帝国的战争》（中国文史出版社出版）一书，成立了“华盛顿教育与文化交流服务公司”，从事有关教育文化交流方面的工作。

彭艳阳现在虽然在美国工作，但她依然是中国国籍，经常回国。每次回国几乎都要来看我。看着现在已经人到中年的彭艳阳，我依然感觉她还是当年那个可爱的小女孩。这个“错觉”有一个客观原因，就是无论体形还是眉眼，她都还保留着 30 多年前的样子，甚至连发型都是。所以每次这个班的同学聚会，大家都说：“彭艳阳变化最小，她的样子几乎没变！”

我现在和她谈论最多的，还是教育。这不只是因为她现在的工作，更因为她的女儿。她有了女儿之后，就特别用心思考和研究教育，可以说她对教育的理解已经不亚于甚至胜于许多专业的教育工作者。

她女儿在中国上了幼儿园后，去美国读小学和中学。前不久她回国后来看我，又聊到教育时，我就问她：“一般都是让孩子在国内读中小学，大学再去国外深造。你怎样想到让女儿读小学就去美国？”

她说：“这个决定与孩子在成都上幼儿园的一段痛苦经历有关系。”

我有些吃惊：“痛苦经历？”

“孩子快三岁开始上幼儿园，”她回忆说，“第一个礼拜是高高兴兴去、开开心心回家，可是从第二个礼拜开始，每天她都会在幼儿园门口上演一场苦戏，她哭哭喊喊，死活不肯进去，我连拉带拽也不行，最终只能强行抱着她冲进去交给老师，然后迅速转身、撤离赶去上班。幼儿园老师说这很正常，幼小的孩子离开家都会不适应，过一段时间就好了。”

我说：“是呀！许多孩子都是这样的，很正常。”

“我开始也以为是正常的。所以我打算顺其自然，我想女儿总归会习惯的。”她说，“可有一天，当我再次紧紧抱着孩子冲进幼儿园，女儿伸出了小‘爪子’，狠狠地在我脸上抓了一把。忍着脸上火辣辣的痛，我赶到单位上班，有同事见我脸上的血印，表示关切，身心疲惫的我忍不住趴在办公桌上痛哭起来。”

“孩子这样就有些反常了。究竟是什么原因呢？”我问。

“当天，我找到孩子的幼儿园班主任老师，想弄明白孩子究竟为什么如此厌恶上幼儿园。老师想了想，笑着说可能是因为最近孩子被老师批评过，一次是老师让大家集体上厕所，孩子不愿意去。另一次是老师叫大家集体喝水，孩子不想喝。我说国外学校不会要求这么小的孩子统一上厕所或喝水，老师拉下了脸回答：‘这里是中国！’我一下被噎住了。”

“去年我在丹麦考察幼儿教育时，他们最强调幼儿的自由，绝不允许幼儿的整齐划一：一起睡觉，一起吃饭，一起唱歌，一起跳舞……”我说。

她继续说：“其实，我也理解老师，毕竟幼儿园的孩子多，军事化管理便于老师操作。可是孩子从小就被军事化管理而丧失了自由成长的机会，是不是有些残忍？难道教育就是要按一个模子把孩子们通通打造成听话的‘机器人’吗？因此，我毫不犹豫地决定，让孩子到美国接受教育，我希望她能够通过教育成为自己，而不是别人。”

“妈妈给我机会让我自己学习成长”

我算了一下时间，她女儿已经在美国上学 12 年了，便问：“女儿现在读大学了吧？”

“即将高中毕业，已经申请了大学。目前已有六所大学录取她，不过我们还在等最后几所大学的通知。”她说。

我问她：“你从女儿在美国读中学的经历中，感觉到美国教育有哪些可取之处？”

她想了想，说：“国情不一样，当然不能简单地比较出谁优谁劣，但从人性发展的角度，有些东西不是不可借鉴的。当然，这个话题很大，但我想从一个日常生活的角度，谈谈我的一个发现。什么发现呢？这些年，我一直陪伴在女儿身边，陪伴着她成长。也接触了她的同学和他们的父母，平时也和许多美国朋友交流，我发现有一些话似乎很少从美国父母口中听到。”

“噢，哪些话？”我来了兴趣。

她说：“我归纳了一下，有六句——‘孩子，你得听话。’‘孩子，你得孝顺。’‘孩子，你不能做这个，你必须做那个！’‘孩子，你真胖/好丑/蠢/笨……’‘孩子，为什么你做不到？看看你的朋友怎么这么厉害！’‘孩子，你的学习成绩怎么这么糟糕？’……”

我说：“这些话，都是中国父母和老师经常对孩子说的话啊！”

“看起来只是一些日常用语，但背后隐藏着教育理念，而这些理念通过日常生活不经意的语言，影响着孩子的自由成长。前三句是以‘听话’‘孝顺’等道德标签来绑架孩子的自由，阻碍孩子独立人格的形成。而后三句话，除了伤害孩子的自尊与自信，以及父母与孩子的感情，其实没有任何建设性的作用。”她说。

我问：“那么，美国的父母往往爱对孩子说什么呢？”

“是的，与此相对应，我还注意到了一些美国父母常说的话，这些话对于孩子与父母的成长都具有十分积极正面的意义，我自己在教育女儿的过程中也把它们用了起来。”她说，“也有六句——‘孩子，你不一定要上大学。’‘孩子，你可以去找份工作了。’‘孩子，对不起，我错了！’‘孩子，你来选。’‘我今天很开心/难过/生气！’‘孩子，你去做吧，不试怎么知道？’这些话透着尊重、平等、信任、鼓励，在这样的教育下成长起来的孩子，才是一个有健康人格的独立的人。”

我知道，近些年一说到美国教育，不少中国人很不以为然，即使是最没恶意的说法，也是：“美国人少嘛，中国那么多人，不好比的。”的确，一个人口众多而教育资源相对缺乏的国家与一个人口相对较少但教育资源丰富的国家，是不好简单相提并论的，但人类对教育总有一些美好的共同追求：善良、人性、尊重、民主、平等……这些元素是不是也应该根据不同的国情得以呈现呢？中国的孩子就不应得到尊重，只配接受损害尊严、扼杀个性与创造性的教育吗？

我知道，她的女儿发展得非常好：善良、阳光、独立、坚强、博学……

我说："你培养了一个好女儿，或者说，通过陪伴女儿的成长，你也成了一个有爱心的专业教育者。"

她说："嗯，这个我承认。不过也不得不说，教育女儿我也经历了一个艰苦的过程，有时候甚至很累。现在回头看，我把这过程看作我自己学做母亲的过程，对我来说也是一种成长。"

我说："任何一个成功的家长，都是和孩子一道成长。"

"女儿自出生一直在我身边，我曾自负地以为自己受过高等教育，完全可以一直教育、指导她。"她说，"直到孩子读的英文书越来越多，越来越多的英文词汇我不认识；直到某一天孩子开始和我谈各国的政体，孩子要关上门和朋友讲电话，我才明白孩子已经有了自己的世界，而她的世界不再需要妈妈时刻驻守。"

"你有失落感吗？"

"老实说，有过强烈的失落感，但是渐渐地被我克服了，因为这正是我希望的。我本来就乐见孩子早日独立成人，所以应该坦然地向她学习，支持她去探索。孩子 16 岁时提出放学后去塔科马市少年法庭做义工，劝解轻度触犯法律的青少年回头是岸。我对于美国法律事务十分陌生，曾担心那些'坏'孩子会带坏我家宝贝，可是我说：'孩子，你去做吧，不试怎么知道？'"

"你鼓励女儿，是因为你信任她。"我说。

"嗯，我努力放下自己的担忧和疑惑，我选择相信，信任她可以安排好学业和义工工作，信任她能明辨是非，信任善良的她会得到他人相助，信任她在漆黑的夜里开车会格外小心。一年半下来，孩子参与了许多青少年犯罪（轻罪）的案例，心胸与见识都得到了极大的扩展，对于犯案的青少年和家庭她充满了同情心。后来，她提出想放学后去打工，我也说：'孩子，你去做吧，不试怎么知道？'其实，我内心纠结，怕她的老板苛刻，怕顾客刁蛮，怕她不能按时拿到工资，但是，我再次选择了相信，相信她有能力应对一切。事实证明孩子与老板、舞蹈老师和学员都相处愉快，工资都按时拿到了，该缴的税也都缴了，她说自己在打工过程中学到了很多。”

我说：“所谓‘教育’，并非用自己的意志去塑造孩子，而是给他们以信任、选择与自由！”

“所以，我一直没说我在教育孩子，而是我陪伴着孩子共同成长。”她说。

写到这里，我在微信上对彭艳阳说：“我想即兴采访你女儿一个问题，方便吗？”

她说：“可以呀，她现在就在我旁边。”

我说：“我就问她一个问题，你怎样评价你妈妈对你的教育？”

几分钟后，彭艳阳从微信上发来女儿的回答：“Allowing myself to learn my own lessons. 她给我机会让我自己学习成长。”

近年来，彭艳阳在做有关研学的活动，好多国内的孩子及其父母都参加过她的“研学夏令营”。

2018 年夏令营闭营的时候，彭艳阳作为组织者对孩子们说：“多年前我的中学班主任李镇西老师讲了一句话：‘让人们因我的存在而感到幸福！’今天我想说：因为你们的存在我感受到了幸福！”

彭艳阳回忆道：“当时，我说完这话后，走下讲台，挨个走向每一位，说出一件这个同学本次夏令营为他人所做的事情，特别表示感谢，比如，我走到 Amy 面前，对她说：‘Amy，你知道我喜欢鲜花，在我最累的那天，你送了鲜花给我，谢谢你，你的存在令我感受到了幸福！’当我在真诚表达感谢的时候，有的孩子流泪了。”

其实，在她的研学夏令营的活动手册扉页上，就印着“让人们因我的存在而感到幸福”这句话。

后来，营员中有一位 9 岁的北京女孩子回国后告诉彭艳阳，她向她的朋友们讲述自己的夏令营感受时，专门说到她收获的这句话——

“让人们因我的存在而感到幸福！”

2020 年 3 月 31 日

任安妮：她那让我无法回避的眼睛

又迟到了！“在外面站一会儿”

早晨，我和学生正在早读，教室门外响起了一声：“报告……”

我一看，是任安妮。我眉头一皱：她又迟到了！于是，便对她说：“在外面站一会儿！”

她的眼睛怯怯地看着我，嘴唇似张又闭，好像要向我解释什么，但终于没有开口，顺从地站在了教室门外。

我和学生们继续早读……

任安妮是初一下学期从遂宁转学来到我班的。她身材瘦弱，脸色苍白，说话细声细气。她的学习较差。可能是由于身体不太好，常请病假。但是，给同学们留下的最深印象是爱迟到。我曾把她母亲请来，向她反映任安妮这个老毛病，并问她是不是任安妮有什么特殊困难。她母亲说，没有什么特殊困难，就是任安妮在家动作太慢，磨磨蹭蹭地耽误了不少时间。

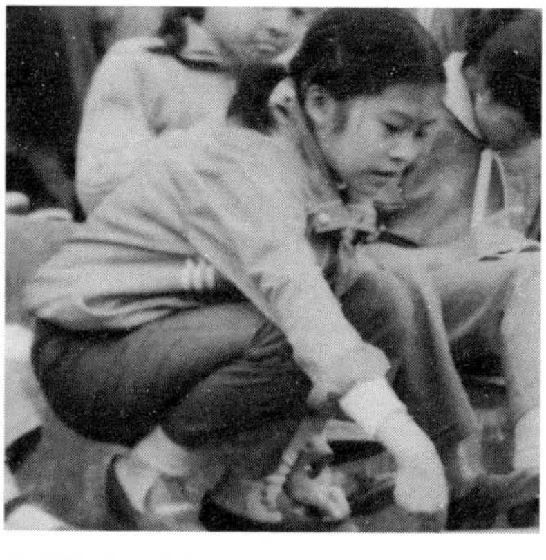

任安妮在运动会上为同学服务

于是，我多次找任安妮谈心，要她养成雷厉风行的好习惯。但她仍然常常迟到。虽然我知道，她家住峨眉疗养院，离学校有十多公里，但这不是迟到的理由，何况她每天都坐单位的交通车呢！

按说，那时我工作已经五年了，应该说我还是很敬业，很爱学生的，但我也得实话实说，当时我潜意识里还是有那么一点点嫌弃成绩不好的学生。所以，如果当时是一个优秀学生迟到了，我不一定罚站，可任安妮成绩很差。

我感觉，任安妮的性格有时候有些古怪，很小气，有时候同学开玩笑，她就觉得是在说自己。有一次她就为这来跟我诉苦，说同学们瞧不起她。我觉得不可能，但我还是去了解了情况，确实不是她说的那样，完全是她多疑造成的误会。于是，我就忍不住多批评她几句，谁知道她几天不理我，碰见我也不打招呼，好像对我有敌意。

“你是我遇到的最好的老师”

作为老师，我感到很难受，于是我给她写了一封信。为写这篇文章，我特意查了查我的书信底稿，找出那封信——

任安妮：

你好！我常常感到委屈，想方设法帮助学生进步，却得不到学生的配合，甚至一片好心遭到误解。比如对你吧，说实话，我感到你对我充满敌意，甚至不屑一顾。我就想也许是我做错了事，哪件事错了呢，我反复想反复想，也许是某次批评过火了，也许是某次对你太严厉了，也许是……诚然，这都是李老师有过的缺点，我再次向你道歉，请安妮原谅老师。

安妮总的说来不错。但有两大毛病，如不克服将影响自己的进步。一是心胸太狭小，好怀疑，一点小事想半天，东猜西猜越想越像。有时老师在班上批评一种现象，你或许会认为专门批评你，于是思想包袱很重。二是学习上很不注意能力的培养，太胆小。我发现你的能力是比较差的，这需要锻炼，而锻炼就需要胆量。因此，我迫切希望安妮在以上两方面多加注意，心胸开阔一些，胆子大一些。如果那样我多高兴啊！

安妮，把过去不愉快的事忘掉，老师绝不会拿老眼光看你。多向好同学学习，把缺点克服，争取在思想上、学习上有大的进步。我相信安妮是不会使老师失望的。

祝你进步！

老师　李镇西

她很快给我回信。我注意到，信封是她自制的，封面封底都是她手工画的。

她的回信全文如下——

尊敬的李老师：

我来此班已半年，你对我的教育我从心底感谢。说心里话，你是我遇到的最好的老师，因为你了解我们，理解我们，处处给予关怀、帮助。你是一名合格的优秀的班主任。在我的印象中，我小学遇到的班主任，都是只让我有好成绩就行了，为了功课好，不顾一切逼我们做很多题，一点儿也不顾我们的身体，我们好像在牢房似的，死气沉沉的学习环境和单调的生活，一点儿也不好。而现在，你用多种方法使我掌握知识，扩大我们学习范围……这些都是用话感激不尽的……我决心不负你的希望。

此致

敬礼！

学生　任安妮

读了这封信，我非常惊讶：怎么和我的感觉不一样呢？

我把她找来谈心，她承认对我曾经有怨恨，后来读了我的信，觉得误解我了。尤其让她感动的是，她没有想到李老师会给她认错。所以对我曾经有的怨恨便消失了。

孩子毕竟是孩子，无论高兴还是难过，都是一阵一阵的。

但作为成人的我则不同，我很长一段时间想起任安妮心里就不爽。当然，出于职业要求，我对她还是尽我所能地关心。因为我知道她的心灵特别脆弱，所以和她谈心，我特别注意措辞，尽量给她一些尊重和温暖。

1986年暑假，我和爱人外出旅游。7月25日那天，我们到了海口，我还专门给她写信，给她讲海南风光。结尾写道——

你体质比较弱，要注意身体。下学期开学你一定又长高了吧，但愿你各方面都有进步。

可开学来，她并没有长高，身体还是弱弱的，常常迟到。我多次找她谈心，效果不明显。尤其到了冬天，她的迟到次数明显增多。

任安妮病了

这不，今天她又迟到了。我不得不狠心惩罚一下她，便叫她在教室外站一会儿。

任安妮在教室门外面站着。我从容镇定地带着学生早读。

渐渐地，我隐隐感到不安：老让她在外面站着恐怕不太好吧？

写到这里，我还得实话实说，当时我觉得所谓“不太好”，主要不是想到外面浓雾弥漫，寒气袭人，心疼瘦弱的任安妮，而是觉得万一让校长看见了恐怕不太好——如果校长巡视校园，走到我教室门口看见一个女生被我罚站，那我肯定会挨批评的。

于是，我便叫任安妮进来。

她进来后走向自己的座位想坐下，我说：“谁让你坐了？我只让你进来，没让你坐下呀！”

她一下不知所措，我说：“再站一会儿！”

她的眼泪一下流出来了，但顺从地站在自己的座位前，并拿出书来和大家一起读。

直到早读课结束，她总共站了 15 分钟。

下课后我没有找她谈，不是忘记了，而是觉得没用。

上完了两节课，她来向我请假，说头有点晕，想回家去休息一会儿。我一惊，问：“怎么回事？是不是因为早晨站久了？”她说不是，她还说平时她就爱头晕，是老毛病了。

于是，我同意她回家休息。

第二天，任安妮母亲到学校来为她请假，说任安妮病了，需要一段时间的治疗和休息。我开始感到昨天自己做得有些过分：可能任安妮当时已经病了，可我竟还让她站了那么久。

我问她母亲：“任安妮究竟是什么病？”

她母亲含含糊糊答道：“也没有什么大不了的病，就是……身体……”

她没有明说，可能有什么苦衷，我也就不好往深处问了。

又过了两个星期，任安妮仍没来上学。一天，我正准备去她家看看她时，她母亲来学校，说任安妮的病比较严重，得休学治疗。

我在吃惊的同时内心深处竟暗暗有些庆幸：总算甩了一个包袱！成绩那么差，如果没有了她，以后我班的平均分至少会上升零点几分吧！虽然只有零点几分，可这也许会提升我班在年级的排名呢！

我承认内心很矛盾，其实我想许多老师都有着和我一样的矛盾：就考试分数而言，是很嫌弃成绩不好的学生的；但基本的良知，又让我们心里放不下这样的孩子。所以，我时不时给任安妮母亲打电话问孩子的身体状况，还组织同学们去任安妮家里看过她一次。

最后的毕业照

这个班初中快毕业了，照毕业相的前一周，我给任安妮去信——

安妮：

你好！代我向你父母问好！

半年没见到你了，我和同学们很是想念你。前次（大概是第 6 周星期六下午），我和几个同学本来已经约好骑车来看你，可是学校突然有安排，只好作罢。怎么样？身体好些了吧？

今天我给你写信，是邀请你来学校照毕业照，我们定于 5 月 4 号下午照毕业照。我们全班同学都非常希望在终生纪念的毕业照上有你的形象，请你一定来。照完毕业照，再和我们开一个小小的联欢会。我相信，只要你来了，定会感到无比的喜悦。

我太忙，不写了。

祝身体康复！

李镇西

1987 年 4 月 27 日

1987 年 5 月，初 87 届 1 班毕业照（前排左起第 6 人为任安妮）

几天后，我收到任安妮的回信——

李老师：

你好！

离开班集体已有一个学期了，现在十分想念班上同学们。得信知同学们邀我一起照毕业照，十分高兴，我接受邀请。说心里话，同学们待我不薄，可我为同学们做得太少了。

从小琴来信中得知同学们学习成绩进步大，这一定和老师的帮助分不开。我想各科老师在这段时间一定很劳累，但他们的汗水是不会白流的。

现在我在家中复习功课，其余时间换着花样玩儿。开始学打毛线，后来又给洋娃娃缝铺盖、枕头等，现在又学着绣花。以后我把旱冰鞋买回来就学滑冰，这样就不会太寂寞。现在我病好了，可是我学习了三四天后，就觉得很累，头也痛起来，无精打采。总的来说在家休息还好，病也养好了，学习也差不多（复习得不是很理想），玩也玩了。好了，请代我向各科老师问好！

此致

敬礼！

学生任安妮

1987.4.29

于是，在这个班的初中毕业照中，有任安妮可爱的模样。

永远的 14 岁

1987 年暑期后开学，任安妮返校复学——算起来，她只休学了半年，降到下一个年级学习。在校园不时碰到我，羞怯而有礼貌地和我打招呼：“李老师好！”

半期考试刚刚结束最后一科，沈建平同学就来告诉我：“李老师，任安妮今天早晨……死了……”

我不禁一颤，手中刚收上来的一沓试卷一下跌落到了地上。

20 分钟以后，我和已经读高一的十几个原班学生，乘坐着越野车向殡仪馆赶去……

刚进殡仪馆，她的母亲就迎上来，用哭哑了的声音对我说：“李老师，您这么忙还赶来，真是谢谢您和同学们了！”

我心情沉重地说：“太突然了，太突然了。我们根本没想到！”

她的眼泪又流出来了：“李老师，今天我才告诉您，我的任安妮 6 岁就患上了白血病，当时医生说她最多能活 3 年。为了让她有个宁静美好的生活，我们一直没有告诉她，也没有告诉任何人。在许多人的关心下，她奇迹般地活了 8 年。谢谢您啊，李老师！任安妮在最后几天，还在说她想李老师，想同学们。她复学后一直不喜欢新的班级，多次说她想回到原来的班级。可是，她就这么……”

她还说：“她虽然只活了 14 年，可班上的同学给了她那么多的爱，老师给了她那么多的爱，她短暂的有生之年，活得很充实……”

听了她的话，我真是心如刀绞：在任安妮纯真的心灵中，不知道她所想念的“李老师”曾为她降到另外一个班而暗暗高兴啊！

我和学生们站在任安妮的遗体旁，向她做最后的告别。

安妮的妈妈面对女儿的遗体呜咽着说：“安妮，你的李老师和同学们来看你了……”

我注视着躺着的瘦小的任安妮，期待着她像往常一样醒来，并以惊诧的目光看着我们："妈妈，你怎么了？李老师，你怎么了？吴涛、林玲还有同学们，你们怎么了？发生了什么事？我不是刚睡着吗？我不是好好的吗？你们为什么这么伤心啊？为什么都哭了？"

我多么希望这不是幻觉，然而——

透过我的泪眼，我分明看到：在灰白色尸布的覆盖下，幼小的安妮静静地、安详地躺着，把永恒的沉默、永恒的酣眠、永恒的超脱留给了自己，而把永恒的悲哀、永恒的悔恨、永恒的思念留给了我们。

她熟睡般安详地躺着，秀气的脸上还写满了纯真。想到那个冬天的早晨，我让她站了15分钟；想到她那天上午向我请假时我的冷淡；想到我对她其实并不好，她在生命的最后日子却还"想念李老师"……我终于忍不住恸哭起来！

这是我参加教育工作至今，第一次也是唯一的一次因愧对学生而哭泣。

已经哭干泪水的任安妮母亲反倒过来劝慰我："李老师，别难过！安妮有您这么好的老师，有这些好同学，她……知足了！她，她也走得……安心了！"说到最后她又哭起来了。

任安妮母亲当时显然是被我的哀恸感动了，但她哪里知道，我是在用泪水向任安妮表达深深的忏悔啊！

任安妮，你永远14岁！

无法回避的教育之痛

当天晚上，我含泪写下一篇近5000字的文章《你永远14岁——写给任安妮》，第二天又含泪在班上为学生朗读，以表达我悲痛的哀思和沉重的负罪感。

我这样写道——

…………

告别了你的遗体，我劝慰你的妈妈："别伤了身子，多保重！"我还告诉你妈妈："花圈上有一枚未来班班徽，是我们全班同学献给任安妮的……"说这话的时候，我总感觉你并没有死去，你只是出远门了，我要你妈妈把这礼物保管好，等你回来再给你。你的妈妈泪如泉涌："谢谢你，谢谢同学们！我一定将班徽存放在安妮的骨灰盒里……"这最后一句话残酷地提醒我：你再也不可能佩戴这枚班徽了！永远，永远！

…………

三年前，你从遂宁转学来到我班上，同学们为你开欢迎会。你用不大的声音羞怯地做自我介绍："我叫任安妮，12 岁。"在同学们热烈的掌声中，你看着这个陌生而温暖的集体甜甜地笑了。我不知道，当时你患白血病已经五年；而你也不知道，你在这个世界上只能活两年多了！

初一下学期，班里组织春游去峨眉山，半路上你的手指划破了，流了许多血，你哭了，说："怎么办？老止不住血！"我安慰你："勇敢些，向解放军叔叔学习！"后来你果真不哭了，挂着泪水的脸上露出了 12 岁姑娘才会有的可爱的笑容。我不知道，当时你患白血病已经有五年多；而你也不知道，你在这个世界上只能活两年了！

初二上学期开学第一天，该你"出版"《未来日报》。你在报上这样自豪地写道："今天是 2 月 21 日，对我来说有三喜：一是今天我满 13 岁了，二是今天该我出《未来日报》，三是今天是新学期开学第一天。"同学们都向你表示庆贺。我不知道，当时你患白血病已经六年；而你也不知道，你在这个世界上只能活一年多了！

初三上学期的一天，班上举行辩论会，题目是："考不上重点高中怎么办？"从来不敢主动发言的你，居然站起来勇敢地走上了讲台，对全班同学说："考不上重点高中怎么办？对这个问题，我没想过，也不敢想……"说着说着你流泪了，随即你又提高声音补充了一句："我一定要努力，争取考上重点高中！"我不知道，当时你患白血病已经六年多；而你也不知道，你在这个世界上只能活一年了！

最使我难受的是去年年底的一天，上早读课时，你迟到了，我罚你站了很久，并当着全班同学的面狠狠地批评了你。你哭了，第二节课下课后便请假回家了。几天没有来上课，你妈妈带信来说：“安妮病了。”当时我暗暗责备自己太粗暴，也希望你能在不久的一天回到班上。谁知你从此再也没有回到我们班上，你休学了！我最后一次在班上与你相见，竟是我声嘶力竭地呵斥，你默默地流泪。我不知道，当时你患白血病已经六年多；而你也不知道，你在这个世界上已经活不到一年了！

你休学了，却一直深深地爱着班集体。今年5月4日，你听说班上要举行“童心万岁”主题班会，特意回到班上。当你突然出现在同学们眼前，大家是何等惊喜！你和大家一起唱儿歌，一起折纸船，一起看儿时的照片，一起笑呀闹呀。几天后，你又穿着一身漂亮的新衣来到学校照毕业合影。我不知道，当时你患白血病已经六年半；而你也不知道，你在这个世界上只能活半年了！

暑假里，我碰到你和你妈妈，你们为是否读暑假补习班征求我的意见。我考虑你身体不好，天气又热，便委婉地劝你在家里复习。可你后来还是来读补习班了。三伏暑天，疗养院离学校又那么远，你硬是坚持着来回奔波了一个暑假。你就是如此渴望学习！我不知道，当时你患白血病已经六年多；而你也不知道，你在这个世界上只能活四个月了！

这学期开学报到时，你和你妈妈来到学校要求复学，并请我为你选一个好班，我问你：“身体好了吗？”你说：“好了。”你妈妈说：“安妮老是闹着要上学。”我领着你向教导处走去。我不知道，当时你患白血病已经七年；而你也不知道，你在这个世界上只能活两个月了！

就这样，对学习的渴求维持着你微弱的生命之火，直到你人生之路的尽头。现在，它终于熄灭了！

你是不幸的，因为你的生命只有14年；但你又是多么幸运！从今以后，留在你的亲人、你的同学、你的老师心目中的你，永远是14岁的形象。待到将来有一天，你的同学们团聚之时，你的同学的额上会增添许多皱纹，你的老师的头上会增添许多白发，我们在重逢的喜悦中会感叹时间飞逝、岁月无情，而只有你还是14岁，那么年轻，那么美好。待到30年、50年以后，我们都会耳聋眼花、老态龙钟，回首人生，回望青春，我们会想起你——仍然 14 岁、仍然纯真可爱的你！

安息吧，任安妮！——14 岁永远属于你，你永远 14 岁！

1987 年至 2020 年，我从一个刚工作的小伙子，成了一个退休教师。如果任安妮还活着，她今年应该是 48 岁。

这么多年来，每当听到周围的人称赞我“特别爱学生”“从不伤学生的自尊心”时，我总是在心里说：不是的，不是的！

因为我心里一直还活着一个永远 14 岁的任安妮，因为她那一双怯怯的眼睛时时刻刻都在注视着我，我无法回避……

1998 年 9 月 21 日写成

2020 年 4 月 8 日补

宋映容：传递师爱的接力棒

三代师生情，一样教育心

2016年10月10日，我应邀去乐山市新桥中学给老师们做所谓“报告”，我高中的物理老师兼班主任、我最敬爱的张新仪老师也一起去了。

新桥中学坐落于苏稽镇边的田园之中，典型的乡村中学。这是一所高中，规模不大，只有26个班，教师不过百来人。当我走进会场的时候，心里格外激动，因为今天这场报告有着特殊的意义，因为会场上坐着两位特殊的听众：一位就是我刚才说过的，我高中的班主任张老师，还有一位是我的学生宋映容。

初一时的宋映容

昨天下午，宋映容给我打电话，很惊喜、很兴奋地说：“听说李老师要来我们学校做报告，我非常高兴！”我才知道，哦，原来宋映容在新桥中学啊！我以前只知道这孩子在一所学校教英语，却忘记了她在新桥中学。我一下感到了这次讲座的特殊，三代师生以这种方式相聚，是多么有趣和有意义！

在掌声中，我是这样开始我的讲述的：“老师们，我在全国各地做了不少报告，但今天我有压力，也很激动，因为我高中的班主任、我敬爱的张老师就坐在下面，所以我今天也是给张老师汇报我的成长！”话音刚落，掌声响起了。老师们以此表达对张老师的欢迎。

我的主题依然是“幸福比优秀更重要”。说“依然”，是因为这是我近年来多次讲的一个观点，也是我的切身体会。今天，面对张老师，我也谈这个主题。我从我高中毕业说起，然后上山下乡，后来又考上师范学院，参加教育工作……时间一晃三十六年过去了，回顾自己的教育历程，我说我从来没有过倦怠，只有幸福。那么，教育的幸福源于何处呢？我总结了三点：第一，享受职业；第二，研究教育；第三，调整心态。

“让自己永远保持一颗童心、一份纯真。和孩子心心相印，摸爬滚打，被感染，被感动。”“不停地思考教育，把每一天的工作都当作科研，沉醉其中，找到成就感。”“能够给我的学生留下充满人性的温馨记忆，就是我的教育追求。如果他们感到在我身边生活的时光，是他们生命中一段阳光灿烂的日子，我便有了职业幸福。”“每一个普通老师都应该思考：我要把每天面对的孩子带向何方？”……这些观点不一定是我的“首创”，但有着我独特的体验与理解。

我给老师们讲述一个个伴随着我成长的故事。我看到，每一位老师都神情专注、目不转睛地看着我，好多老师的眼睛里还含着泪水。显然，老师们都被打动了。我的张老师也在认真地听着，同时不停地低头做着笔记。

我对老师们说：“谢谢老师们！你们这么动情地倾听我的讲述，与其说是我感动了你们，不如说是你们自己感动了自己，因为你们从我的故事中，想到了你们和学生的故事。也许细节不同，但主题都是爱。”

我以“我的两个未来班”作为最后一个故事。稚气的孩子、粗糙的班徽、飘扬的班旗、发黄的照片、褪色的字迹，尤其是那活泼昂扬的班歌旋律……一切都回到了三十年前。

我打出了几张黑白老照片：“看看未来班的这个小姑娘。”“喏，还有这张照片上这个模糊的小姑娘，就是她。”“还有这张，清楚一些了，就是这个小姑娘。”老师们还没有什么反应，我继续打出一张非常清晰的黑白照，上面是一个漂亮可爱的小姑娘，她正睁着一双明亮无邪的眼睛对着大家笑呢！

老师们还是没什么反应，我一下打出一张彩色照片，一位美丽而有气质的中年女士那妩媚的笑容一下引起全场“哇”的惊叹。我说：“她现在正坐在下面，她是我们新桥中学的宋映容老师，她是当年未来班的学生！”热烈的掌声瞬间爆发，同时还有笑声和欢呼声。

掌声、笑声和欢呼声中，一直坐在张老师旁边认真倾听的宋映容站了起来，面带笑容向大家微微点头，鞠躬致意。我说：“当年宋映容是一个非常可爱的小姑娘！文弱温柔，腼腆害羞，脾气很好……”我听见下面有老师说：“现在也是。”我又说：“我至今还保存着宋映容的许多‘文物’，比如她当年写的入团申请书，还有《我初中三年的思想发展》，等等。”我拿出几份发黄的文稿扬了起来，给老师们展示。老师们一片“啧啧”惊叹。

我读了她写的《我初中三年的思想发展》，这篇文章很长，我选了其中几句来念：“理想、人生、爱国、集体主义……在我心中受李老师的影响较大。他以自己的行动做榜样，给我们念了许多好的作品，他一边上课，一边进行思想教育。在初一、初二的时候，虽然我的思考能力差，但在他的影响下，不知不觉中就有了是非界线，有了虽然幼稚但是正直的思想。这为立志打下了牢固的基础。这是李老师育人的一个重要的行之有效的教学方法——以自己为榜样，以书为主导，书是引导人们思想发展的一个重要阶梯，书是精神食粮。”

我评论道：“今天，读当年宋映容写的文字，我觉得她概括了我的教育特点，一是教师的以身作则，刚好和我现在经常给年轻老师说的是一样的——最好的教育莫过于感染，最好的管理莫过于示范。什么叫教育？教育就是你要让学生有什么，你先得有。自己一摊烂泥，有什么资格恨铁不成钢？二是充分发挥书籍的力量，我教书三十多年，最喜欢给孩子们读课外书，或推荐他们读书。你们看，小小的宋映容当年准确地概括了我的教育方法！”老师们又笑了。

宋映容站起来说：“还有很多事我都记得，比如李老师的书房也向我们开放，同学们要看书，都去李老师家借。李老师书房里的许多书，我们同学都借来读过。”我说：“这个，我倒忘记了。不过你这一说，我又想起来了。”

…………

宋映容捧着一束鲜花，走上前来，向我献花。老师们再次热烈鼓掌。我拿着这束花，很是感动。我说："这，就是做教师的幸福！而接下来这位老师也是很幸福的！"

说着，我又打开一张幻灯片，这是一张发黄的黑白照片，上面是一位美丽的少女。我说："她，就是我的张老师！这是张老师年轻时的照片！"老师们又开始惊叹。

我说："我的班主任张老师今天也在现场，刚才一直在认真听我的讲述，还做笔记，我真的很感动！关于张老师的故事，太多太多，我这里没法一一讲述，老师们可以去网上查一篇文章，这是我今年教师节发在《中国教师报》上的文章，是写张老师的，题目是'长大后我就成了你'，不过《中国教师报》因为版面的原因只用了很少一点，全文很长，在网上可以看到。"

我说："张老师对我的影响怎么说都不过分。张老师是一个普通的老师，但又绝不是一个一般的老师。简单说，她无比爱学生，而且是爱每一个学生。另外，张老师的课上得棒极了，我至今还保留着张老师给我批改过的作业本。"说着，我拿出了当年的物理作业本给老师们展示，上面的红色的批改至今醒目。我说："我后来考上大学，去见张老师。张老师很惊讶我读中文系，她说你应该去考物理系，你物理成绩那么好。我说，我物理成绩好，那是因为您教物理！

"张老师是女教师，却绝不婆婆妈妈，从不'苦口婆心''语重心长'，学生犯了错误，三下五除二，批评了就完了，不会把你叫到办公室一谈就是一两个小时，追问你'为什么要犯这样的错'。张老师说，孩子嘛，犯了就犯了，哪想那么多啊？所以张老师很爽快，简单明快，绝不拖泥带水。

"张老师幽默，而且是冷幽默，是那种出其不意、防不胜防的幽默。她思维极为敏捷，反应特快，自己'按兵不动'不笑，却让别人忍俊不禁。"

"然而这么棒的张老师，却不是特级教师。"我说，"上次我写她的时候，我问张老师：'您获得过什么荣誉称号？'她说，很多很多！我问，最高级别的荣誉是什么？她说她去翻翻证书，晚上，她回复我：'乐山市三八红旗手！还有学校发的很多奖状。'"

全场爆笑。

我说："一个这么优秀的老师，最高荣誉仅仅是市级三八红旗手。可是在张老师所有学生的心目中，张老师是最优秀的！不必用堆叠的荣誉来证明教师的成功，教师的光荣就印刻在历届学生的记忆里。所以，我在《长大后我就成了你》一文的结尾这样写道：'今天，我要代表张老师教过的所有学生向全世界宣布，先后任教于乐山五通桥桥沟中学、五通桥中学、草堂高级中学、更生学校的张新仪老师，是世界上最美丽、最优秀、最幸福的老师！'"

全场长时间热烈鼓掌。

我捧着宋映容送我的鲜花，送给张老师。我说："今天我的确很激动，没想到我的张老师，我的已经成了老师的学生宋映容，都在这里相聚。三代师生情，一样教育心。穿越四十年，不老幸福人！"

老师们热烈的掌声和欢呼声再次响起。

大家希望张老师也说几句话。张老师接过话筒，以她特有的不动声色的幽默说："长江后浪推前浪，李镇西，就是那一坨最大的后浪！"

全场爆笑……

三代师生情谊与教育精神的传承，使这次特殊的"讲学"成为我最难忘的经历。

妙笔生花的文学少女

1984 年 9 月，第一次看到刚进初一的宋映容时，觉得她是一个很乖巧很温柔的小姑娘。她遵规守纪，成绩中上，印象中我从来没有批评过她——这么乖的女生，怎么可能犯错误被老师批评呢？说实话，如同我对待班上大多数的中等生一样，印象中，我并没有对她有过特别的关照和帮助。如果一定要说有"影响"，可能也只是当我对整个班集体进行教育时，她"吸收"得比较好而已。

但宋映容对我印象却很深。三十多年后，她写了一篇题为"幸福的事"的文章，讲述她对我的记忆——

又到了春暖花开、草长莺飞、河水解封的季节，每到这个季节，我的眼前常常浮现出多年前的一幕场景。

那时我还是一个十几岁的小姑娘，正上初中，幸运地遇上了李镇西老师，他当我们的班主任兼语文老师。在李老师的陪伴下，我们的初中生活充实快乐；因为有了李老师，我们的初中生活又有那么点与众不同。平日里，李老师会在班会课上绘声绘色给我们朗读小说、报告文学，放学会带着我们去长跑，寒暑假会主动借给我们很多私人的藏书，外出旅游会在旅途中给每个同学写信、寄明信片，而周末，李老师经常会利用这唯一的一天休息日带着我们一群学生到处去玩，走进生活、走进自然。乐山大佛坝、大渡河边……到处都留下我们青春的身影、纯真的笑容。

最记得有一年春天，也是这样的春暖花开，李老师带着我们乘坐客车加步行来到位于夹江县甘江镇的桃渡村，不知道他怎么发现的这处甚至有点偏僻的“世外桃源”。兴奋的我们拿着笔和本子，坐在这片春色之中进行文字的“素描”：蓝天白云之下，起伏的绿草地，和煦的春风，沁人的花草香，还有河埂那边潺潺流动的青衣江水，我们深深惊异于大自然的美好，在这儿流连忘返，心目中的世外桃源就长这样吧！那样的一幅油画一直是我心目中最美的风景，而李老师和一群少年则是这幅油画中最生动的一笔。

如果人生是由许多瞬间构成，这难道不是那最幸福的一瞬吗？李老师就这样走进学生，融入学生，在这个过程中也用他自己的人格魅力影响着学生。

宋映容的描述，也勾起了我的回忆。这些可能在今天很多老师和学生看来那么梦幻的文字，却实实在在是当时我和宋映容们最寻常不过的生活。

这篇文章显示出她优秀的文字表达能力。是的，宋映容的写作能力很强。当时我在班上组建了“凌云文学社”，学生自愿报到参加，最后集中了班上十五个文学爱好者，宋映容是其中之一。

别误以为我“偏心”，当时我还根据同学们的不同爱好成立了不同的“兴趣小组”——那时叫“兴趣小组”，其实就是后来的“社团”。如今这些做法已经普遍了，但当时我却因“超前”而被视为“另类”。

还是说说凌云文学社。我利用课余和周末的时间，给社员们“开小灶”，讲泰戈尔的诗歌、刘心武的小说等，我还教他们写小诗……我们的课堂往往不在教室，而是在田野，在草坪，在江边。

记得当时我讲了泰戈尔的《飞鸟集》后，给孩子们说："一个大胆的想象通过一句奇特的比喻表达出来，就是诗。比如泰戈尔的'鸟儿愿为一朵云，云儿愿为一只鸟'……"

结果小家伙们写了不少这样的诗。宋映容是这样写的——

天空·父亲

人们把大地比作母亲，
我把天空比作父亲。
天空的性格——
有时暴躁，
有时温和，
像爸爸的脾气一样。

虽然稚拙，却不乏想象的情趣。

有一年春天，我带着文学社的同学去几十公里外的一个叫"陶渡"的乡间采风，那里有小河，有树丛，有草坪，有菜畦……回来后，宋映容写了一篇《陶渡春景》，全文如下——

陶渡春景

三条四五米宽的小河源源不断地流着，没有声、没有响，一直流到我们面前，汇成一条灰色的河。

灰色的天，灰色的河，就那么一上一下地对应着，都是那么平静，那么美好。河到了一个拐弯处，豁然变成一个宽而且长的"湖"，越远好像越小，在不远处拐个弯，便看不见了。"湖"中间有一块又窄又长的小"绿洲"，镶在灰色的中间，显得特别有生机。"湖"的左边是黄绿相间的麦子和油菜，好像是"湖"这个天然宝镜的花边，它们一动不动，仿佛不愿破坏这幽静的环境。几个穿着蓝色衣服的钓鱼人或坐或站地在河边，垂着长长的鱼竿，静静地等待着鱼儿上钩。那悠闲的模样，真像姜太公钓鱼。"湖"的右边是一排茂盛的梨树，叶子绿得有点发暗，梨树后面露出一层一头高的桃树，原来那边是一个果园。顺着河的右边往下走，便是一片又高又细又嫩的小树。透过小树看，后面是一片金黄的菜花。再顺着河往下看，在河拐弯的地方有一座墨绿色的山，形成一座天然的屏风。

静，一切都静，听不到一点音响。对于一向生活在喧闹的城里的学生，这一切简直静得出奇。山影、树影、花影、田野、人影，一切的影子都映在河里，那么清晰，没有一点褶皱。如果把天和地倒转来，我想天很像河，河也是很像天的。

习习春风拂起了头发，河水动，一切倒影都消失了，河面荡起了一层层的细纹。戴草帽的渔人一边慢慢往后退，一边把鱼竿往上提，那副小心谨慎的样子，真比做最细致的绣花工还细心。鱼终于上来了，渔人大吁了一口气，两下把毛衣脱了两件，仿佛是发了热，毕竟是春天了。看着他这个样子，我才从沉浸在这幽静的环境里苏醒过来，感觉到了暖洋洋的阳光。忽然，梨花丛里传来一阵悦耳的鸟叫。我抬头一看，只见那“五线谱”上的一排黑色的音符直升向高空，动听的音乐便响彻云霄。“汪汪！”左边又传来狗叫声，在这时，大地的每一件东西都充满生机，充满活力。

水又静了，一切又恢复了原样。

1986 年 3 月 30 日

这篇文章后来“发表”在文学社的油印刊物《凌云》（第二期）上。别看是油印刊物，当时我带着同学们搞勤工俭学，在街上摆地摊卖书，还把《凌云》摆出来，一毛钱一本，结果很快便抢购一空，呵呵！

《凌云》创刊号上，还有宋映容另一篇文章，题目叫“生日”——

生日

每当同学们三个一群，五个一堆地在一块儿各自谈论着自己的生日：丰盛的晚餐、珍贵的礼物、热烈的祝贺，我的心里就莫名其妙地生起一丝苦涩。

我的生日，还是在我读五年级时问爸爸才知道的。那时，我才从同学们嘴里知道了世上还有过生日的习惯。我只记得自己当时难过极了，不是吗？人家过生日都好多次了，我却连自己的生日都不知道，我的爸爸妈妈从未对我提过此事。想到这里，我的鼻子又酸了。

今年9月21日是我的14岁生日，这天可以说是我最美好的生日了。那天早晨，我来到学校正准备早读，李老师进来了，他走到我的桌旁，弯下腰问我："宋映容，今天是你的生日吧。给！这张书签，祝你14岁生日快乐！"我心头突地一热，使劲忍住了那就要夺眶而出的热泪，望了望那张充满关心的脸默默地点了点头，接过书签——那是一张有鲁迅头像的书签，他也在对我微笑，似乎也在向我表示祝贺。课间，坐在前排的邱敏同学突然转过来递给我一张风景书签说："祝你生日快乐！"我一愣，紧接着不由感激地望了望她，怪不得前不久她问我的生日是什么时候，多细心的同学啊！在学校，我的心一直被同学、老师的关心激动着，我的心是暖和的。那天放学后，我照旧像往日一样回家，心想爸爸一定弄了些好吃的，因为前不久，我还向他提起过此事。哪知回到家里一看，屋子里冷冷清清，爸爸坐在一边看书，桌上连往日回家都摆着的素菜淡饭都没有！我放下书包便到厨房，厨房里的锅碗整整齐齐、干干净净地放在那里，炉子里连热气也没有。我问："爸爸，饭呢？"爸爸说："今天去食堂迟了点，没买到。"我心里猛然一凉——爸爸又忘了。"自己点燃煤油炉，下点面吃了吧！"爸爸又对我说，而我却再也提不起精神去下面了。想起昨天——王小勤同学的生日，她那股高兴劲儿，我真想大哭一场。

14岁，是从少年步入青春的一段重要时期。14岁生日，对我来说是一个多么庄严、多么美好的日子，然而它却又一次使我失望。相比之下，我唯一感到安慰的是，我还有一个温暖的班集体：老师和同学。

在集体生活中，每一天我都在过最好的生日。

教育要走出课堂，走向社会

那个年代，既没有"素质教育"的提法，也没有"社会综合实践"的说法，但我带着同学们走出校园，走向社会，开展各种有意义的活动。比如，文学社同学们就街头文化环境做社会调查，对各种不良现象提出批评。

我保存着宋映容一篇日记，记载了她在街头调查时看到令人忧虑的现象——

四月十八日　星期四　晴

今天，我又来到了少年宫。远远地，“强盗·妓女·钱”几个大红字就跃入了我的眼帘。这是昨天放过的录像，也许是为了满足广大青年的需要而再放一遍吧。这行赤裸裸的字吸引了一大堆青年，他们都迫不及待地在买票，一时间，票被一抢而空。

我沿着大街来到川剧团、人民电影院，发现这两处地方都在放录像，当我误闯入电影院休息的小巷时，一个工作人员问我要票，我才注意到旁边在放录像，密密的人头挡住了我的视线。我慌忙退出时，一双擦得亮堂堂的大皮鞋踩在了我的脚上，我无可奈何，只得忍气吞声，揉揉被踩得麻木的脚回家了。

痛心啊！少年宫为了赚钱，竟给青少年打进一支支毒药，培养青少年的地方倒成了毒害青少年的地方。而那些喜欢这些低级趣味的青少年正舒服地“吸毒”；死，也是舒服地死去。尽管报上再三说这是不好的，可大家就是不听。什么时候才能唤醒这些麻木的灵魂呀！

后来，宋映容和其他同学以调查为依据写了公开信，呼吁制止这些丑恶现象。这封信分别寄往乐山市文化局、教育局，还发表在《乐山报》上，后来所批评的现象得到有效的遏制。

也是在《幸福的事》一文中，她写了我课堂上的一个细节，这个细节，如果不是她的回忆，我真的毫无印象——

李老师给我留下深刻印象的另一个特点是他在教育中的“同情”心理，总是尽力去理解学生，设身处地地替学生着想。他会因为家访时和我父亲交流的时间过长，觉得耽误了我的学习造成了不便而向作为学生的我道歉，全然没觉得自己利用晚上和周末时间骑个单车到处家访的辛苦，只是站在学生的角度体谅我自己都不曾在意的事情。

还有一次上语文课，正是春夏之交，静谧的教室里李老师左手拿着一本书，右手标志性地微微举起，热情澎湃地讲着什么，同学们都很认真，教室里回荡着李老师一个人的声音。明明老师就站在我面前，但我却支撑不住地想要闭上眼睛，使劲睁开眼睛结果还是不知怎么又合上了。迷糊之间，“宋映容”，有人叫我的名字，我一激灵，一下子惊醒了。哦，是李老师！“糟糕！要遭批评！”睡意完全被吓走了，一颗年幼的心提了起来等待着当着全班的批评。“实在疲倦了就睡两分钟吧。”李老师接下来的话大大出乎我的意料。后来的半节课，我坐得端端正正，极其认真，李老师的理解关心，李老师对我简单的自尊保护，让我重振精神。

我说过，我感觉自己并没有对宋映容有过特别的关心，但我有些不经意的语言和行为却给她留下深深的印象，比如她这里提到的我对她课堂打瞌睡的处理。

那时候，我给全班同学推荐许多读物：《红岩》《青春之歌》《强者张志新》《志愿军战俘纪事》……有的作品还给他们全文朗读，然后展开讨论。记得当时读完长篇报告文学《志愿军战俘纪事》，同学们受到了强烈的震撼。作品中提到的“林学逋”为了争取回国而被敌人残害，他是乐山一中的校友，同学们讨论得很热烈：关于爱国，关于信仰，关于责任……不久，《志愿军战俘纪事》的作者靳大鹰和作品中的主人公之一张达来乐山，我带着同学们去拜访英雄。宋映容也在其中。

“我有了责任感”

这些教育，完全不是针对宋映容一个人的，但没想到，她幼小的心灵因此而发生了变化。初三毕业前夕，宋映容庄严地递交了入团申请书——

入团申请书

敬爱的团支部：

我是一名初三学生，已年满 15 岁，我经过慎重思考，终于下决心递交这份庄严的入团申请书。

上学期我们班举行了关于入团的各种形式的讨论，很多同学还在《未来日报》上发表了自己的见解、认识。当时我对这些不大感兴趣，总觉得这些很空洞，而且觉得入不入团都没关系，后来干脆觉得不入还好一些，因为看到现在很多团员根本不像团员，团组织也没做什么工作、起多少作用，而且团组织在很多人的心目中完全丧失它的光辉，有的人（包括有的团员），提起它还带嘲笑的口吻，因此我对共青团就抱有一定的偏见。因此那时对入团的问题，就不愿再深一步想下去了。

这学期林玲同学又在《未来日报》上发表了关于入团问题的文章，她指出，团内是有一些不好的团员，但我们不能因为这就完全否定它，团内也需要更多的好团员……短短一文却也使我原来的想法产生了小小的波动，她不就是一个很好的共青团员吗？

开学后，我看了《强者张志新》一书，从中我受到很大的教育。张志新是一个优秀共产党员，在这之前她又是一个优秀的共青团员。她敢于维护真理，甚至不惜以自己年轻的生命做代价。她并没有因为“文化大革命”时党内有很多冒牌党员、党组织被搅得一塌糊涂，就嫌弃党、脱离党，而是积极地同敌人做斗争，维护党的声誉。同样，我想到入团也是这个道理，不能因为团里有一些不大好的人就不入团，而要积极争取去改变它。何况，团员也不可能是完美无缺的。

在这之后不久，李老师又给我们念《志愿军战俘纪事》这篇报告文学。恰巧，这篇作品的作者靳大鹰同志和志愿军战俘英雄张达一起到了乐山，举行了一个报告会。我们有幸去听取了他们的报告。不管是从报告里，还是从作品中，我都有了无限的收获。我从中得到启迪，思考人生是为了什么，什么是真正的爱国等问题。这时我觉得这些竟一点也不空洞，而且是那么实在。志愿军战俘们在战俘营中同敌人英勇机智斗争的事迹，他们宁死也要回祖国大陆的爱国精神，无时无刻不在感染着我。我开始想，他们为什么一定要回国？而且很多人都知道回国后很可能遭到不公正的待遇，但他们拼死拼活地从敌人的刀枪棍棒下冲出来，为的是回国参加建设新中国，他们爱国是经过理性的思考的。由此，我也想到我现在入团又是为了什么？为了更好地工作、学习，以后为国出力！这也是爱国！当初他们从刀口下也要冲回国，现在我们这样做应该吗？连团员都不是，还谈什么爱国？我的思想又受到了震动，觉得自己以前的想法确实是完全错了。

促使我递交这份申请的另一个重要原因是，听了张达伯伯的话。他一再强调，人要有责任心，不管是什么事，不要光怪别人，还要想到自己的责任。入团也是这样，我认识到我有责任加入团组织，有责任使团组织更纯洁。他还讲，人的价值在于奉献。他回国后蒙冤30多年，但他仍然毫不后悔，他在这些年里也为祖国建设出了力，他回国不是索取而是奉献，而且不管受到多少挫折，都始终拥护党。这就是信仰！我从他身上看到一个真正的共产党员的形象，我感到我应该做一个像他那样的人。我信仰也愿意加入共青团，我相信我始终都会这样的。

我有了责任感，虽然我还有很多缺点，但我想，我能够做一名真正的共青团员。我有勇气和力量战胜自己，使自己逐步完美，让团组织因为有我而放射出更多的光芒，在人们心中逐渐美好。同时，入了团，我对自己的要求就严格了，这有利于完善自我。现阶段的我还不是经得起真正考验的一员，但我相信不久，在生活的锻炼中，我能够克服自己的缺点，坚强起来。我愿意做一个像林学逋、卓娅一样的人。

为了奉献，为了完善，我申请加入中国共产主义青年团。

介绍人：林玲、黄勇

申请人：宋映容

1987年4月24日

尽管一些措辞用语有着特定的时代特色，但33年后的今天，我读到这份入团申请书，还是被感动了。现在有的学生写类似的申请书，大多是从团章上抄一些内容，然后写几句套话了事，但宋映容这份申请书，每一个字都发自她纯真的心灵。

初中毕业，宋映容中考不理想，她决定回到老家读高中。我一直没有收到她的来信，有点着急，便给她去信——

我不知道你下学期在何处读书，不过我有个想法，你最好能在家乡重读一年初三或补习一年，然后明年考中专，这样好一些。乐山五中有补习班，不过插班复读很困难，我可以为你设法联系，虽然希望不大，不过我试试看，不知道你什么时候能收到此信。

…………

很快收到她回信，她说已经在老家复读了。到了新的学校，她经常给我写信，信的内容既有零碎的琐事，比如新的学校新的班级有什么特点啊等，也有严肃的思考，她遇到什么疑难问题，或有什么快乐和苦闷，都给我来信。她没考好也给我写信说：“感觉很羞愧，特别是想到您的时候。”

这些信，我保存至今。为写这篇文章，我翻出这些 30 多年前的信，读着读着禁不住感动得鼻子发酸。

比如 1987 年 12 月 3 日的来信，宋映容谈到因白血病去世的任安妮——

前不久，我才知道任安妮去世的消息。我真不敢相信。想到她还那么幼小、可爱，我就不禁泪流满面，但我同时更加感到后悔的是，我以前根本没关心过她，反而还说她这也不是，那也不对，在我们小组时，我竟然残酷地把组长的担子推到了她的身上。想到这些，我的心就内疚得发疼。安妮去世快满一个月了吧？我在这儿只做了一朵小小的白花祭奠她。

1990 年我带的高三毕业班没考好，很是沮丧，周围的舆论让我压力很大。没想到，宋映容来信这样对我说——

虽然没能考上大学是件令人遗憾的事，但我以为您的学生是这一代中比较优秀的一部分，他们在思想方面的收获将受益终身。我就有这种感觉。何况今年招生少，教学又是可以不断改进的呢！所以，我还是要祝贺您！

宋映容（右三）和她的学生们

可以想象来自学生的安慰，当时让我多么感动。

后来，宋映容大学读的也是师范专业，毕业后成了一名中学英语教师，成了我的同行。

即使不去刻意调查，我也完全相信，善良温和的宋映容，一定是学生心目中的好老师。

“我体会到了李老师当年的幸福”

在《幸福的事》一文中，宋映容这样写自己的职业生活——

多年之后，我也成了一名教师。当我和我的学生一起在课间打羽毛球的时候，和他们一起在放学之后包饺子煮着吃的时候，当我发现他们在和我相处的过程中朝着健康快乐、正直善良的方向发展的时候，我体会到了李老师当年的幸福。

记得刚教书不久，那时的我年轻气盛，有一次因为一桩很小的事在班会课上大发脾气，甚至一伸手把第一排的学生桌上所有书本东西全部拂到地上撒了一地。后来以为学生会记恨于我，没想到这些善良的学生无比宽容，非但没有记恨我，而且对我一如既往地好：夏天上课怕我热，会在课前把扇子拿给我让我上课用；复习做练习的时候会给我搬个凳子过来，而自己和同学挤着坐；甚至多年后他们还告诉我，当年，因为有一个同学去向学校打我的“小报告”，他们几乎全班一直都不理这个同学直到现在，因为他们觉得我是真心地对他们好，是一个正直善良的人。善良如他们！感动如我！我一直记得李老师说过的一句话：“一个人独处的时候不做坏事。”并以此来提醒自己，要求自己，并向我的学生传输。

帮助学生培养正直、自信、善良的道德品质，奠定以后幸福生活的人格基础，这也许就是李老师的教育目的之一吧，而我受益其中。虽然只是一名很普通的乡村老师，但天天与鲜活美好的少年打交道，也是我的人生幸事。

宋映容还很得意地写到她教过的学生也成了自己的同行——

我教过的学生中，如今也有像我一样成了教师的小郑，现在带着高三英语兼班主任，经常看到她朋友圈里满满的当老师的满足感、幸福感与成就感；还有成了美术老师的小袁，不仅画得一手好画，而且像家长一样深入关心学生的心理，为学生的健康发展想尽办法。李老师如若知道他学生的学生如此敬业，如此美好，想必会很高兴。

是的，我非常高兴。我想到几年前去她学校做“报告”时，三代师生同堂的情景，如果当时宋映容的学生也在场，那不就是“四世同堂”了吗？

嗯，有机会，我一定要去见见宋映容这几位学生，让她们给我讲讲宋老师的故事。

2020 年 3 月 26 日晚

紧张的学习后，宋映容和她的学生们共享午餐

李崇洪："我代表中国！"

"洪哥"人气高

李崇洪，外号"洪哥"，是我在乐山一中所教高 90 届 1 班的学生。

"洪哥"这个外号和鲁迅有关。我在语文课上给学生讲《阿 Q 正传》时，读到"洪哥，我们动手吧"，同学们都"吃吃"地笑，大胆的学生还转过头去看坐在后排的李崇洪。但他并不生气，脸上挂着略有些害羞但分明很大度的笑容。

于是，那以后每当要约李崇洪做什么事，比如打篮球或打扫卫生，包括饭桌上吃饭的时候，同学们都说："洪哥，我们动手吧！"

高三时的李崇洪

渐渐地，"洪哥"就取代了"李崇洪"，由外号晋升为昵称。

洪哥外形特点有二：一是个子高，有一米八；二是体形瘦，宛如竹竿。他来自农村，从当时的穿着看，他家里比较贫困。但他不但没有遭到同学们的冷眼相看，相反赢得了大家的尊敬。这不光是因为他成绩好，尤其是数学很棒，还因为他特别善良，脾气好，热心助人。这样的同学，自然——用现在的话来说，就是"人气高"。

毕业前夕，刘驰同学写过一篇言语调侃、叙述夸张但感情绝对真诚的文章，记载洪哥的许多逸事。我现在摘录片段如下——

李崇洪本诨名“洪哥”，但我更愿意叫他“红哥”，一个红得发紫的“红哥”。……他的学习也够红的。那是一个夏日之夜，学校熄灯已多时，我因感肚子不适，便上厕所去走了一遭。刚到门口，一阵清脆的肉与肉相撞击、拍打的声音便跳入耳里。进去一瞧，哟，可不得了！“红哥”全身上下只披挂着一件短衫、一条短裤，穿一双拖鞋，站在厕所明亮的灯光下看书，一只手不停地在身体各裸露部分拍打着，抵御着蚊子大军的进攻。抬头见是我，那笑便挂在脸上了，说：“看看历史书。烦得很，蚊子多了点，味道也不对。”每晚忍着厕所臭气，抵御着蚊子的骚扰，他的成绩一天赛一天地“红”了起来，长时间名列前茅。

咱“红哥”自身挺红，待同学，对集体也不含糊。他的心红似火。真正做到了“对待同志如春天般温暖，对待工作如夏天般火热”。哪位要是有了难事，找“红哥”准保没错，靠得住！要是哪位违反纪律，不听号令，那么这位当室长兼体育委员的“红哥”，也坚持原则，准保使您黑榜题名。每天晚自习下课，“红哥”准保是最后一个离去，唱着那经过他加工处理的抒情歌曲，扭着那变化多端的迪斯科，将一扇扇窗户关好，将教室前后门上锁，然后一溜烟地下楼来。因此，大家都拥护他，爱戴他，他也一次次被全班同学选为三好学生、优秀干部。

一班的学习生活罗曼史

在我的记忆里，我和这个班的学生——特别是男生的关系，简直可以用“铁哥们”来表述。记得高二高三的时候，我担心学生课间肚子饿，便在每天的课间操时为他们买烧饼，全班每个学生一个。男生们很是开心，于是，在一次课间洪哥和一群男生把我托起来往上抛，并伴随着阵阵欢呼声，好像我是奥运夺冠凯旋的英雄。

但洪哥也有“可恶”的时候。我班当时设立了“玩笑节”——其实就是可以互相开玩笑甚至恶作剧的日子。有一次“玩笑节”我带他们去郊游，路上我和几个男生狂打，在地上滚成一团。最后当然是洪哥等男生溃败而退。

但较量并未结束。回到学校后的一天中午，洪哥跑到我家里，说“班上出事了”。我急匆匆跟着他来到班上，结果被杨嵩等一群男生死死按在桌上，用胶布把我的嘴贴上封条……显然是“无耻的报复”！他们还把我当“战利品”合影。气死我了！但现在想起来，还是挺美好的！——想想，全中国，能够享受这种待遇的老师，空前绝后，也绝对只有我一个人了。

不得不说到那次冬天的峨眉山之行。1989 年 1 月 25 日，也就是放寒假的第一天，我带着包括洪哥在内的一群学生向峨眉山进发。在一片积雪齐膝的空旷地上，我和学生们将自己的身体躺成“一班”的造型（因为我们是高 90 届 1 班）。我和几个同学摆“班”字，因为洪哥个子最高，我们推举他摆“一”，他欣然同意，而且躺在地上时还特地把脚尖微微翘起，说“这样显得有笔锋”！

于是一张经典照片就这样诞生了。

1989 年 1 月，我和高三学生在峨眉山之巅，摆“一”的就是李崇洪

可是，照完这张照片我正准备从地上爬起来时，洪哥等人猛然向我冲来，扭胳膊的扭胳膊，按腿的按腿，硬是把我死死地压在了雪地上！“你们要干什么？”我知道自己惨遭暗算了。他们什么也不说，只是一个劲地把雪往我身上盖，还往我嘴里塞——他们居然要“活埋”我！

从此，我的影集里多了一张雪地上我被“惨遭蹂躏”的“历史镜头”。

我的相册里，还有一张男女同学之间拔河的照片。照片上，洪哥在最前面双手拉绳，嘴巴大张，一副豁出去了的样子。男生怎么和女生拔河呢？原来我们班是文科班，男生只有十几位，其余全是女生。但男生当时志在必得。最后当然男生赢了，但赢得非常狼狈！是这样的，我知道女生虽然人多，但肯定是拉不过男生的，便事先悄悄告诉女生："等他们使劲拉的时候，你们一起松手放开绳子！"女生们果然照我说的去做。结果，当男生使出浑身劲时，突然全体仰面倒在地上，"哈哈哈！"女生们全都笑了起来。

"我们幸福了三年，受用却是一生"

2012年11月3日，我应邀去深圳演讲。洪哥得知消息后跟我联系，说"一定要来听李老师上课"。讲课本来是上午九点开始，可那天洪哥八点过一点就到我房间了。他走进来的时候，我第一个反应是"长胖了"。其实也不是很胖，只是当年他实在是太瘦了。1990年他高中毕业后，就再也没见过我。但我知道他后来大学学的是日语，毕业后分在深圳海关工作。

他握着我的手，说："李老师，我昨晚失眠了，老想着高中时你教我们的许多往事！"

他回忆说："我记得最清楚的，是李老师每天早晨都和我们一起跑步锻炼，那时候没有老师这样做。"他还说："李老师对我最大的影响，是锻炼我的口才。我以前很胆小，根本不敢对着全班同学说话，但李老师那时的语文课，常常锻炼我们的口头表达能力。后来我慢慢地就越来越会说了。"

几个学生陪着我来到会场，洪哥帮我提着包，拿着相机，因为人多，他还处处护着我。付饶和吴涛笑了："李崇洪最适合做李老师的秘书了。"我也笑了："而且还兼保镖！"

在我做报告的过程中，洪哥时不时举起相机为我拍照。

当那张著名的"一班"照片打在显示屏上时，全场都被震撼了。我说："这个'一'字今天也来到了现场，他就是李崇洪！"李崇洪站了起来，转身向大家鞠躬，这对所有老师来说，算是一个惊喜，大家热烈鼓掌！

晚上，我刚到家，洪哥便在网上和我聊了起来。他说他每次读到我们的班级史册《花季》都流泪，但在一次坐船回家时《花季》掉进岷江了。我说不要紧，我给你复印一本寄去。

他发给我一段文字，是他听了我的讲座后的感想——

知道今天要见李老师，虽然上了夜班，回家还是睡不着，心情异常激动，脑中始终不停掠过高中时光的影像，李老师带着同学们跑步、郊游、读报、排节目的光景仿佛就在昨天……22年后终于见到李老师了——人老，心不老，童心不泯，爱心还在！当年在乐山一中给我们上语文课的精神还在！（这一点，现在的老师望尘莫及，许多老师没心思教学生，想得更多的是怎么多教几个补习班赚钱。）22年后聆听李老师向大众讲我们当年的故事，情真意切！"他怎么精神还那么好，好像有使不完的劲！"我和吴涛听完课激动不已。李老师今天这样说的，当年他也是这样做的（当时他倡导的素质教育曾遭到许多老师的非议）。我们的教育现在问题多多！看着每天作业很多很多的儿子，我多么希望他有我一样纯真快乐的童年、少年！希望他能碰上像李老师一样的好老师！今天很多人都对我说："你们是李老师的学生，真幸福！"是的，我们幸福了三年，受用却是一生！保重身体，我亲爱的李镇西老师！

那以后，我每次去深圳，只要能够抽出时间，洪哥都要来看我。

虽然洪哥现在已经是处长了，但言谈举止依然保持着当年的淳朴，保持着农村孩子的本色，更保持着做人的底色。

母亲是最好的启蒙老师

2019年1月，我去深圳，他又来看我。聊起这几十年的成长，他感慨道："说实话，进入边检当上公务员，如今成为一名移民管理警察，是我这个农村娃不曾想过的事。"

我说："我记得你读高中时，家里是很贫穷的。当然，在那个年代，农村家庭缺衣少穿，吃不饱饭是常事。"

"是的。"他回忆道，"我的记忆里，父母十分勤劳，母亲尤其善持家过日子，家里虽然不曾断粮，但也只能一个星期吃一次肉，如今每次向不愁吃穿顿顿有肉的儿子述说这事，他都觉得不可想象。但那时的农村生活，就是这个样。"

我说："你有一位会持家的母亲，也是很幸运的了。"

他说："我母亲是位大家闺秀，出了名的漂亮，听人说，她嫁到村里时被人唤作'一枝花'，小时候以为这是挖苦人的说法，为此还跟小伙伴吵过不少架。搁现在，那可是'女神'之意，好不叫人羡慕骄傲。"

"我没见过你母亲，但都说儿子一般长得像母亲，你这么帅，也是遗传了你母亲的基因。"我说。

洪哥继续回忆说："母亲做得一手好菜，还很爱读书，特别看重读书之人，用现在的话说是极其尊重知识分子的。听说这是深受民国时期担任私塾老师的外公影响。因此，母亲从小就对我极其严格，尤其是五岁大哥溺水死亡后更是如此，早早对我开启了识字的启蒙教育。所以，在村里读书时，我的成绩很好，常得乡邻和老师赞许，即便这样，母亲仍然不随便夸奖我，希望我这根'独苗'，能早日跳出'农门'，不再过祖辈面朝黄土背朝天的日子。"

我说："看来，你的成长首先是受你母亲的影响。她应该是你做人的启蒙老师。"

"是的。"他说，"记忆里，母亲总是最早起床的那一个，生火做全家人的饭后，她就会叫醒我。拾起一个小板凳选坐草房一角，面对前面的大片庄稼地，我便开始了一天的晨读，即使大冬天母亲也督促我坚持，从未断过。后来，我的两个妹妹上学后也照旧如此，邻居的阿姨总能每天早上听到我们三兄妹朗朗的读书声，说起以前的往事，都夸赞母亲有先见之明，对孩子的教育比别的家长更用心用力，所以才成就了今天的我们。后来，我和两个妹妹先后考上大学，一下子出了三个大学生，如果没记错的话，这在当时是村里唯一的一家。"

我由衷地赞叹："你母亲真的是了不起，虽然文化程度只是小学毕业，但她可以说是一位伟大的母亲！"

他却叹息道："可惜，母亲没有看到我们全部进大学的那天，就在1997年因白血病去世了。患病时，我来深圳刚参加工作不到一年，大妹远在西安读大学，小妹还在高中准备升学。此前为了供我们读书，筹措三个儿女的生活费和学费，父母已将祖屋卖掉。"

"啊？以前我听说农村有的人'砸锅卖铁也要供孩子读书'，以为是一种夸张的修辞，看来真有其事。卖房子供孩子读书，比砸锅卖铁更悲壮！"我说。

他说："是的。我家卖房子供子女读书，在村里当时也是首个，许多人都说父亲母亲有点过了，但也同样佩服他们的勇气。后来为了挣更多的钱，母亲前往上海打工，就在辛劳之时她不幸罹患不治之症。当时，我从单位领导手中接过父亲从上海发来的电报，手抖腿软，半天没说一句话。当我赶到上海医院时，母亲已昏迷许久，我和父亲轮流守候，片刻不离，直到一个星期后母亲才醒过来。见到我，母亲泪如泉涌，说两个妹妹还在读书，无论如何不治了要回家。一个月后，母亲身体稍有恢复，便听从医生的话回了四川老家。母亲重病住院的事，当时一直没敢告诉两个正在读书的妹妹，为了方便母亲治病，我不得已贷款在乐山城郊买了一套两居室，父亲则在城里骑三轮车挣点零钱补贴生活。直到放假回家，两个妹妹见到因化疗没了头发的母亲才明白怎么回事。那段日子，是我们家最困难，也是母亲最开心的日子。"

听到这里，我的鼻子开始发酸，而洪哥已经泪流满面。

但他依然追忆道："医生说，母亲的时间不多了，接下来的日子，母亲想干什么就让她干什么，我们做儿女的尽量多陪陪她，尽力满足她的愿望就行。我把全部的假期用来陪伴母亲，聊开心的事，去她一直想去的地方，陪她走亲访友。无奈我的假期到了，母亲虽然不舍，但还是要我尽快回单位上班。就在我回到单位不到一个星期，母亲就离开了人世。由于刚刚归队，父亲劝我不要再请假回去了，母亲的后事由他和亲友操持，让我放心。我听从父亲劝告，没能再回四川送母亲最后一程，虽然感到有些遗憾，但我不后悔，相信母亲在天之灵也不会责怪我的。父亲说，母亲走得很安详满足。我想，那是因为她有三个值得骄傲的儿女吧。”

我久久说不出话来。李崇洪给我讲的这段感人的经历，特别是他母亲的故事，让我再次坚信，一个人的成长，首先得益于其良好的家庭教育，而所谓“良好的家庭教育”并不意味着父母的高文凭，而首先是身体力行的善良、正直、勤劳、坚韧。

我说：“如果你母亲在天有灵，一定会为你的今天而欣慰。”

他说：“我就是这样想，无论是为人，还是工作，我一定要让母亲为我骄傲。”

是“国门卫士”，也是“文明使者”

其实，很长时间以来，我只知道洪哥在深圳罗湖海关工作，但他这个职业究竟属于什么门类，我一直搞不清楚。于是，我便问他：“你的身份究竟是属于哪类——海关人员？边检人员？公安人员？或是其他？”

他说：“严格地说，应该属于警察。”

“哦？警察！”我有点吃惊。

他给我解释道：“说到我的边检工作，很多人把边检和海关混为一谈，其实是对我们职业的误解。边检人员虽然也是警察，但属于比较特殊的警察——边防检查，简称‘边检’。说简单一点，边检管人，海关管物；边检打击偷引渡，海关打击走私。维护正常出入境秩序，惩处非法出入境行为，就是我们边检警察的职责。其实，自古就有边检工作存在。唐玄奘印度取经所使用的‘通关文牒’，就相当于护照签证，就是边检查验的对象，只不过以前是海关关员兼职做，新中国成立后才从海关分离，单独成立了专门从事出入境证件查验的‘边防检查’，这就是边检的由来。”

我点头：“哦，我明白了。”

“但是，”他话锋一转，“去年，也就是2018年成立‘国家移民管理局’后，它又有了一个很国际化的名称——‘移民管理’。我很荣幸成了第一代国家移民管理警察。现在我们国家越来越富强，越来越开放，百姓也越来越富有，出国旅游也不是什么新鲜事，在国门关口检查护照的就是像我这样的边检人——移民管理警察。这是一个让我充满骄傲和自豪感的职业。"

工作中的李崇洪

"你为什么感到自豪呢？"我问。

他说："人们经常这样说——'走出国门最后送走我们的是边检人，从海外归来走进国门见到的第一位亲人仍是可爱的边检人。''看到边检，我们就知道回到祖国、回家了。'从业 24 年，我许多次听到这样的亲切的话语。当然感到自豪。是的，边检警察笑迎祖国同胞、四海来宾，代表国家守卫国门，是名副其实的'国门卫士'，让不该进来的人一个都进不来，让不该出去的人一个都出不去，就是我们的职责使命。"

说真的，这些话如果换个人说，我也许会觉得是在唱"高调"，但洪哥我了解，他说的绝对是从心里流淌出来的真话。

"你现在搞管理，也算是领导了吧？有没有我们教师常说的'职业倦怠'呢？"我又问。

他依然很真诚地说："从检查员、参谋、副队长、队长、处长，24 年里岗位在变，但对这份职业的敬畏和尊崇却从未改变。"

我说："不就是检查证件吗？全世界那么多国家，那么多证件，你们看得过来吗？"

他说："许多人见到我，都曾有过您这样的疑问。'台上一分钟，台下十年功。'刚入警时，除了上台验证，多数时间就是在培训学习，如果说神枪手是子弹'喂'出来的话，那么边检警察识人断证的功夫就是靠证件'磨砺'出来的。'梅花香自苦寒来'，不下苦功夫，哪那么容易逮住坏人？"

我说："听你这么一说，你们这个职业真的很辛苦！"

他说："入警后，我一直在罗湖边检工作，一干21年，我没有计算过自己迎来送往了多少过关人，反正'起得比鸡早，睡得比狗晚'就是当年我的生活写照，也是我生活的常态。但我很幸福快乐，因为我的职业宗旨是您当年经常给我们说的一句话。"

我一下没反应过来："什么话？"

"让人们因我的存在而感到幸福！"

我再次被洪哥感动，说："你一直在践行这句话啊！能给我举个例子吗？"

"这样的事太多了！"他说，"记得到罗湖口岸上班不久的一天，我正在验证台工作，一位日本籍旅客急匆匆跑到我跟前，急着要见领导，由于他怕我听不懂，老人日本话中带点半生不熟的中国话，我赶忙用日语安慰他，请他不要着急，直接用日语慢慢讲。他一副吃惊的模样，连忙说：'太好了，终于有人听懂我说的话了！'"

"这个日本人怎么了？遇到什么了？"

"原来，他在罗湖商业城购物时，钱包被偷，护照也一起丢了。路人要他来找边检求助，虽然天色已晚，但他还是抱着一丝希望走进了出入境候检大厅，希望我们'通融'一下，让他回香港。"

我问："能够'通融'吗？"

他说："肯定不行的，还得按规则办。我端来一杯水，请老人坐下，并找来资料翻译给他听，老人激动的心慢慢平静了下来。随后，我陪着老人一起去附近派出所做了笔录，并拿到派出所经调查核查后出具的护照丢失证明。根据规定，老人需要到日本驻广州使领馆取得临时护照并重新办理中国签证才能出境。我找来相关使馆地址和联系电话写给他，考虑老人身无分文，我掏钱为老人买了去广州的火车票，并将剩下的 300 多元钱一并给了他，送他上了火车，叮嘱他遇到困难可以随时联系我后才离开。"

"你学雷锋，学到国际上了，呵呵！"我说。

"在外国人眼里，我代表中国嘛！"他自豪地说。

"我代表中国！"短短五个字让我心里一震。

他继续说："几天后，我一上班，科长告诉我说有个日本老人等我一上午了，说要当面感谢我。当再次见到那位日本旅客时，他激动地握住我的双手，并掏出口袋里的日元往我手中塞……我婉拒了老人的谢意，并欢迎他再次到中国来旅游。目送老人走过罗湖桥时，老人向我最后一次深深鞠躬，我回了一个标准的警察礼。"

我感慨道："这简直就像电影里警察做好事的情节嘛！居然发生在你身上了。"

"是的，以前我也经常在电影里面看到类似的故事。"他说，"但对我来说，这只是一件很普通很平常的小事。哦，不对，不只是对我来说，这样的事边检人几乎每天都在做。因为我们的职业特殊，身份特殊，所以我们这一行，有一句话：'事小彰显大国情怀！'我们边检人不但是'国门卫士'，也是'文明使者'。"

我说："幸好那天那个日本人遇到会日语的你，不然还真麻烦。"

他说："那件事发生后，慢慢地罗湖口岸第一个会讲日语的边检警察，就在经常过关的日本商人中传开了，找我咨询的旅客越来越多，我的工作就更忙了。"

"你这一说，消除了我以前的一个误解。"我说，"我一直以为边检警察，就是抓坏人，不让坏人进入或出逃。"

他说："那也是我们的职责，但不是全部。边检警察每天不光是与违法犯罪人员打交道，特别是口岸国门这样的地方，更多是想旅客所想、急旅客所急，帮助旅客解决困难。虽然有些事情不是边检警察的职责分内之事，但最后能帮旅客找到解决问题的办法，对旅客来说，就是最大的安慰。"

他又给我讲了一件事："记得有一次，一位从上海入境来深圳游玩的德国旅客，听人说香港是'购物天堂'，于是便出境去了香港，第二天晚上返回从罗湖口岸入境时，却因一次性有效签证已失效被拒入境了。当时，正值我当班，按理说，口岸签证处下班后，外国旅客没有有效中国签证直接办完手续退回香港就行了。可当他提出所有行李还寄存在火车站附近的酒店，没有行李无法回香港需要我帮忙时，我也傻眼了。这位德国旅客因为着急，除了用手拍打自己脑袋，还不停地冲其他旅客瞪眼发火。他没签证进不来啊，还有一个小时，罗湖口岸就要关闸了。"

"那怎么办？有没有办法帮他一下呢？"我问。

洪哥说："当时我也着急，这怎么办呢？于是，抱着试一试尽力帮他的心态，我便向他要来酒店电话，赶紧联系酒店将寄存行李送到罗湖口岸。没想到，酒店服务人员也答应帮忙，经过快一个小时的等待，在海关检查后，他顺利取得行李，此时一直焦急的心终于放下了，最初不停的抱怨也换作了灿烂的笑脸。准备返回香港时，这位德国旅客向我伸出了大拇指，不停地说：'中国警察好！'临走前还交给我一张名片，说要是去德国了请我一定联系他，他要请我吃饭。"

我问："你帮他联系酒店寄存行李之类，好像不是你的分内事吧？"

他说："事后，徒弟也问我，这又不是我们边检的事，干吗费那么多劲帮他，你看他当初嘴里骂得多难听啊！我没有责怪徒弟，只对他说了一句：'要是中国同胞在德国遇到同样的事，你是不是也希望警察能帮一下忙呢？'有些事情，看上去很难，但只有努力过后才明白，也许并非想象中难。至于能不能得偿所愿，不做又如何知道呢？"

我说："深圳给人的感觉，是一个工作异常紧张、生活压力很大的城市，你的感觉呢？"

洪哥笑着说："不以物喜，不以己悲。这就是我现在的事业生活，幸福又知足！"

除了比高中时长胖了，洪哥一点儿都没变，依然那么善良、低调、淡泊。

"洪哥，我也为你骄傲！"我说。

是你让我幸福快乐

今年 1 月，疫情肆虐中国大地。宅在家里的我开始写《教育的 100 种可能》，我想到了洪哥。我与他联系，请他为我提供一些他现在工作情况的素材。

但正奋战于抗疫第一线的洪哥，实在太忙了。在微信上他给我这样描述他和同事们的工作现状——

新冠肺炎疫情突然袭来，令人措手不及。尤其是边检警察工作在国门一线，每天面对那么多的旅客，自身防护一点儿都马虎不得，否则一个染疫，同事、家人都得隔离，警力减少影响工作不说，生活会全部乱套。作为抗疫第一线，边检民警的危险系数不亚于医生。现在国内已将"外防输入、内防反弹"作为防控策略，边检就是外防输入的第一道防线。所有旅客入境时，边检民警会第一个筛查其境外旅行史、居住史，进行必要的询问，然后再将需控人员交海关做进一步调查。这些人员中有的故意隐瞒重点疫情国家旅居史，有了症状也不讲，更加重了边检民警染疫的风险和可能。即便如此，'职责所在，无所懈怠'仍是我们逆风前行的动力。我所在船舶检查口岸，并没有因为疫情加剧而关闭，许多往来港澳和国际的船舶仍在运送物资、维持物流进进出出，所以春节以来，我也始终忙碌在一线，为打赢这场抗疫阻击战付出自己的努力。愿疫情早日过去，天佑中华，我们每个人都能回归正常状态，享受生活，向往幸福！

我实在不忍心打搅他了。但 2 月 15 日那天在翻开旧资料时，我偶然发现他当年给我写的一封报喜信，就是他考上大学后给我的来信——

李老师：

你好！请代我向万阿姨、晴雁以及刘婆婆、万老师问好！感谢你们全家的关心！

8 月 31 日我接到四川外语学院（日语系）的通知，定于 9 月 10 日报到。我将于 8 日启程赴重庆。

请代我向吴忠中老师、胡水容老师、张维清老师、杨俊老师等问好！感谢你们的关心和教导！敬祝他们教师节快乐！

此致

敬礼！

祝节日快乐！

学生：李崇洪

1991 年 9 月 4 日

我将这份“文物”拍照通过微信发给他。

他看了后，回我微信，表达他的激动——

从小学到大学，教过我的有许多老师，但作为高中时的班主任，李老师是一位让我人生受益最多的老师，也是唯一至今仍然经常保持联系的老师。迷恋学生的成长，细心与他们沟通，记录相互成长的“足迹”，用学生接受的方式表达老师的爱——这样的老师，就会被学生记一辈子！李老师做到了，而且做得非常好。

2020 年鼠年的春节，全国人民都在惊恐中度过，作为一名守卫国门的边检警察，我在出入境船舶检查的迎来送往中，每天忙碌于移民管理抗疫前线。当看到手机微信中李老师发来的一张图片时，几天的疲惫顿时消却了大半。那是一封 29 年前我接到大学录取通知书后匆匆写给李老师的仅有半页文字的报喜书信。这封信，连我自己都忘记了，但我无论如何没想到，李老师把它珍藏至今。快 30 年了，看到老师发来这样的“问候礼物”，抚今追昔回忆高中年代忙碌而充实的生活，对比现在同样忙碌而充实的工作，再感慨一去不复返的岁月光阴，难道不是一件令人幸福快乐的事情吗？

我在心里说，无数过关人有你这样的边检警察，“难道不是一件令人幸福快乐的事情吗”？我拥有你这样的学生，“难道不是一件令人幸福快乐的事情吗”？

本文快写完的时候，我追问洪哥：“你获得过什么荣誉称号，给我写几个。”

他却不愿意，说：“没什么没什么。”

我很“严厉”地命令道：“必须写！”

他在微信上发给我他所获得的荣誉——"公安部出入境管理局优秀共产党员""深圳边检总站打击偷引渡工作先进标兵""协办抓获在逃经济犯罪嫌疑人案件先进个人"……

其实，我知道他的荣誉称号不止这些，比如，他还多次被评为"优秀公务员"。

但在我看来，有一个荣誉超过这一切，就是洪哥说的——

"我代表中国！"

2020 年 5 月 6 日

现在的李崇洪

赵刚：互为师生三十年

令我大发雷霆的“顽童”，也是富有创造力的少年

赵刚，是我参加工作带的第二个班的学生。他当时在班上可是一个很调皮的男孩，没少让我操心。我记忆中——相信他的记忆中也是如此，我是多次狠狠批评他，甚至对他大发雷霆，他也时不时顶撞我。

别误会，赵刚这孩子其实挺可爱的。聪明、机灵、单纯、正直、活泼、顽皮……这些词用在他身上是非常合适的。但我当时为什么常常批评他呢？因为他很多时候（不是“有时候”）不守纪律，特别是课堂纪律，经常说闲话，影响同桌也影响班上的课堂纪律。好动、爱说，就是他的特点。上课从来坐不安稳，说话，搞小动作，不止一次被我批评，有时候他甚至还顶撞我，年轻的我当然火气更旺，自然对他是大发雷霆，一顿臭骂。记得有一次家访，我对赵刚爸爸说他上课太爱说小话（那时我的教育还不成熟，家访还要告状），他爸爸说这孩子小学就是这样的。

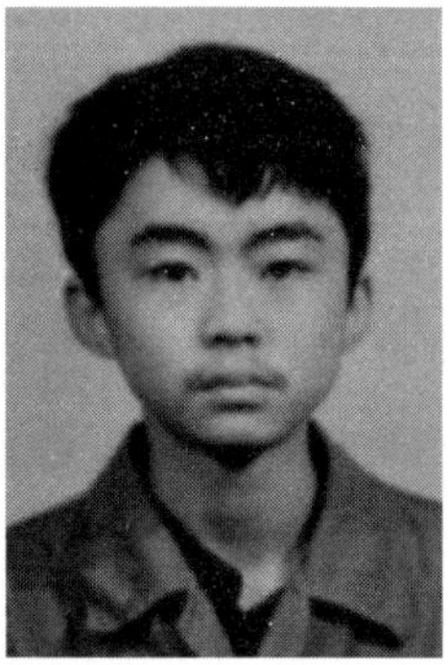
初三时的赵刚

但我每次骂了他后，冷静下来一想，他不过还是一个孩子，而自己的批评太刻薄了，便有些内疚。初一学年期末，快放假时，我找赵刚谈心，坦率地指出了他的缺点，赵刚表示要改正。同时他也直率地对我说：“李老师，我们好多同学都觉得，有时候你批评同学太不留情面了。”当时虽然我面子上也有些挂不住，但又觉得他说得对，便表示接

受批评。

放假后我便和爱人去普陀山旅游了，但赵刚对我的批评，一直沉甸甸地在我心里。于是，我在海边给他写了一封信——

赵刚同学：

你好！

你怎么也不会想到，我会给你写信吧？

我今天给你写信，主要是向你道歉。平时我性子急，常常尖刻地批评同学，伤了包括赵刚在内的同学的自尊心。现在想起来，我很内疚。前次赵刚说我批评同学太不留情面，你说得很对。我真诚地感谢赵刚的帮助。师生之间在这一点上应该是平等的，老师不是完人，也会有缺点，而且更应该改正。我真心希望赵刚同学不要再生李老师的气，好吗？

赵刚，下学期就是初二了，功课也更紧张了，我希望你一定要克服上课爱讲废话的缺点，这点你老改不了，这也需要毅力啊！赵刚，你有没有决心改正啊？我相信你会回答我：有！好，下学期我们俩都克服各自的缺点，让我们俩互相督促吧！

祝你暑假过得有意义！

李镇西

1985年7月15日普陀山海边

现在想起来，赵刚并没有什么大不了的问题，他的缺点不过是一个正常男孩自然具有的调皮而已。但当时我对他却缺乏应有的宽容和包容。赵刚虽然调皮，可调皮中处处透着机灵和可爱，不但成绩不错，而且总有一些与众不同的想法。所以，课堂上他最爱发言，无论回答问题，还是质疑课文，他总有那么多的想法，感觉他的小脑袋一直在不停地转动。

赵刚的社会活动能力也很强。记得有一次，我号召同学们以小组为单位走出校园搞社会调查，赵刚他们组就是去的乡下，回来之后，赵刚还写了一篇调查报告，谈改革开放几年来农村发生的巨大变化，展示“在希望的田野上”富起来的农民生活。

赵刚对班集体非常热爱，只要是为同学们做好事，他都很积极。每次的运动会，都是赵刚一年一度在班上、在全校最显赫最荣耀的时候——他擅长田径，尤其是长跑，在学校简陋的操场上，他那瘦小灵巧的身影激起了同学们多少狂热的呐喊，他也因此为班上赢得了荣誉。

有一次，我组织同学们评选“全班之最”，他同时获得以下称号：“最富有创造力的同学”“最关心时事的同学”“最爱动脑筋的同学”“上课最爱发言的同学”。这些称号，充分体现了他思维活跃、视野开阔、勇于表达的特点。最让我欣赏的，是他有一种不迷信权威，敢于质疑，也敢于创造的思维品质。他喜欢小制作和小发明，参加过学校的航模组。小发明倒没有什么显赫的成果，但摆弄那些玩意儿本身就是一种对思维的锻炼。而且，这种创造性思维不一定体现在科技小制作和小发明方面。

有一次，我讲法国作家都德的短篇小说《最后一课》，快下课时，赵刚举手了：“李老师，我发现课文的插图有问题。”

我和同学们都很吃惊，因为包括我在内的所有人都没有发现课文插图有什么问题。我便请他讲讲自己的发现。

赵刚滔滔不绝说了他的看法，果真言之有理。我在班上表扬了赵刚，并对他说：“你可以给人民教育出版社写一封信，把你的发现告诉他们，请他们改正这个错误。”

全班同学都为他鼓掌。

第二天，赵刚果真给我看了他写的信——

亲爱的编辑叔叔：

您好！

我是四川省乐山一中的学生。最近，我们学了一篇课文，是法国小说家都德写的《最后一课》。但学了以后，我觉得教材插图与小说原文不符。

第一，小说结尾是这样写的：“他转身朝着黑板，拿起一支粉笔，使出全身的力量，写了两个大字：‘法兰西万岁！’然后他呆在那儿，头靠着墙壁，话也不说，只是向我们做了一个手势：‘散学了，——你们走吧。”

这就说明韩麦尔先生宣布下课时，是背朝学生的，但教材的插图中，写完“法兰西万岁”的韩麦尔先生却是对着起立的学生说下课的，这没能充分表现出“最后一课”下课时那悲壮的气氛，也会影响学生对小说的正确理解。因此，插图中的韩麦尔先生表现的神态与原文写的不符。

第二，小说有一处写道：“我每次抬起头来，总看见韩麦尔先生坐在椅子里。”可见讲台上是有椅子的，而插图中却没有椅子。

我的理解不知是否正确，希望能给予解答。

四川省乐山一中初一（1）班　赵刚

1985 年 4 月 12 日

这封信是我替赵刚寄往人民教育出版社的，直到今天人教社一直没有“给予回答”。不过，当时我给了赵刚以回答：“阅读，就是应该这样动脑子！”

当时，我和成都十二中的冯惠芹老师约定，我和她带的班结为友谊班，让两个班的孩子一对一结成好朋友，以书信的方式互相帮助。在给她一一介绍我班同学情况时，我是这样写赵刚的：“赵刚，男，13 岁，思想纯正，富有正义感，是个很不错的学生，思想极活跃，很有创造能力，喜欢搞小发明，很热爱班集体。”

毕业之际，赵刚为班级史册《未来》写的卷首诗《未来，是彩色的》是那样激情澎湃——

未来，是彩色的；
未来，是绚丽的；
未来，挥动着巨大的画笔，
未来，散发着颜料的芬芳……

每一片绿色里，
萌动着诱人的幻想；
每一片黄色里，
蕴藏着震撼的力量；
每一片红色里，
奔突着澎湃的热情；
每一片蓝色里，

跳荡着青春的激昂！

春的初融……
夏的清凉……
秋的硕果……
冬的戎装……
未来的土地上，
已种下一片绿色的希望；
未来的季节里，
我们收获的
定是一片——金黄！

1987 年盛夏写于告别未来班前夕

被唤起的自信、刚强、乐观与豁达

但如此激情澎湃的赵刚，很快便遭遇沉重的打击——一向自信的他没能考上乐山一中高中。本来他说好接到高中录取通知书就来看我，结果他不但没来看我，连信也没写。我知道他是不好意思，觉得没脸见我。听其他同学说，他灰心丧气，悲观沮丧。

于是，我主动给他写了一封信。信中，我给他以重锤——

…………

我不止一次地在心里呼唤那个朝气蓬勃、充满自信的赵刚，呼唤那个面对全校师生发表歌颂李向南的演讲的赵刚，呼唤那个以“考一中不是人生的必经之路”的警句打动老师、教育同学的赵刚！赵刚啊，你不是有一腔抱负吗？不是愿意成为生活的强者吗？恕我直言，在升学一事上怎么显得如此“小气”呢？简直太不像真正的赵刚了！看看其他同学——看看卢婕，看看彭可嘉，看看宋平，看看卢涛……面对“打击”，他们也有过悲伤，有过懊悔，有过“不好意思”的自卑……可是只用了短暂的时间，他们便在“考一中不是人生的必经之路”的激励下振作起来了，毫无自卑感地与“考上一中的同学”一起谈笑风生，这是何等的令我由衷地感动？这就叫有出息！抬起头来吧，赵刚！背着沉重的自卑包袱进入下一期的学习，后果不堪设想！

…………

并不是对所有没考上一中的同学，我都会花如此精力来做思想工作的，这一点想必赵刚心领神会。至于我为何在你毕业后还对你如此“纠缠”，你应该知道。我为人处世向来信奉“以诚动人”，但愿我以上诚挚坦率的话能够打动赵刚，使你恢复自己的自信、刚强、乐观与豁达！

赵刚啊，千万别让李老师三年的教育与期望化为泡影！

你诚挚的朋友　李镇西

1987 年 8 月 14 日

我这封充满激将法的信，果然奏效。赵刚毕竟是赵刚，他很快恢复了自信与刚强。开学不久后的教师节前，他就和其他同学乐呵呵地来看我了。三年后，他考上西南交大。他读大学期间，我调往成都，他还时不时来我工作的学校看我。我俩的联系一直没有中断。

“真诚是我长期为人做事的原则”

毕业后 30 多年来，几乎每次同学聚会，赵刚都是组织者。前年的春节，他给我发短信，说要搞一次同学聚会，还说“到时候要给你一个惊喜”。寒假我回到乐山，应约到了酒店。赵刚和一群学生热情地欢迎我，但随即赵刚便把大包间的屏风拉开，里面还有一桌人——是我上一个年级教毕业的学生，也就是我所教过的第一届学生！原来这就是赵刚给我的惊喜。这个设计充分表明了赵刚的聪明机灵依然没变。

也是在那次聚会上，赵刚跳到凳子上，高声说：“我们一起来唱唱我们未来班的班歌吧！”大家都说好。于是，在赵刚“张牙舞爪”的指挥下，两个年级的学生唱起了共同的班歌《唱着歌儿向未来》：“蓝天高，雁飞来，青青松

现在的赵刚

树排成排。我们携手又并肩，唱着歌儿向未来……”

那么多年过去了，可他们依然还记得著名作曲家谷建芬老师为我们谱写的班歌歌词。

赵刚在微信上对我说：“初中受到的教育作用是巨大的，‘真诚’这两个字我一直都记得，这是我长期为人做事的原则，也是我深深尊重您的原因之一。我对正直善良的理解是这样的：坚持做人做事的原则，有底线，不因社会风气、外部环境而变化；能够兼顾上下左右，在自己力所能及的范围坚持公平、公正。对人宽和，不斤斤计较。我也是这样教育女儿的。”

有一次聚会，赵刚对我说：“李老师，您说的那句话‘让人们因我的存在而感到幸福’，也成了我女儿做人的准则。有一次，老师在班上让每一个同学写一句自己最喜欢的话，她写的正是这‘让人们因我的存在而感到幸福’。”

那一刻，我非常感动，因为我看到了一份爱，在我、赵刚和他女儿之间的传递，这也是一种教育的传承。

多年师生成朋友。当年调皮的赵刚现在和我成了无话不谈的铁哥们。10多年前，他来看我，还给我推荐刚刚出版的《南渡北归》，我正是因为赵刚的推荐才读了这本好书，后来我又给我学校每一位老师推荐。

以童心换取童心

那年聚会的第二天，他就约我在城外的一条绿道上散步聊天。我们谈社会，谈国家，谈人生……

他说："李老师，刚进入初三时，有一件事我对你很有意见，但当时没说，现在可以说了。"

我说："好呀，你说。"

"那是初三开学的第一天，"他回忆道，"你在班上表扬很多男同学，经过一个暑假，都长高了，你还说谁谁谁长高了多少厘米。我当时好想你表扬我啊，因为我一个暑假长了 7 厘米，可是，你表扬这个表扬那个，就是没表扬我！我当时气了很久！"

我听了哈哈大笑。心想，这都值得你生气？我当时是随便点了几个同学表扬，我怎么知道你也长高了呢？这事都要生气，也太小气了嘛！这哪儿值得生气呢？但我转念一想，觉得赵刚小气，这是成人的想法，而当时，赵刚是一个小男孩，一个暑假长了那么高，多么希望老师能够知道并表示欣赏啊！可我却没有如他所愿表扬他。这事仔细一想，至少说明：第一，我没有关注他，如果报到那天我仔细观察他，长了 7 厘米我应该能够看出来的；第二，在我表扬其他男生的时候，我没有觉察到坐在下面的赵刚脸上那渴望的表情。

于是我对赵刚说："是我的不对。虽然这么多年后的今天你才对我说，你也早就不为此事感到委屈了，但你说出来是有意义的，因为我还在当老师，这对我以后更加细心地对待学生，特别要以儿童的心理去理解儿童，是有帮助的！"

其实，我和赵刚现在依然是师生关系，只不过是互为师生。我不否认我曾经影响了赵刚，但现在赵刚也在影响我。我们互相影响，共同不断进步，这种"互为师生"的关系，可能才是师生关系的最高境界吧？

就在我写这篇文章的时候，为了寻找更多的素材，我翻开了我写的教育日记，还有教育书信的草稿。偶然发现一封当年我写给赵刚父亲的"告状信"，看日期是 1987 年 4 月 11 日。我想起那是我刚带学生去成都活动回到乐山。信中，我向赵刚的父亲说了赵刚在成都期间的种种"恶劣表现"，希望家长配合我"教育"。

虽然过去 30 多年了，这封信的草稿现在更多的是让我感到亲切，甚至有点好玩儿。我立即拍了照片在微信上给赵刚发去。我没有评论，但意思很明显：你看你当时多调皮！

结果赵刚回复我的也是一张照片，是他 1985 年 8 月 6 日的日记，记录的是他收到我在普陀山给他写的信后的感想——

8 月 6 日　星期三　晴

今天收到了李老师的来信。看了以后，我不禁产生了一种感激之情。李老师远在天边，却无时不刻不（注：这是病句，但我还是保留原状）挂念着他的学生。在他的心里，不正是充满对学生的爱吗？这是多么深沉、真挚的爱呀！在他的心中，似乎我们就是他的生命，失去了我们就意味着失去了一切。他真诚地希望我们纯洁、天真，充满稚气，一个个都能为国做出贡献。

“学生就是希望！”多么好的一位老师啊！

这篇日记我没有看过，因为是假期写的。赵刚说最初写日记是我要求写，作为练笔的一种形式，相当于小作文，我还要批改。后来就不用给我看了，但赵刚依然继续写日记。

其实我的教育伤痕累累

对于那封我当年写给他父亲的信，赵刚在微信上说：“那是一段历史沉冤，其实好多情况和您了解的不一样，可惜有些情况在以前的日记中我没有翻到，但还是唤起了好多记忆。等疫情过了见到您再告诉您。”

其实，33 年前赵刚是如何“违纪”的，具体情况我已经忘得干干净净，但赵刚说是“沉冤”，我毫不犹豫地断定：当年，肯定是我误解他并冤枉他了。这符合我年轻时很不成熟的特点，往往听到只言片语便妄下结论。更重要的是，赵刚不会说谎，虽然他当年可能面对我严厉的批评，不敢辩解，被迫“认错”，但这件事在他心里藏了这么多年，是不会忘记的。

说实话，看到赵刚在微信上给我发的日记，和他对“沉冤”的说明，我很是感动和惭愧。我当即回复他：“亲爱的赵刚，我很感动！沉冤 30 多年，让你受委屈了。”

赵刚回复我："其实估计有好些同学都有类似的情况，在那个敏感的年龄遇到一些事都会很在意您的态度。您用的'自由战士'那个词我好多年后都记得，但我最终是释怀了。我在重逢的纪念册里写的：'不管发生了什么都觉得是美好的，因为那就是青春。'"

是呀是呀！"估计有好些同学都有类似的情况"，我冤枉的学生当然肯定不只是赵刚一个人。"自由战士"是我当年对他的讥讽，因为他有时不守纪律，太自由散漫了。站在成人的角度看，我最多是批评的语言略重了一些，但对孩子的自尊却是一种损害。赵刚是"最终"才释怀的，可见他也因此有过伤害感。

我联想到，前不久写我后来在成都教的一个叫"张凌"的学生。教他的时候我已经工作 10 多年了，比教赵刚他们时成熟多了，比较注意尊重学生。所以多年后张凌对我的回忆，就是"李老师尊重我们，不冤枉我们"。张凌还说："我对小学老师始终没有好感，并不是因为老师严格而厌恶她，而是因为曾经被老师故意冤枉过，我对她产生了极度的厌恶，到现在我都恨她得很！"

同样被老师冤枉过，和张凌相比，赵刚就显得更为豁达宽容。我曾经说过，学生的胸襟往往比老师博大，因为他们对我们的宽容远远甚过我们对他们的原谅。但这是一般情况，可对有的学生来说，他们往往是张凌而不是赵刚。我不知道我在教育生涯中冤枉过多少学生，我只知道，并不是每一个被我冤枉的学生都能够理解原谅老师而"最终释怀"的。有的学生是带着心灵的阴影离开我们的，一直对我耿耿于怀事小，而这些孩子因我的教育不当而产生或多或少的心理阴影甚至心理疾病进而影响他未来的人生，这才是最可怕的啊！

永远无法向这些同学道歉了，甚至他们是谁我都不知道。所以，我对赵刚说："其实我的教育伤痕累累！"我现在能够做的，就是把自己的这些教训告诉年轻的同行，让更多的老师不要重犯我当年的错误。

所以我常常想，当年我的班主任工作远远谈不上什么"智慧"什么"艺术"，相反，我的性格急躁，常常发火，尤其是对赵刚这样的孩子，气急败坏地臭骂，那肯定不是一次两次。但是，当时他们对我却那么好，常常让我感动和自责。这么多年过去了，多数学生对我还是那么好。也许这些孩子根本就没把我的急躁、暴躁往心上记。我多次说过，学生对老师总是那么宽容，不管你对学生多么粗暴，他们最后记住的全是你对他们的好！

当然，我想，学生之所以对我宽容，之所以不记恨我，是因为我当年虽然没有什么教育技巧，但的确是全身心地投入，全身心地爱他们。这点，孩子们肯定能够感受到的。所以，许多孩子便原谅了他们的李老师。

不过，如果我们有爱、有智慧，还有包容，那就更好了。那样，更多的“赵刚”能够获得更健康的成长。

如果时间能够回到 30 多年前，我能够重当赵刚的老师，该多好！

赵刚现在在电力系统工作。他很低调，不愿多谈他的工作，说自己“乏善可陈”。我了解他工作得心应手，家庭幸福，生活从容，重要的是他依然保持着善良和正直、幽默和智慧，有很强的掌控局面的能力。

30 年前他写诗《未来是彩色的》，如今他写了一篇《未来，依然是彩色的》，说——

未来依然是彩色的，未来是大佛坝上一杯浓酽的花茶，笑看岷江上的游船来往如织；未来是菜市场的徜徉和从容，在期待厨房里的烟熏火燎；未来是春树下的一次次小酌，多年师生成兄弟，人间最美少年情；未来是余晖中的背影，留下身后满天的绚丽，我们倔强前行！

2012 年 1 月 31 日写成

2020 年 4 月 22 日补充

何静红：普通的灵魂，同样闪亮

善良有爱的好班长

小时候，住在妈妈教书的小学里。一位 20 多岁的年轻阿姨每次见到我都笑眯眯的，有时候还摸摸我的脸蛋。妈妈让我叫她“雷阿姨”。10 多年后，我大学毕业分配到乐山一中，当初一一个班的班主任，同时上语文课。一次课间闲聊，何静红说：“李老师，我妈妈说她是你妈妈的同事，是看着你长大的。”再一问，原来她是当年雷阿姨的女儿。

真是缘分。

我看学生的花名册，这个班的学生大多是 1969 年出生，但何静红的出生年月是 1968 年 3 月 30 日。原来她因病而休学，复学后便安排在我的班上。

又是缘分。

初三时的何静红

印象中的何静红，纯真、温柔、善良、文静，偶尔也表现出小姑娘应有的活泼烂漫，但更多的时候，如大姐姐一般稳重与懂事。她因此被选为班长。我和同学们从来没有见过她的严厉，哪怕是对违纪同学，她再严肃也总有那么几分温和。无论多么调皮的男生，在她面前也会不好意思思闹。在学习方面，她并没有出类拔萃的天资，但勤奋踏实，一丝不苟，虽然很少取得名列前茅的考试名次，但成绩还是属于上等。那时候，我在班上搞了好多活动：周末野炊、篝火晚会、徒步郊游、社会调查……何静红都表现出她作为班长的责任感和组织能力。

对了，当年还是何静红和几个同学提议请谷建芬老师为我们未来班班歌谱曲的。我还记得当时我说：“不太可能吧？”何静红说：“万一谷阿姨谱了呢？”后来这个“万一”成真，谷建芬老师真的给我们寄来了她谱曲的班歌。同学们高兴的啊！给谷阿姨写感谢信，给她寄各种纪念品……跑邮局的事儿大多是何静红去做的。

刚工作头几年，每年春节的大年初一，我都会约上学生各自带上腊肉香肠还有香槟汽水去郊外玩儿。现在我的相册里，还有几张我和何静红、龚驰群、王红川、周涛等学生在山坡上玩儿的照片。那是1985年春节，正月初一早晨，我骑自行车就近叫了几个学生，便朝城外奔去。乡下的乡亲们成群结队往城里拥，我们“逆流而行”往城外去。随便看见路边的一个山坡，我们便将车停在路边，爬上山坡，俯瞰公路上蚂蚁一般的人们。然后我们开始打扑克、下棋，我和男生摔跤。我们还放炮，震耳欲聋的爆竹声传得很远很远。静红算比较胆大，还敢伸出颤颤巍巍的手点那种一只一只的小炮，但比较大的鞭炮，她就不敢了。我现在还记得，当男生在点大的爆竹时，她和龚驰群便飞快地跑得远远的，用手捂住耳朵。

静红很有爱心。当时班上一个叫伍建的同学家境贫寒，静红和同学们给他以关爱和鼓励。有一年寒假，静红和我还有几个同学，带着同学们为伍建凑集的捐款和生活用品，用了半天时间跋涉山路，来到伍建家所在的小山村去看他。

这个故事，后来被我写进了《爱心与教育》。

静红的心灵很纯洁。当时我给学生全文朗读小说《红岩》，恰逢报上说重庆歌乐山烈士纪念馆正在修建烈士群雕，同学们决定利用星期天去拾废品，将卖废品的钱捐给歌乐山烈士纪念馆。

我同意了大家的要求，并补充说：“当然，也可以清理家里的废品，如废书、旧报、牙膏皮等去卖。总之大家要注意：所交的钱必须是卖废品所得，绝不能因此向家里要钱。只有通过自己劳动得来的钱，才最能表达真诚的心意！”

两个星期过去了，全班大多数学生都陆续交来了自己的捐款。我一一清点着由一分、两分、一毛、两毛汇集而成的捐款，心中无比欣慰。但在清点捐款的过程中，我心里也闪过一丝担心：这些钱都是学生卖废品所得吗？虽然每个学生在交钱的时候，都说是“卖废品换来的”，但凭我对学生们的了解，我估计可能有少数学生并没有卖废品。

正好，何静红、龚驰群、王薇三个同学来交钱了。我收下钱，照例问道：“卖的是什么废品啊？”

没有回答。

我把询问的目光投向班长何静红，她不好意思地回答：“我们，没有去拾废品。”

“那么，这钱是向家里要的喽？”

“不是，这是我们平时积攒的零用钱。”几个人的声音很小，充满了惭愧。

我踌躇了：收不收呢？她们这样做，显然不符合“必须交卖废品所得的钱”的要求，似乎该受批评；然而，她们没有撒谎，这是很可贵的。再说，这钱并非向家里要的，而是她们节约下来的，仍然能代表她们的心。

于是，我表扬了何静红等同学：“你们很诚实！”

“李老师开了中学生素质教育的先河”

初中毕业，静红没考上本校高中，转而就读于乐山二中，我担心她郁闷，便写信去安慰她。她回信说：“刚收到您来信时，我正忙于去新学校学习，当时我没有为没考上一中而后悔，去哪儿都一样，兴致勃勃的……现在已经开学了，只有这个时候，我才真的后悔我没能考上乐山一中。一谈到这个新的环境，我真伤了心。……”她给我说了新班级的种种“不好”，表达了对初中未来班的无限怀念。其实我知道她主要是对新环境不适应，未必新学校就如她说的那么不堪。好在她在信的结尾写道：“永远保持胜利的人，不一定是真正幸福的人。只有经过各种挫折、苦恼，最后得到幸福的人才是最幸福的人。现在，我有决心。等着吧，到了那一天，我一定以优异的成绩与大家相会！”

高中三年，虽然我没教她了，但她依然信任我，有什么苦恼或快乐都愿意给我写信诉说或分享。

高三毕业前夕，静红给我写了一封信。她听说我当时教两个班的语文，还当班主任，担心我的身体是否能够承受。在信中，她写道——

今天听妈妈说你向她打听我的学习情况，我听了很感动。回想我这13年的读书生活，你是我最尊敬的一位老师，也是我最信任的老师！随着年龄的增长，随着环境的改变，随着对以往的一切重新认识，我觉得现在才真正理解了那至今难忘的过去。我觉得更高兴的是，在通信和交谈中，发现同学们都明白了过去的一切，真正感到你是一位值得怀念的好老师。

后来她工作了，先是在林业局，后来到了TCL集团公司做财务工作，我也离开乐山到了成都。但几十年来，我们一直没有中断联系。前不久我清理旧物，发现在我教的第一个班的学生中，静红是给我写信和发新年贺卡最多的学生。几乎每年元旦前夕，我都会收到静红的贺卡，如1990年12月25日的贺卡——

多年以来，一直受益于昔日的谆谆教导，在多次经受的变化中过得平静安宁，并从中获得片片快乐。谢谢你，老师！

祝李老师在新的一年里身体健康，一切随愿。

学生　何静红

2012年，漓江出版社要出版我的《彼此珍藏最温馨》，想在封底印上一些“名家推荐”，我想，何不让我的学生来写呢？于是我给不同年级的学生发出请求，请他们写几句毕业多年后对我的印象。静红写道——

直至今日，我依然清晰记得，我的老师在遥远的80年代初期，就凭着年轻的热情开了中学生素质教育的先河并一直坚持至今。他的正直和热情、敬业和奉献、承担和孜孜不倦一直在各届学生中留下深刻印象，使我们在这种精神的感召下在之后的成长经历中更加积极上进，不畏艰难。

后来这段话印在了新书的封底，更印在了我的心上。

三年与三十年

2014年8月，未来班举行了毕业三十周年聚会。静红居然带来当年谷建芬老师送的小文具盒！30多年前，同学们收到谷建芬老师寄来的班歌歌谱后，纷纷给谷阿姨写信表示感谢，还寄去了各种礼物。不久，谷建芬老师回信了，还寄来了51个小文具盒。谷老师回信中写道："这里寄去51个小文具盒（有一个是李老师的），东西很小，但是我的一点心意，做个友谊的纪念吧！"

活动结束后，同学们都写了一篇文章，讲述自己毕业三十年的人生历程和感悟。静红所写文章的题目是"三年与三十年"，全文如下——

都说时光如流水，一去不复回，但是飞逝的时光长河里有多少我们的欢乐与沧桑。转瞬三十年，当再次齐聚一堂，是否还记得当年静谧的课堂和整齐的歌唱？

是怎样的一条神奇纽带？是怎样的一段校园里小小年纪背上肥料徒步去下乡支农的记忆？是怎样的一场身体原因的变故，让我幸运地将校园时光倒退了两年，欣喜地遇上了这么平凡而伟岸的老师和如此情深意切一起成长的伙伴？正直和热情，忠诚和责任——正是这令人难忘的三年，让我们记住了这些永恒的道理。这些道理影响着我毕业以后的三十年，并且让我一直受到周围的人赞誉。

曾经那么多的人成天都在渴望成长，盼望拥有自己独立的天空，而我却一度那样地拒绝长大。回望这段经历应该是人生最初对责任的理解和态度吧，朦胧地感受着责任就是担当。无可逃避，所以再不愿意还是要长大，就为面对和接受承诺了就要承担。曾经背着书包去上班，是怎样的一个身影？把工作台当书桌，在单纯而寂静的木制品堆中完成了别人全脱产才能完成的三年专业课程的学习，在掌握专业知识的同时也收获了三年的年龄不等的同学情谊，享受着同学们把我们当小朋友一样的照顾。这段同学缘让我慢慢开始体会原来我们的成长除了学校还有走出学校学到的东西。

后来经济改革深入化，南方某企业到内地招聘管理人员，我因为专业和年轻被录用。临行前的那个晚上，泪眼中我大彻大悟儿女无论长多大永远走不出父母揪心的牵挂，以前曾充满激情要远离的我注定其实不忍离开乐山到外地工作。

再后来进入大型国产品牌电器销售公司，在此期间收获很多。真切地感受唯一不变的就是变化——从原始的加班熬夜到全面的电算化，由独立核算变集中核算，由单纯核算转型综合管理。同事之间亲如兄弟，彼此协助彼此关爱，一起为目标打拼，为任务流汗，为胜利欢歌。年轻奋进的团队在成长过程中经受了多少迎来送往，悲欢离合，我收获了满满的情谊，赢得了大家真诚的尊重。就在今年的8月，因为不愿离开乐山，我结束了这段长达16年的工作，但责任感让我还是不停地接受同事们的各种询问，尽可能地为大家解难，只要能满足大家我就是快乐的。

我心中一直是这样的——人生的主题：正直和热情；人生的历程：忠诚和责任；人生的追求：平安和快乐。

将过往打包系上漂亮的蝴蝶结收藏，开始新的征程……

最后一课

2017年春节，我和何静红她们班的学生聚会，席间谈到我还有一年就退休了。同学们希望我在退休前再为他们上一节课。这个提议打动了我，给第一个班的学生上退休前“最后一课”，是多么有意义，而且有诗意！

时间定在2018年的7月21日，地点在乐山市徐家扁小学，这里原来是乐山一中的校园。

临近上课的7月初，静红在微信上和我聊天，她说：“21号的课其实我期待很久了，女儿也是同样在期待中，在高中期间她就好期望您能去给她们上一节课哦！”

我回她：“把你女儿一起带来听吧！”

她说：“是的，她是很想来的。我最懂的您的教育方法就是爱孩子、尊重孩子的成长历程了。但是我有点小小的遗憾，目前还不确定到时候是否能来。有个秘密，我想告诉您，希望您能暂时帮我保守一下，谢谢！”

我说：“我当然会对得起你的信任，放心！”

其实，在那之前，我已经知道她患了癌症，但怕给她带去心理压力，所以一直装作不知道。

静红继续在微信上对我说：“今年1月意外查出癌症中期，但是这事对我来讲除了一点意外没啥的，当时一心想到我的目标是让老人安心、小的开心，当时也面临小的要高考，所以这事我当时连好朋友们都没说。我自己也觉得是绝对没啥大问题的，就以中药为主在维持，结果4月底去检查不太好，发现我的盲目乐观是错的，结果5月开始化疗准备手术，到目前还没达到手术要求，21号正好是这次化疗后的第6天，担心到时候体力还没恢复过来。”

尽管我已经知道她身患绝症，但这事由她亲自告诉我，我还是有些不知所措，我不知道如何安慰她。

但静红接着说：“这个事情除了对一些行动有点约束，其他一切不会影响我的，也就人生的一道坎而已，是一定要过去的。”

她这样豁达，我稍微松了口气。我回复道：“嗯，要相信现在的科学，癌症不是我们想象的那么可怕。心态也很重要。你的心态很好！我特别欣慰。比起身体，听课的事是次要的，还是化疗要紧。如果能来，固然好，我不会让你有体力上的消耗的；如果不能来，好好调养。我把录像给你看。有机会我看你去。”

我问她：“你妈妈知道你的病吗？”

她说：“后来因为头发都没有了，我妈也就晓得了，所以也没刻意地瞒周围的人了，不过我是很轻松地看待这个事的。”

她说：“我就担心我妈妈，之前基本是我把一切承担下来的，结果这一下子又要让她承受重重的打击，这点是我心头唯一的遗憾。”

我给她发去了一些老照片，其中有1983年大年初一我和静红还有其他同学在郊外山坡上的照片。

她无比感慨：“这张照片是您给我的惊喜，好像当时我还没认出来是哪个呢！我后来想起了这件事了。”

我说：“整整 35 年了。我特别幸运遇到你们这批学生。”

她说：“我们也特别幸运地遇到了您，我周围很多人都好羡慕我们遇到您这样的老师哦！”

我说：“嗨，那时候什么都不懂，你们的爸爸妈妈居然还那么信任我。现在好多老师刚到学校当班主任，家长都不答应，觉得老师没经验。那时候的师生关系也很单纯！”

她说：“您是最棒的了，现在的好多学生都希望有您这样的老师呢！”

她又说：“李老师，谢谢您把我们过往的一点一滴都保存得那么好。看到这个，仿佛瞬间回到那个时代，那段经历我没忘记，只是不记得给您汇报过了，现在再看那段也就是成长过程中的一朵小浪花，滴滴都可爱！”

我还是关心她的身体：“你现在感觉如何？饮食呀睡眠呀如何？”

她回复我：“一切正常，谢谢李老师！我只要自己能动，根本是不会把自己当不一样的人。”

上课的前一天，她给我发微信：“心里充满期盼，但估计有点恼火，这期被实习医生搞得推迟了一天，加上这次白细胞数量不够，每天返院折腾导致这次体力恢复较慢，估计还要 1—2 天时间才可以出门。我真心希望自己不要错过了这难得的机会。我会努力的，如果明天实在去不了，我会在家默默关注大家，也祝福大家。”

我说：“不要勉强。身体第一。”

我又说：“昨晚我翻出了当年同学们给我写的信件与贺卡，看到你给我的那么多的贺卡，读着上面的字，很是感动！明天我会展示同学们的这些‘文物’的。”

她说：“谢谢李老师！我会的，等过段时间我以一个全新的面貌再来看望您，谢谢！”

我说：“如果你不能来，可以看直播。到时候我和同学们对着直播镜头向你问好。”

她说：“谢谢李老师和同学们！我真的太感动了！今日回去努力吃饭，争取明天能到现场！”

晚上，她又给我发微信：“李老师，明天我和我妈妈、女儿都要来现场！”

我说：“非常感动！但你的身体行吗？”

她说：“应该问题不大，谢谢李老师！刚接到老公兄弟的电话，他明天想带女儿参加。”

我说：“没问题。”

想到静红带病来听我的最后一课，感动的同时我突然有一个想法，我马上把这个想法告诉她：“你作为班长，明天负责上课前叫‘起立’‘敬礼’。”

她说：“要得，这个荣誉太高了。”

第二天，何静红全家都来了，包括她的妈妈，还有女儿。我很感动。尤其是看到已经不再年轻的雷阿姨，我眼眶湿润了，因为我回到了小时候，想到了我已经故去的妈妈。

在何静红响亮的“起立”声中，全场起立，“同学们好！”“老师好！”我开始了我的“最后一课”……

在那堂课上，静红听得特别专注，虽然面容有些憔悴，但一双眼睛依然明亮地凝视着我，一如 30 多年前的课堂上。

2018 年 7 月 21 日，何静红（第二排右起第三人）在“最后一课”上

第二天，静红给我发了一条长长的微信——

李老师，上了昨天的“最后一课”心里充满了温暖和感激，谢谢你给了我们最真实的道理和最美好的回忆。因没能和大家一起陪你共进午餐还是有点小遗憾，不过昨天两个小家伙倒是受益匪浅。面对即将离家升入大学的女儿，正好以你平实而真诚的成长历程给她一个不小的人生启示，也让她在往后的生活中能多一些思考。特别是刚小学毕业的小侄女（就是租住老万老师一中房子的那个）简直就是你的小粉丝了，第一节课下课就迫不及待地请示我：大妈，待会儿我想和李老师一起拍照。课堂上你无意间不经意地对她的表扬和鼓励应该在她的小心灵里激起了不小的浪花，两节课一完非要她爸爸回家拿她的书过来签字，结果她爸爸拿的书是他借我的邓老师送我的《巨人肩膀上的舞蹈》，给她讲了这是大伯的老师写的大妈的老师后，小姑娘更激动了，说一定要把这本书看完。姐妹俩都说好希望有你这样的老师哦。谢谢你，李老师！我们有你这样的老师真的很幸福。

后来因为忙，回乐山的时候少了。但我一直想着有机会回去看看何静红，原定的想法是 2020 年寒假回去。

愿你在天堂一切安好

昨天我在黑龙江鸡西，凌晨两点过突然醒来，看到微信上有一位挚友的留言：“镇西，报告你一个十分沉痛的消息，你的学生何静红已于昨天下午走完了她人生的最后一程……”

后半夜我一直无眠。

远在东北的我，无法前往吊唁。我把老班长去世的消息通过微信群告诉了未来班的同学们，并请同学们代我去静红灵堂献上花圈，表达我的哀思。一时间，平时热闹开心的班级群，笼罩着悲伤。同学们怀念着老班长。

我打开微信，和她对话的最后记录是去年 11 月 18 日晚上静红给我发的微信：“李老师，谢谢你一直以来对我的关心，目前我已顺利结束所有医院项目的治疗，在没做手术的情况下胜利战胜癌症，正逐步恢复中，已无大碍。

再次谢谢你的关心！我一直都很平静，确信自己会挺过来的，果然就比很多在医院看到的人都顺利。前两天因眼睛还比较模糊只简单地打了几个字，望老师见谅。祝李老师永远年轻，永远有用不完的力气坚守你热爱的事业！”

我说：“太好啦！下次去看你。”

她回复我：“我还担心你在忙碌之中呢！”

我说：“确实忙，昨晚只睡了三个多小时。现在在厦门机场。回家估计是凌晨两点过。”

她回复我：“哦，那你注意有时间就赶紧休息下哦！你太累了，我也太佩服你有这么好的精力！”

这是她给我的最后一条微信。

此刻，对着手机屏幕上的微信记录，我良久无语。

最后，我在对话框里对静红打下一行字：

“静红，一路走好！愿你在天堂一切安好！我们会想你的。”

2019 年 12 月 24 日

汪敏：学生的爱比什么都重要

腼腆害羞的领唱人

一提起“汪敏”这个名字，无论是我，还是乐山一中高90届1班的同学，都会想到她的两个特点：第一，腼腆害羞；第二，歌唱得特别好。这两个特点刚好都被潘芳奕同学写在毕业纪念册《花季》中——

第一次印象是分到一班前，她在礼堂里领唱，一件干净整齐的绿色绒衣，肘下两块大大的补丁，头上斜翘出一个小辫儿，满面羞怯，手捏着衣角，总是在憋出第一句时用手臂遮住脸窃窃地笑，好生淳朴。那歌总算唱出来了，便是那后来全校为之欢声雷动的《铁道游击队》插曲《微山湖》。

高三时的汪敏

是的，温柔、善良、勤奋、害羞、胆小……这就是汪敏当时给我留下的印象。

后来她考上了西南师范大学，给我来过信，逢年过节写过贺卡。但因为种种原因断了联系。

2015年举行毕业25周年聚会时，筹备的同学联系上了汪敏，她现在在丽江一所中学教语文。但她没来参加聚会，因为那一段时间虽然是假期，可学校安排了补课。后来她说，她不来还有一个原因，是因为与大家失去联系太久，她有点不好意思来聚会——她还是那个害羞的汪敏。

不过，得知汪敏的“下落”我无比惊喜。“惊”的是，她居然在丽江那么一个美丽的地方，我去过丽江多次，都不知道汪敏在那里；“喜”的是，当年那个胆小害羞、说话都脸红的小姑娘，居然成了我的同行，成了一名中学语文教师。

后来她给我打电话，很激动地给我说她现在的家庭、生活和工作，并热切地希望我去丽江。她的声音一点儿都没变，还是当年那么清丽悦耳。我说：“我多次去丽江讲学，后来又有学校请过我，因为忙，我没答应。下次他们邀请我，我一定去！”

2016 年春天，我应丽江福慧学校的邀请，去做新教育实验的培训，来到了丽江。

我是 3 月 8 日晚上飞抵丽江的。汪敏来机场接我。分别 26 年后，我第一次见到了汪敏。和当年相比，她当然成熟了许多，更大方了许多，说话不再那么脸红害羞。不过，言谈举止之间，她依然散发着当年温婉的气息。

到达丽江时已经很晚了，怕影响我休息，汪敏没多说几句话就告辞了。但回到家里，她给我发来一条微信，谈了她高中毕业后的经历，西南师范大学中文系毕业后，分配到北京市宣武区第 66 中学，教了两年初中，并担任班主任，后来因为男朋友在丽江，就来到了丽江。先在丽江县八中（现在的玉龙县一中）教高中语文，后来调到了现在的丽江市第一高级中学。

教学相长

第二天，我在丽江古城区的福慧学校讲学。上午的主题是“幸福比优秀更重要”，下午的主题是“新教育与教师成长”。在谈到普通教师的职业幸福时，我讲到了汪敏，展示了她从高中到现在的一组照片，这组照片展示了一个青春生命的成长。我引用了马克斯·范梅南的一句话：“教育学就是迷恋他人成长的学问。”我又讲到了她昨晚给我说的她的教育追求。我说：“我的确没有想到，当年腼腆的小姑娘，今天成长为一名高中语文教师，成为我的同行。汪敏虽然不如我有这么多的所谓头衔，但她认真地爱着每一个孩子，认真地上好每一堂课，体会着点点滴滴的教育幸福。千千万万默默无闻的普通老师正是这样的。因此她比我更具普通一线教师的代表性。”汪敏坐在前排听着，有些不好意思。

3月10日，汪敏陪着我在丽江游玩了一天：拉市海湿地公园、指云寺、玉水寨、玉峰寺、万朵茶花和白沙壁画……那一日，天空湛蓝，阳光灿烂。汪敏几乎不停地跟我说着话，完全不像当年高中时那个害羞而寡言少语的小姑娘，她好像要把26年没说的话全部说完。

她说她听了我的报告，感受最深的就是：“真没想到，李老师至今还保持着激情与童心。这种激情和童心，和当年教我们时一模一样。我完全忘记了李老师是名人，因为在我心中，李老师就是我高中的班主任和语文老师。”

我说我也没有刻意保持所谓“童心和激情”，可能就是性格使然吧。

她说：“我还记得当时你和我们就没有师生界限。有一次男生跟你开玩笑，把你按在地上，把鞋脱了挂到篮球架上，还把你嘴巴封上。还有一次班里搞活动，你装扮成老爷爷，和罗晓宇一起唱《逛新城》。”这些我都还记得。

她还记得：“那时候李老师不收家长东西，但如果有家长送了你东西，你不得不收下，便拿到班上来请我们大家吃，比如苹果呀橘子呀之类。”这个我倒忘记了。

当然，她说得最多的，还是当老师的感受：“真的，李老师的爱心、平等、民主确实影响了我。”她给我讲了好些她和学生的爱的故事。她说在北京工作两年，后来调走的时候，学生非常依恋她。有一个脑瘫女孩，喜欢写作，汪敏一直给她关心，还教育同学们帮助她。后来她对汪敏很依恋，知道汪敏调到丽江后，这女孩还和汪老师通信。她还说，在北京时，学生们常常放学后不回家，留在学校陪汪老师聊天。

汪敏说：“当时我普通话不标准，分不清前鼻音和后鼻音，我不会后鼻音，还是一个男孩教我的。他还鼓励我说，不要紧，当初我刚到北京时也是这样的。我太感动了！”我听了也很感动。

汪敏也利用休息时间帮他们补习功课。她说：“因为当班主任，我得对学生的学习全面负责，反正那时候单身，有的是时间，我利用课余时间帮他们补习英语。但后来不敢了，因为学生说我发音不准，特别是‘θ’和‘ð’这两个音。但孩子们很可爱，他们教我，还安慰我。一个男孩说，汪老师，您不要着急，我刚来北京的时候，因为家乡方言重，这两个音我也发不准，后来我在家里照着小镜子反复练习，才慢慢发准了。您也可以试试这个办法。第二天，他真的带来了一面小镜子送我！”

我再次被汪敏的爱心，和孩子们的纯真感动了。

我对汪敏说：“你性格这么温柔，没发过学生的火吧？”

她说：“是的，我不会发火。我用心地带孩子们，学生都听我的话。”她说她特别注意尊重学生，保护学生的自尊心。她举了班里两个失窃的例子。一次是发校服，发完后却少了一套。她没有在班上搞清查，而是含蓄地让孩子们仔细找一找：“也许是哪个同学不小心多拿了一套，没关系，找到了给我就是了。结果第二天真有同学把多余的校服交给我了。我还表扬了他。还有一次，几个男生的玩具被人偷了，而且明显怀疑某一个学生，但我没有根据这几个学生的怀疑便去追查那个‘嫌疑人’。不过后来那几个男生自己和那个学生谈，最后把丢失的东西要回来了。”

我特别赞赏汪敏的做法：“你做得对！孩子的自尊必须保护。对学生，千万不能搞‘宁可错杀三千，不可放过一个’。”

汪敏说：“对的。班里丢了东西，我每次都特别小心地处理，不轻易判定是谁‘偷’的，哪怕某个学生有重大嫌疑，但只要没有足够的证据，我宁肯暂时放过学生，也不冤枉他们。”

谈到当教师，汪敏说：“如果我不做老师，可能我现在很肤浅。因为我是老师，在教书中我也得到了提升，得以成长。我觉得我比不做老师的我更优秀一点。我现在是中级职称，不打算申报高级职称了。只要我认真上好每一堂课，认真批改每一本作业，用心爱每一个学生，我就知足了。学生的爱比什么都重要。”

我完全相信汪敏的确是这样想的。因为我太了解她的性格了。她在中学时代为人就非常朴素实在，低调淡泊。

我说：“对待名利荣誉，不刻意去争是对的，但也不必刻意拒绝。只是不

汪敏在辅导学生

要太放在心上，没有不遗憾，有了也只把它当作额外的奖赏。总之，还是那句话，幸福比优秀更重要。”

我对汪敏说：“明天中午我就要走了，能不能在上午听你一节课，我很想看看，以前那个害羞的小姑娘，是如何上语文课的。”

她很大方地说：“好呀！欢迎李老师听我的课，帮我提提意见。不过，您能不能给我班的孩子上一节课呢？您讲什么都行。”

我说：“没问题！我相信我能够吸引孩子们的。”

“汪老师总是引导我们自己思考分析”

3 月 11 日上午，汪敏带着我走进了她所在的丽江市第一高级中学。这是一所百年老校。我先听汪敏讲杜甫的诗《秋兴八首（其一）》——

玉露凋伤枫树林，巫山巫峡气萧森。
江间波浪兼天涌，塞上风云接地阴。
丛菊两开他日泪，孤舟一系故园心。
寒衣处处催刀尺，白帝城高急暮砧。

她先提醒学生注意这篇课文所选杜甫三首诗的写作时间，然后聊怎样才能够品味出诗歌的味道。学生各自发表看法，有的说要了解写作背景，有的说应把握思想感情。汪敏问：“你们唱歌和读小说是不是一样的？”学生笑了，说“不一样”。“不一样在什么地方呢？”学生说：“唱歌要唱。”汪敏说：“是呀，诗歌诗歌，‘诗’是用来‘歌’的，只有‘歌’，我们才体会到作品的韵律、节奏，进而感受作者的情感。所谓‘歌’，就是要读，要诵，读出节奏和韵律。比如‘噫吁嚱，危乎高哉，蜀道之难，难于上青天……’”汪敏的声音一下高亢起来，极富感染力。“只有这样去读，才能走进作品的深处。”她又说，“诗言志，但对具体的某一首诗，不一定都有意义，有的诗歌很难说表达了什么意义，但给人以美感。无论是意义还是美感，都需要反复诵读。”

接下来，汪敏把时间交给学生：“同学们自己诵读这首诗，多读几遍，一会儿我们再一起交流。”虽然是高一的学生，虽然我这个陌生人坐在后面，但孩子们还是很投入地读了起来，一时间，教室里书声琅琅。而汪敏则来回巡视，时不时在某个同学身边停下，俯身进行指导。

汪敏来后排走到我面前，小声问我：“李老师，‘孤舟一系故园心’的‘系’是读‘xì’还是‘jì’？”我不假思索地说：“‘jì’，因为我一直读的是‘jì’，我也认为应该读‘jì’，意思是动词的‘拴’。”汪敏说这个问题是学生问的，她也拿不准，因为根据手里两本词典的解释，“jì”“xì”都有“拴”的意思。我说那应该两可吧。

几分钟后，汪敏走上讲台，和同学们一起讨论“兴”和“系”这两个多音字在具体语言环境中准确的读音。在谈到“系”时，汪敏把学生查《新华字典》和《现代汉语词典》中的解释摆出来，说这个字两个读音都可以。“当然，大家下来还可以继续研究。”她说。这个细节，体现了她的严谨和对学生研究能力的尊重与引导。

然后，汪敏请同学们自己站起来朗诵这首诗。好几个同学大大方方地站了起来，以自己的理解朗读这首诗。或激昂，或舒缓，或高亢，或低沉。每一个同学朗诵结束，汪敏和全班同学都报以热烈的掌声。

针对刚才几个同学的朗读，汪敏请大家发表看法，谁读得最好。同学们又纷纷举手发言。然后，汪敏又请学生读另一首诗《绝句（其二）》。将两首诗从内容和情感上进行比较。

“通过朗读和比较，你们觉得《秋兴八首》的情感是什么？”汪敏又提出问题。同学们七嘴八舌：“悲”“哀”“愁”“思”“愤”……

汪敏引导大家区别“悲”和“哀”的不同。然后又和同学们一起分析作者的情感是如何表达出来的，学生说“借景抒情”“间接抒情”“直接抒情”……

汪敏追问：“‘间接抒情’是哪些句子？‘直接抒情’是哪些句子？最能传达出作者在这首诗中的情感的词是哪一个？”……正是这一环紧扣一环的讨论，汪敏把学生的研读引向作品的深处。

课后在和汪敏交流时，我对她这堂课予以积极的评价：“诗歌就应该这样上！诗歌，就是应该引导孩子们多读，而不是教师一个人的烦琐分析。因为诗歌本身就是让人诵读的，而不是给人分析的。所以，语文课堂上应该书声琅琅，尤其是诗歌教学的语文课。”

以学生的主体，但教师不失其主导作用，一起朗读，一起研讨，师生平等，共同分享。这正是我提倡并赞赏的语文课。

课间和几个孩子闲聊，问及对汪老师的印象。一个男生说：“我喜欢汪老师上课，不枯燥，很生动，不像以前初中时，都是老师一个人讲，而且逐字逐句地分析，课后又布置一大堆作业，汪老师不是这样，她总是引导我们自己思考分析，和我们一起讨论。”

一个女生说：“汪老师的课是我唯一不打瞌睡的课。”

我很惊讶：“啊？难道你上其他课要打瞌睡？”

她点头笑了：“是的。汪老师的我不打瞌睡，因为她的课生动有趣。”

“朴素最美，幸福至上”

接下来，我给汪敏两个班的学生上了一堂课。面对挤坐在一起的密密麻麻的孩子们，我一下感觉自己回到了自己的班上。虽然，下面坐着的孩子我一个名字都叫不上来，但那脸上纯真的笑容，让我感觉他们就是我的学生。

我先问他们：“我为什么要来给你们上课？”学生们当然答不上来。我笑了：“嗯，你们答不上来，我就很开心。看着你们莫名其妙满脸疑惑，我就很得意。哈哈！”我一声“哈哈”，引爆了全场的“哈哈”，孩子们都笑了起来。

我说："我要来给大家上课，是因为你们的汪老师，是我 26 年前教毕业的学生。我是她高中的班主任和语文老师！"

孩子们好像没反应过来，一下蒙了。

我故作失望地说："哎呀，我还以为我说完，你们都会恍然大悟地'噢——'呢！结果……"

好像有人指挥，一百多个学生一下子便"噢——"起来，声音拖得老长老长。然后大笑。

我赶紧伸出大拇指："好，好！谢谢配合！"笑声又把我的声音淹没了。

我说："问你们一个问题啊，你们觉得汪老师怎么样？"

我话音刚落，汪敏便从教室前门出去了。

我又乐了："汪老师听不见你们的评价了。"

学生却接着我前一句话七嘴八舌地回答："好！""很好！""很优秀！"

声音刚刚停止，汪敏从后门进来了。原来她是从外面绕道去教室后面站着呢！

我赶紧说："大家再说一遍，汪老师怎么样啊？"

"好！！！"震耳欲聋。

我非常得意，我就是要让汪敏听听孩子们对她的表扬。这是一个教师最大的动力。但我还不满意："说具体点，怎么个好法？"

"温柔！""善良！""用心！""幽默！""上课生动！""很爱我们！"……一时间，教室里叽叽喳喳，高一的学生居然一下子成了急着争取发言的小学生。

我又问："那汪老师有什么缺点呢？"

大家异口同声："没有缺点。"

有一个男生举手站了起来："汪老师有一个最大的缺点，就是她没有缺点！"

我乐了："你这是给领导拍马屁的最高艺术啊！"

又是哄堂大笑。

等到声音渐渐平息，我问："大家想不想看看汪老师当年读高中时的模样啊？”

“想！！！”声音再一次几乎把天花板冲开。

我用手指轻轻敲击笔记本键盘，一张黑白照片一下子便呈现在屏幕上，18岁时清纯秀丽的汪敏正用一双明亮的眼睛看着大家。

“哇！！！”孩子们惊叹不已。

我说：“这是高三时毕业前，汪敏给我的照片，我保存至今。我们继续看看你们汪老师当年的照片。”

我依次展开当年汪敏在班上参加活动的照片，还有参加歌咏比赛时担任领唱的照片。我说：“你们可能不知道吧，你们汪老师的嗓子特别美，歌唱得特别好听。这么多年过去了，这个班的同学一想起汪敏，自然都会想起她美妙的歌喉。你们听过没有啊？”

同学们都说：“没有。”

“好，下来后请汪老师唱歌给你们听。”我接着说，“但汪老师当年给我和大家的印象是特别特别害羞，说话就脸红。有次她上台演讲，结结巴巴，说了一句话然后说：‘但是，但是，但是……’就这么一直‘但是’着。”

同学们大笑。

“还有一次班里搞活动，我请她唱歌，她就是不愿唱，我就去拉她的手，想把她拉出来唱，结果她居然和我对拉——拔河啊！那么胆小害羞的女生，居然敢不听从班主任的话，为什么她一下子就这么大胆了？勇气恰恰来自她的——害羞！”

教室里又爆发出笑声。

“高中时，音乐老师发现了汪敏在声乐上的天赋，曾经劝她报考音乐学院，汪敏也曾经去培训了一周，后来她不去了，决定还是上普通大学。她对我说，一般考音乐学院的都是成绩不好的，她又不是成绩不好，她就是要证明，她不是差生！所以她后来没有走音乐的路子。其实，她放弃当歌手还有一个原因，她没有说，就是她想，如果自己成了歌唱家，那人家宋祖英还活不活了？总得给人家宋祖英留个饭碗吧？做人要厚道，这正是汪敏的善良之处。”

我说得一本正经，同学们却早已笑得拍桌子打板凳。

“后来，汪敏果真考上了大学，而且以优秀的学业成绩被分配到了北京，留在北京呀，这是多么令人羡慕啊！汪老师在北京一所区重点中学工作，当班主任，那里的孩子也非常喜欢汪老师。可是，两年后，为了爱情，汪老师来到了丽江！”

孩子们一阵惊叹：“哇！”

我高声说道：“是的，在汪老师心中，爱在哪里，家就在哪里！”

孩子们又笑了，伴随着热烈的掌声。

我继续展示着照片：“你们看，这是刚到丽江的汪老师，这是在教室里开心笑的汪老师，这是和学生在一起的汪老师，这是在办公室循循善诱辅导学生的汪老师，这是前天在机场接我的汪老师……”

同学们不笑了，都凝视着一张又一张的“汪老师”，看着一个青春的生命在岁月中长大。

“这是汪老师前天晚上发给我的微信……”我打出了汪敏写给我的一段文字——

李老师，我在教学中始终尽力做到像李老师那样，热爱学生，平等对待学生，不管在什么时候都不把追求分数当作自己的最终教学目标。虽然没有取得多大的成绩，但是为每一个教过的学生的成长进步感到欣慰。回顾二十年的教学历程，也有好些时候不能始终如一坚持自己的追求而留下遗憾。在做人方面，我始终记得李老师为我们读的小说《送你一条红地毯》，对里面有个身处贫穷但依然保持高贵精神的形象印象很深，也尽力做一个不苟且的人。

我说：“‘不苟且’这三个字太让我感动了！不苟且，意味着抵御外在的诱惑，坚守内心的良知，不管社会风气如何，绝不放弃应有的理想、情操和气节！汪老师是你们的老师，在我心中，她一直没变。几十年来，都是那么朴素，在平凡岗位上追求着自己的幸福。汪老师希望我给大家上一节课，讲什么呢？想了想，我就讲八个字‘朴素最美，幸福至上’。这也是汪老师的写照。”

我继续说："所谓'朴素'，就是不做作，保持本色，守住内心最纯洁的初心。所谓'幸福'就是……"我停顿了一下，说："这样，我们先来看一个调查。这是前几年英国《太阳报》的一个调查，调查题目是'什么样的人最幸福'，结果收到四万多份答案，他们从中选出了四个最佳答案。好，同学们能不能先说说你认为什么样的人最幸福？"

有同学说："满足的人最幸福。"有的说："小孩子最幸福。"还有同学说："银行工作的人最幸福。"等等。

我说："银行工作的人为什么最幸福？是因为有钱吗？当然，幸福和钱有关系，人如果没有起码的物质生活保障肯定不幸福，但我认为金钱和幸福恐怕没有必然联系，更不是钱越多越幸福。其实最珍贵最能给我们带来幸福的，恰恰一分钱都不用花，比如空气、阳光和水；而有些价值连城的东西，比如宝石，其实一点儿用都没有！当然，它们也代表了某种精神价值，但至少给人带来幸福的，并不一定都是金钱。"

我公布了《太阳报》的调查结果：第一种最幸福的人，是吹着口哨欣赏自己作品的艺术家。为什么？因为艺术家的劳作充满创造。"所以，如果同学们的一生都伴随着创造性的劳动，你会幸福的。"我说。第二，是正在用沙子筑城堡的儿童。为什么？因为这些儿童有梦想，有憧憬，有理想。"所以，永远保持童心，永远对明天和后天保持憧憬，你会幸福的。"我说。第三，为婴儿洗澡的母亲。为什么？因为有爱。爱和被爱都是幸福的。第四，刚刚挽救了危重病人生命的医生。为什么？因为他有帮助别人的专业能力。"所以，将来无论你们从事什么工作，都必须要有源于专业的能力和智慧，这是你们幸福的源泉，也是你们的尊严所在。"我说。

让人们因我的存在而感到幸福

"今天，我送大家两句话。第一句话，让人们因我的存在而感到幸福。"我讲这句话的含义，讲了这句话几十年来是如何伴随着我和我的学生。我特别讲了我的学生宁玮的故事。

“宁玮是你们汪老师的高中同班同学。你们先看看她的照片。”我打出了宁玮高中时代的照片，讲了她的朴素与善良。“这是去年 9 月，我邀请她到武侯实验中学为三千师生做演讲，讲她的人生经历。25 年来的经历就两个字：‘打工’。当年她差几分没考上大学，本来也可以继续补习来年再考，但因为家境贫困，她把考大学的希望给了弟弟，自己外出打工。北京、河南、成都……从小餐馆服务员做起，经历过所有打工者的艰辛与挫折，但善良与勤劳，成了她一路的绿灯，在成都某商场应聘仅一个月，她就被老总提拔为经理。在同时的应聘者中，只有宁玮没读过大学，只是高中毕业，因此当宣布她为经理时，不少员工不服，说凭什么让一个高中毕业生当经理？但老总说，你们谁比宁玮的能力强？谁比宁玮更受顾客称赞？

“在经理的位置上，宁玮以自己的出色业绩赢得了所有人的敬佩，最后她被提拔为商场总经理。在旁人看来她已经处于事业的辉煌阶段，可几年后她激流勇退，谢绝了老总的苦苦挽留，辞去了总经理的职务，来到成都一条小街开了一家小饭馆，专门为那几条街的打工者服务。宁玮说：‘我多年打工，深知打工者的不容易，我就想为这些民工兄弟做点事。’

“宁玮再次表现出她的善良，冬天的夜晚，她常常给前来吃饭的民工们烧洗脚水，她赢得了民工兄弟的尊敬，每年春节，从家乡回到成都的民工们都要给宁玮带来一些土特产。几年过去了，那条街几乎所有的餐馆都倒闭了，只有宁玮的小餐馆越做越红火。为了照顾日渐年迈的父母，现在宁玮回到了彭山老家，继续做着她的餐饮。

“短短几年，宁玮的‘李记荷花塘豆花家常菜’又成了彭山颇有名气的餐馆……”我停顿了一下，说，“这里植入广告。”同学们大笑。

我说：“哎，如果你们到了四川彭山，就去找这家餐馆吧，报我的名字，宁玮会给你们打九九折！如果报你们汪老师的名字，打九八折。”

同学们都笑了。

他们问：“如果两个名字都报呢？”

“两个名字都报，免费！”我大声说。

又是爆笑。

我说："朴素最美，幸福至上。宁玮正是如此。她因为自己的存在而让周围的人感到了幸福，而她自己也赢得了幸福。去年9月的演讲中，孩子们都被她的故事吸引了。宁玮真诚地说：'其实我并没有什么能耐，只是想到要对人善良，不要怕困难。一个人无论做什么都要认真，能够吃苦，就一定能够赢得别人的尊敬，也一定能够找到自己的幸福。'"

这次没有笑声。同学们都被我讲述的宁玮故事感动了。

发掘一个卓越的自己

"第二句话是，发掘一个卓越的自己。这也是上个月开学典礼上我给学生们的致辞。"我说，"每个人的心灵深处，都藏着一个你自己都不相信的'卓越的自己'。那个'卓越的自己'需要你自己去发现，去挖掘。我给大家讲我另一个学生的故事，他的名字叫杨嵩。他和宁玮同班，也是你们汪老师的高中同学。"

我从杨嵩初中讲起，讲他高中的战胜自己，最后进入复旦；接着是大学毕业后从宝洁到东风日产，然后成为业界英雄、销售精英，被派往美国开辟市场，最后又从美国回来创业……讲他的一步步成长。我说："今天的杨嵩，和当年的杨嵩比，就是一种'卓越'。而这份'卓越'，是他用二十多年的时间自己'发掘'的，这里的'发掘'，就是不断战胜自己，不断超越自我。同学们，你们一定要坚信，你们的内心深处现在正藏着一个'卓越的自己'！"

不知不觉，下课时间到了。我说："我非常愉快地和同学们一起度过了四十分钟。再过两个小时，我将乘坐飞机离开丽江。我以后可能很难再见到大家，但因为汪老师，在座每一个孩子，都会是我的牵挂。我会关注着你们，想念你们！谢谢同学们！"

长时间的掌声响起了。

我来到同学们中间，汪敏为我们拍了几张合影。尽管我说我马上就得赶往机场，但还是有孩子围上来要我签名，还有孩子要用手机和我自拍。

再见汪敏和她的学生们

匆匆吃了午饭，汪敏送我去机场。到达机场后，我和汪敏握手告别，可我感觉汪敏紧紧握着我的手，似乎不愿意松开。我回头看她，眼泪已经从她眼眶里流出。虽然泪流满面，但她依然笑着和我告别。我也笑着说：“再见！有了微信，我们天天都可以见面的。”

过安检，登机，进舱坐好。收到汪敏的微信——

李老师，我已到家。看时间，还有不到20分钟，你就要离开丽江了。26年分别的两天相聚，我深深体会到的是李老师对自己学生如对自己的儿女一样，一如既往地爱和鼓励。刚才周慧在微信上问我，李老师在丽江很忙吧，我说忙，但也很开心。别人把李老师当名人，但李老师在我心中就是李老师，那个26年前给我们上课、读小说、教我们出门要注意什么、和我们一起玩耍一起疯的那个李老师，所以我跟他有说不完的话。李老师，我不善于当面向你表达我的情感，但在我心中，不管过去，现在，还是将来，你都是我最可亲可爱的李老师，我不说“尊敬”，因为“尊敬”不符合你倡导师生之间那种平等。这两天虽短，但还是很大地影响了我。李老师，你来了，见面，听讲，游玩，交谈，似乎从没有分别过，可你要走的那会儿，泪水自然而然地就刺激着我的眼和心。其实本来我也不想哭的，就如你所说以后我们也是可以“天天面谈”的呀。师生一场，成了父女亲人了。这会儿给你写着这些话，我的泪水在眼眶里转。不写了。李老师，你要多爱惜自己，休息好，希望健康永远陪伴你！

我回复——

谢谢！我以后还会来丽江看你的。

2016年3月12日

补记一：关于一个字的读音

回到成都，我心里还惦记着“孤舟一系故园心”中“系”的读音。虽然我一直读的是“jì”，但那天把两本字典搬出来，让我一下对这个读音不那么自信了。于是，我打电话请教我的一位在四川大学担任古典文学教学的博导朋友。我这朋友回复我说：“请教了唐诗专家，应该读‘jì’。”

我把这个短信转发给了汪敏。我想这事算是有定论了。

没想到沉默一天之后，汪敏第二天在微信上给我回复道：“李老师，我查了一下商务印书馆出版的《现代汉语词典》和《新华大字典》，它们的相关读音和解释是这样的：xì，拴，绑（例词：系马、系缚）；jì，打结，扣（例词：系鞋带、系围裙、把领扣儿系上）。云南人民出版社出版的《简明古汉语词典》的读音、解释：xì，拴，缚，例句1豫备走舸，系于其尾（《赤壁之战》），例句2半匹红绡一丈绫，系向牛头充炭直（《卖炭翁》）；jì，结，扣（例词：系捻儿——特制的丝绳。多用以系玉石坠）。上海辞书出版社出版的《辞海》：xì，拴缚，《国策·楚策四》‘不知夫子发方受命乎宣王，系己以朱丝而见之也’；jì，打结，系上，如‘系鞋带’。根据以上信息，我觉得‘孤舟一系’中‘系’字还是读xì吧，你认为呢？”

真没想到汪敏这么认真，而且不迷信专家权威。

我仔细研究了一下她提供的资料，越来越倾向于读“xì”了。

我给汪敏回复：“读‘jì’，其义更侧重于‘打结’‘扣上’，而且动作对象往往是相对微小的东西；读‘xì’，其义更侧重于‘捆’‘缚’‘绑’，动作对象相对比较大，而且有‘牵挂’的引申义。因此，‘孤舟一系故园心’中‘系’的读音不能两可，只能读‘xì’。”

当然，这也许还不是最后的定论，我等待着方家更有说服力的指教。（2016年3月15日晚）

补记二：几条留言

本文在我的微信公众号推出后，反响强烈，很快刷屏。留言区有好些评论，我一看就是汪敏以前教的学生写的。这些留言让我感动。下面选择几条——

留言一

她是高中那个几乎人人以上大学为终极目标里的“另类”老师，她会在我们高三时注意我们的休息多过我们的成绩，她会用她的晚自习给我们办各种各样的活动，到现在还记得她帮我们改“随笔”的红笔字有时比我们自己的随笔还长，她还会鼓励学生所有的在其他老师看来莫名其妙的想法，当然也一直记得她的朴素美。

留言二

被汪敏老师教的一年，是我最喜欢写周记的一年，和汪敏老师相处就像和朋友相处一样，很开心很自在。我可以把我所有的小心思小秘密都写在周记里告诉她。可惜高三的时候她没再教我们了，谢谢汪敏老师！

留言三

你好，今天看了你写汪敏老师的文章，我居然看哭了，我是她上一届的学生，现在读大二了，所以我应该叫你师爷吧。谢谢你写她，让我知道她的消息。在高中遇到这个老师应该是我的幸运，因为我觉得她更像朋友，和我们一起成长，她会给我们组织很多活动，会给我们看电影（即使在学校不同意的情况下），她一直尽可能地让我们在应试教育的大背景下发挥自己的自主性。她很认真，即使在我们毕业后，她还是会好好整理我们从高一开始的作品，我记得我高一时候的一个幻灯片她也保留下来了。她也会保留我们的每一份手抄报，她从不会抱怨什么。即使我们不好好听课，她也会很有耐心地讲解。哈哈，说那么多呢就是想告诉你，你的学生，我的老师，真的是个好老师！（2016 年 3 月 18 日）

补记三：又见汪敏和她的学生们

2016 年 3 月，我去丽江看了汪敏和她的高一学生，临别时我对他们说：“你们读高三时，我一定要再来看你们的！”

今天我兑现承诺，又来到了他们中间。他们已经进入高三了，可是看上去变化不大。和上次一样，依然是两个班的孩子挤坐在一个教室里听我讲课。当给我鼓掌的时候，他们对着我傻乎乎地笑。我一一在屏幕上打出他们上次的照片，还有和我一起自拍的孩子的照片，大家便对着那个同学笑。

我赠送了一本新书《自己培养自己》给汪敏，然后开始给孩子们上课。

我今天给他们讲的主题是我最近常在外面对老师们讲的主题：“用一生的时间去寻找那个让自己吃惊的‘我’”。我打出我19岁的照片，照片上的我和他们现在一般差不多大的年龄，青春气息让他们惊叹。

然后，我一个故事一个故事地讲，从年轻时代，讲到现在。我谈到“战胜自己”，谈“发现一个让自己目瞪口呆的自己”，谈“每天一个人都要吸收物质营养和精神营养，前者是吃饭，后者是读书”，谈“生活有许多不公在前面等着你们，你们要做的不是怨天尤人，而是壮大自己”……孩子们听得特别专注，时不时又随着我的讲述爆发出笑声和掌声。最后我说：“你们明年就要参加高考了，你们的未来有无数种可能，无论哪种可能，都请记住，你的内心深处潜藏着一个卓越的自己！我以后不可能再见到你们这两个班，但我会在远方牵挂你们，祝福你们！”

讲了一个多小时，考虑到他们是高三，我不忍多占他们的时间，可孩子们说“没关系”，他们都想多和我待一会儿。于是我们一起合影，有的孩子和我自拍。拍完照他们还不愿散去。于是唱歌，他们给我唱了一首又一首歌，包括那首《成都》，我也给他们唱了一首《唱着歌儿向未来》，汪敏老师也唱了一首俄罗斯民歌《红莓花儿开》。

吃午饭的时间到了，我们彼此才依依不舍地分别。孩子们跟我挥手说：“李老师再见！”我对他们微笑点头。我心里想，他们的名字我一个也叫不出，但丽江孩子的淳朴、善良、上进而又有点羞涩的形象，将永远留在我心中。

从教室出来，汪敏陪我逛了逛丽江市一中的校园。和全国所有百年名校的老校区一样，这里也树木参天。尤其在这金色的秋天，校园格外美丽。我和汪敏在银杏树下拍了几张照片。金色的阳光和金色的树叶，让我们的心里都充满暖意。

傍晚，汪敏陪我逛丽江古城。我扛着摄影器材和她一边走一边聊。汪敏依然那么善良，那么敬业，那么淡泊，那么低调，那么从心里爱着她的学生。我想起去年她说她不打算申报高级职称，今晚我又鼓励她："还是应该申报，凭什么不申报呢？"她说她再想想。

说起教育环境和现状，她依然忧心忡忡。这是我们共同的忧患。

但我们也有同样的情怀——从自己做起，做总比不做好，能做多少是多少，从爱身边每一个孩子做起，从上好每一堂课做起……（2017 年 11 月 24 日）

2018 年 11 月，汪敏与学生在一起

吴文静："长大后我就成了你"

与我女儿同过生日的女孩

2011 年寒假期间，我在乐山熙熙攘攘的街头。突然听到一声"李老师，我好久没见您了"，随即一位 30 多岁的女士扑过来和我拥抱，我仔细一看，原来是吴文静，是乐山一中高 93 届的学生。当时我有些不好意思，但心里很温馨。

教吴文静的时候，她还是个十五六岁的小姑娘。很巧，她的母亲是我岳母的学生，她和我女儿的生日又是同一天，都是 12 月 1 日。所以我记得 1990 年 12 月 1 日，16 岁的吴文静在我家和我 3 岁的女儿晴雁一起过生日，我还给她俩照了相呢。

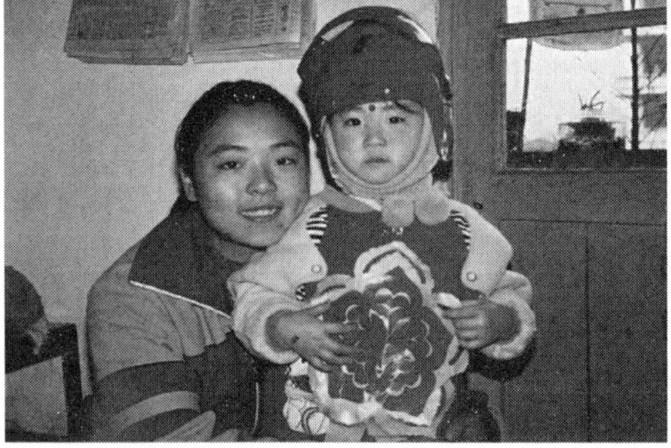

高一时的吴文静和我女儿

吴文静给我的印象是纯真可爱。她当时在班上特别活泼开朗，喜欢笑，笑声特别清亮，完全是那种无拘无束从心里迸出来的笑。1990 年年末的班级迎新晚会上，我曾和吴文静等几个女生合演了一个节目，我扮演新年老人，她和另外三个女生分别扮演"1991"四个数字，吴文静正是其中的"1"。是我领着"1991"四个小姑娘走进教室，象征着新年到来。照片上，吴文静的笑容特别纯真。

其实吴文静这个班我只教了一学期，然后就调往成都了。记得离开的时候，学生们泪如雨下。纷纷要求我给他们上最后一堂课。于是，两个班的学生聚集在一间教室。我给他们朗读了《青春万岁》的片段。现在保存的照片中，还可以看到有的学生脸上的点点泪痕。

我最后一次给同学们布置作业，是用白话文翻译文言文《苏武牧羊》。走的那天，课代表张曦将同学们做的语文作业整整齐齐地装订成册送给我，作为永远的纪念。我打开看，好多同学都在翻译的后面写了对我的不舍。吴文静在作业纸边上只写了四个字："您真狠心！"

学生说"我们都想成为她"

几年后，我在成都石室中学教书时，收到已经大学毕业的吴文静的求职简历。打开她的个人简历表，我看到其中有一栏是她自己设计的"你的座右铭"，吴文静写道："让人们因我的存在而感到幸福！"我的心头一热，学生们还记得我当初给他们说的话啊！

后来吴文静在四川大学外语学院做了教师。虽然同在成都，但好几次说要聚聚都没如愿。2012年春节期间，刚刚在德国进修完一年回国的吴文静给我打电话，约我聚会，时间定在正月十五夜。于是，我们两家人一起过了一个美好的元宵节。

临别时，我送了吴文静一本《做最好的家长》："这是写晴雁成长的故事，可能对你教育孩子有些参考价值。"

几天后，吴文静读了《做最好的家长》后，给我写了一封长长的电子信件——

亲爱的李老师：

您好！

谢谢您送我《做最好的家长》一书！

从一翻开书，我就没有合上，花了两个晚上把它读完，由此不得不又熬了一晚把落下的工作补上。这本书已经“严重”地影响了我正常的生活——上下班的途中、接送孩子的路上、吃饭时、备课时……脑袋中是挥之不去的“李爸爸”“李老师”“李镇西”。我已勒令丈夫放下手中的考试参考资料，先攻读这本书，做一个更好的父亲。夜深了，我躺在床上，当世界变得安静时，思绪却异常地活跃起来。在辗转无眠许久之后，我变得有些疯狂，穿着厚厚的冬衣，披着棉被，在依旧寒冷的成都初春的凌晨2点打开电脑，敲击着键盘，写一封信给您……

记忆中我们的缘分始于1989年，那一年我初三。那时，同学们早已拿出百分之一千的精神备战中考。某个午后，我走出教室，站在走廊处远眺，休息一下疲惫的眼睛。这时，我看到了您，远远的。1989年的江湖中到处都是关于您的传说，于是我心里一“盘算”——您现在教高三，如果我能考入乐山一中高中部，我将极有可能成为您的学生！因为这个“极有可能”，我赶快回到教室，更加努力地投入战斗。后来我真的考上了，更幸运的是，我竟然真的分到了您的班上，成了您的学生！但现实又是如此的残酷，一个学期之后，您“无情地抛弃”了我们高93（1）班去了成都，那一个学期就成了记忆。随着时间的流逝，这个记忆开始变得模糊，点点滴滴地流失着，甚至最后一次课上的感动与不舍也是在您的旧照片中才能找到。奇怪的是我却清楚地记得第一节课的第一分钟，就在这节课，这一分钟，您把“让人们因我的存在而感到幸福”写在了黑板上。我像接到圣旨一样把它工整地写在了语文书封二的空白处，高二、高三，我的语文书封二的空白处都是同样的一句话，甚至大一的教材上也是。后来，我不再傻傻地写，因为这句话已经深深地存在我的心里，成了我生命的一部分，我一直努力着想要让人们因我的存在而感到幸福！而您，也随着时间的流逝变得有些遥远，逐渐带上了神的光芒，高高在上，遥不可及。但每次和别人聊到“最爱的老师”“影响我一生的人”之类的话题时，总是不由自主地想到您。

22年后，我已经做了教师15年，结婚12年，当妈妈8年，捧着这本——《做最好的家长》，第一次从一个成年人的角度、从一个母亲的角度来走近您，字里行间读到的是一个父亲（而不是老师）对孩子的爱，这种爱是如此的深，如此的沉，如此的纯，如此的真。您在一篇博文中曾经提到您最大的成果是您的女儿，我当时不太理解——哪个父母不把自己的孩子当作自己最大的成果呢？我知道小晴雁非常优秀，可是无论孩子怎么样，在父母眼中都是最珍贵、无可替代的啊！读了您的书后，我才深深地体会到您对女儿的那份爱，理解了父亲的骄傲，有您这样一位伟大的父亲，（我知道，您肯定不赞同我用"伟大"，请您原谅！）晴雁真是太幸福了！古话说"一日为师终身为父"，您这位"父亲"对我们是不是太薄了？（开个玩笑。能当您的学生我已经很满足很幸福了。）读着您的文章，您的形象也开始变得清晰丰满立体，您不再是那个小女孩记忆中模糊而遥远的老师，您向她走过来，神变成了人，甚至有些可爱。时间会模糊一切，记忆原来也会骗人！您从来都是可爱的人，是时间把您神化了！

现在是凌晨 3：30，在这样的一个早上，想着我的老师，幸福感包围着我，会不会也有一个我的学生在这样想着我呢？记得有一年，在完成两年的大学英语学习之后，有一个班的学生大部分选择了英语作为自己的第二学位，当被问及原因时，她们的回答是——我们非常爱我们的英语老师吴文静，我们都想成为她！这就是做老师最大的成就，您说对吗？我将继续以您为标杆，做最好的老师，做最好的家长，做最好的自己！

您永远的学生：吴文静

2012 年 2 月 16 日凌晨

教育，就是爱的传递

这封信让我很感动，尤其是读到结尾："她们的回答是——我们非常爱我们的英语老师吴文静，我们都想成为她！"我的脑海里突然盘旋着一首熟悉的旋律《长大后我就成了你》。是呀，当年我爱着吴文静这批学生，现在吴文静又爱着她的学生；而她的学生又像吴文静她们爱戴我一样，爱戴着吴文静老师！教育，从某种意义上看，就是爱的传递。

我当即给吴文静回信——

文静：

你好！

代问黄华好！还代问你非常非常可爱的儿子好！

读了你的信，很感动。说实话，今年从教30周年了，无数学生向我表达过真诚的敬意和依恋，这种情况多了，有的老师会麻木："就那么回事儿！"但我不，每一届学生每一个学生对我的感情，都让我感动。不同年级的学生有不同的故事，在你们之前在你们之后，我都被感动过。但这些故事都有一个共同的主题：真诚与爱。在这物欲横流的时代，我们正是凭着一颗纯真的童心，守护着我们作为人的精神家园。

看到你说你初三时，就盼望在我班，这个"盼望"还成了你中考的动力，我是第一次知道，同样很感动。我想到今天上午，我找几个年轻老师谈心，其中一位老师告诉我，本期招聘的一个代课老师，本来已经在都江堰一所学校签约了，那个学校正式要她了，可她毅然推辞了那边，来到我校代课，她对同寝室的老师说："我就是冲着李镇西来的！"你说，我多感动！只教了你们一学期，但你们留给我的最后印象实在太深，那份依恋让我永远难忘——你们坐在教室里听我上最后一课，大家没有笑容，心里充满着别离的愁苦；后来去操场照合影，同学们脸上也少有笑容。正是一届又一届学生这点点滴滴对我的爱，成了我坚守到现在的动力。那天看你班的照片，绝大多数学生我已经叫不出名字（毕竟只教了你们几个月），心中还很惭愧。2009年年底在上海，张曦、何川、罗建华、李志忠等同学请我吃饭，我心里也是既感动又惭愧。只教了你们一学期，你们却还记得我。至于可爱的吴文静，我当然印象深刻，活泼、开朗、纯真、善良……这次见了面，也没觉得你有什么变化，甚至容貌好像变化也不大。

你现在也是妈妈了，我理解你操心儿子的心情。但不要担心做不好家长。其实，父母的人格，包括对人处世的态度，就是最好的家庭教育。我常说，家庭教育首先不是要刻意去做什么，而是父母的人格对孩子的无声影响。还有家庭的书香气，必然熏陶出孩子的书卷气。我相信，你和黄华一定会成为优秀的家长的！那天我看你的儿子活泼可爱聪颖，已经折射出你们良好的家庭教育了。

谢谢你在凌晨给我写信，都是我的书害了你。你结尾说的学生因你而愿意学英语，我真是高兴！爱与智慧的传递，就是做教师最大的成功！

不多写了，祝福你全家！

你的大朋友　李镇西

2012年2月16日晚

一年后的2013年1月，我因病躺在了手术台上。全麻几个小时之后手术成功，我醒来了，仰面看天花板，有许多张面孔在亲切地俯视着我，我一一辨认：医生、护士、我爱人、我女儿、我表弟，咦，怎么这个人像吴文静呢？仔细一看，果真是吴文静！

后来，我浑身插满管子躺在床上动弹不得，晚上我爱人守我，白天就是吴文静照顾我，而且无微不至。这让我非常不安。吴文静看出了我的不安，安慰我说："李老师，我是代表我们全班同学来伺候您呢！"

在病床前，吴文静告诉我，我动手术那天她急急忙忙地赶到医院，并不住地向医生询问我的情况。医生问她："李镇西是你什么人？"吴文静说："是我高中的老师！"吴文静后来告诉我："医生听我说了之后，很是吃惊，说：'是高中的老师啊！你们的师生感情这么深！'"我听后，对吴文静说："如果这位医生知道我只教了你们一学期，会更惊讶的。"

近年来，我在外面讲学，常对老师们说："教师，当然应该有较为丰厚的物质生活，但同时还应追求一种物质以外的幸福享受。"这种幸福，就包括师生之间纯真而悠长的情感。我正是这种幸福的拥有者和享受者。

"李老师影响着我的一生"

写这本书的时候，我想到了吴文静。我请她谈谈自己现在的教学情况，结果她却从我谈起，写了一篇长长的文字——

于我而言，“课堂上的李老师”只有短暂的一学期，但是在接下的岁月里，却一直有“人生路上的李老师”，伴着我走过了高中，走过了大学，走进了自己的职业生涯，可以说，李老师影响着我的一生。渐渐从 Miss Wu 变成了 Mrs. Wu，对教育事业的热爱却从未减少，反而日久弥坚，越发挚爱。而这份热爱的源头就是我遇见过的众多优秀的老师们，李老师就是其中之一。几年前给李老师写了一封信，详细讲述了他是如何影响我、促使我不断进步的。在此不再赘述。我想聊一聊我“职业生涯中的李老师”。

李老师是中学老师，我是大学老师；李老师是语文老师，我是外语老师。除了“老师”一词，似乎我们俩的职业生涯没有交集。但正是“老师”这个词，又把我们紧紧地连在了一起。如何做一名合格的老师，如何承担起“灵魂工程师”的责任，李老师用他职业生涯的点点滴滴带给了我许多启发，其中最深刻的两点就是人和爱。何谓“人”，就是把学生当作是一个个鲜活的生命，有自己独立的思想，有各自独一无二的特点，世上没有一把标准尺子可以用来衡量每一个多姿多彩的灵魂。而“爱”，真诚地去爱每一个学生，欣赏每一个学生，则是做一个好老师的基本素养。老师难免会偏爱成绩好的优秀的学生，这是人之常情，就像父母也会羡慕“别人家的孩子”一样。老师真诚的爱、欣赏、尊重就显得弥足珍贵，不管是对处于青春期躁动的中学生还是初出茅庐离家求学的大学生，都是如此。在我眼里，李老师用自己几十年的教育生涯实践了“人”与“爱”，用一个一个生动的例子诠释了“人”与“爱”的力量。而我也在自己的教育生涯中努力实现“人”与“爱”的传承。

我是一名大学英语老师，学生来自全国各地，英语水平千差万别。发达地区来的孩子大都一口流利英语，英语文章写得洋洋洒洒；而很多偏远贫困地区来的孩子没法开口讲英语，听力一塌糊涂，因为从来没有听过，写作基本也是中式英语。除了学习，学生的性格也大相径庭，有特别活泼的，上课总喜欢和老师互动，积极参与课堂活动，很快就让老师记住了他；有的学生则沉默寡言，坐在不起眼的某个位置，如果不是老师强行点名回答问题，他可以一个学期不说一句话。如何去认识每一个学生，发现每一个学生的优点，鼓励每一个学生发挥自己的优势，就成了我日常教学以外的附加任务。

有学生感慨“吴老师是第一个认得我的老师”“吴老师是大学唯一叫得出我名字的老师”。（特别说明一下，我们学校公共英语课是小班化教学，相对于上百人的课堂，我们认识学生确实更有优势。）我相信，大多数人都有被认识、被看到、被尊重的需求。而一旦建立起师生之间信任的纽带，学生的学习就会更加起劲。

我几乎从来不以学生的英语成绩来给学生“打分”，因为我知道能够进入四川大学的学生自有他们的优势。曾经有一名学生，英语成绩特别差，几次考试都在及格的边缘徘徊，他自己也很烦恼，找我聊了很多次。其实他数理化特别优秀，高考几乎都是满分，如果高考英语能够及格（他只考了五十几分），他很有希望去清华大学。而来了川大以后，他的专业成绩依旧名列年级前茅，英语依旧不见起色。看来这不是一个懒学生，而他极有可能是天生缺少一根学习语言的弦。与其“浪费”大量的时间学习英语，不如专心提高自己的专业水平，英语学习维持常态，保持及格即可。他听了我的劝导，不再纠结，上英语课时认真听，能懂多少懂多少，课后作业认真完成，考试前把该复习的都复习了，不再额外花时间学英语，而是把更多的时间用在专业钻研上，最后通过保研的方式继续自己的研修之路。后来他说真没想到英语老师会劝他不要花太多时间学英语，但正是“舍”最终成就了他的“得”。作为英语老师，我当然希望学生多学英语，学好英语，但经历高考前魔鬼训练后英语也只有五十多分的学生想要在大学多花时间提高英语成绩实在是有点得不偿失，毕竟英语不是他的专业，专业才是以后发展的方向，英语不过是锦上添花罢了，不能因为我是英语老师就强行要求所有学生必须投入百分百的精力学习英语，而应该根据每个学生的情况，从学生未来发展出发，做出更合理的规划。

因为信任，常常会有学生带着各种各样的问题来找我聊天，除了英语问题，最多的是关于学业的问题和感情的问题，我都会尽量倾听他们的声音，综合各方考虑，提出自己的建议，大多都被学生欣然采纳。几年前有个学生前来咨询转专业的事。他当时是机械专业，父母都是东北某大型机械集团的员工，大学专业是父母挑的，就是希望他毕业后能回到厂里，子承父业，做一名工程师。但是他从小的梦想是做一名胸外科医生。来到川大，一年机械专业的学习坚定了他学医的决心，所以他想借大一结束时转专业的机会转去医学院。但是父母坚决反对，对于医生的行业，父母不了解，将来怎么发展，父母没有底；但是拿着985大学的文凭，回到厂里却可以保证有优厚的待遇。他和父母沟通了几次，都没法说服父母。转专业报到结束前几天，他来找我。我了解到他想学医并非一时性起，而是从小的梦想；学机械，成为工程师却是父母的一厢情愿。带着对华西医学院的无限信任，我鼓励他遵从自己的内心，尝试一下转专业实现儿时的梦想。他带着犹豫离开了。第二天，又跑来教室："老师，我昨天和父母又吵起来了。老师，如果是您的孩子，您会支持他吗？""当然，我一定会支持他去实现自己的梦想。何况医生也是一份特别受人尊敬的职业。我支持你去试试！"报到截止的最后一天，男生提交了申请表。隔了几天，他有点失落地来找我，原来机械专业只能先转去基础医学部，和自己胸外科的梦想有点远。我鼓励他难道基础医学部不是离胸外科更近吗？又隔了一段时间，看他情绪低落，原来那一年连基础医学部也没有名额。如果转专业不成，考研几乎也是一个难题，似乎他的医生梦想真的要破碎了。谁料到两周后，他忽然接到华西口腔医学院的面试通知，原来他专业成绩好，各方面表现不错，口腔医学院的老师从一堆申请表里把他挑了出来。这一次，他没有和父母商量，直接去面试并成功转到华西口腔医学院。他开心极了："谢谢您，老师，只有您支持我！"我也替他开心，就像是自己的孩子成功了一样。

也有学生转专业被我"劝退"的。有个电气专业的学生，英语课特别认真，第一节课就给我留下深刻的印象，但不是因为他英语好，恰恰相反，是因为他英语说得不太好，但表现欲又很强，这种反差让我一下子记住了他。之后两年的大学英语课，他都在我班上，成绩渐渐提升起来，但绝不出类拔萃。大三的某一天，他忽然给我电话："老师，我想考研，考英语专业。您能推荐点书吗？"从电气到英语，从理到文，转变太大，于是我问了问背后的原因。发现他对英语专业的了解仅仅是觉得"吴老师挺好，做一名大学英语老师挺好"，可以说对于转专业相当轻率。于是我和他细细分析了一下成为大学英语老师的条件，大学老师面临的压力，单一英语专业的困境，专业技能加英语的优势，让他一条一条列出自身的各种优势劣势，尽量在做决定之前全面衡量，毕竟研究生专业的选择关系着将来的事业，不可儿戏。斟酌了两天，他打来电话，放弃转专业，继续电气专业研究之路，继续将学习英语作为自己的爱好并努力助自己事业一臂之力。

有时候我还要鼓励学生"不务正业"。记得有次临近半期考试，一个女生来找我，她很想参加英国广播公司组织的支教活动，需要去贵州山区待一周。但时间刚好和英语半期考试时间重叠了。她左右为难。为什么会为难？原来她自己有出国深造的计划，参加这样的活动是一个加分项；但半期考试一来没有补考，二来还要占一定学年成绩百分比，会影响学年成绩，也可能会影响年级排名、奖学金、保研等一系列问题。我和她谈了很久，综合各方面因素进行取舍。我发现这个女孩子有一颗"不安分"的心，她就想出去闯荡，去看看外面的世界，留在国内的可能性很小；而且她英语很好，可以挑战一下丢掉半期考试成绩依旧可以获得较好的学年成绩。于是我鼓励她"撒撒野"。结果这个女生一路放飞，大三交换去了台湾，大四去了印度，大学毕业去了美国，现定居德国。非循规蹈矩的女生需要走非一般的路。

学生在遇到感情问题的时候也会偷偷来找我。暗恋一个男生（可以猜到，都是女生来找我聊感情）该怎么办？被不喜欢的男生表白该怎么办？被忽然分手该怎么办？这个时候，我不是吴老师，不是Mrs. Wu，而是她们的知心姐姐，听她们的爱情烦恼，然后告诉她们年轻真好，爱情的烦恼真让人羡慕，再和她们聊聊如何将这小小的烦恼消解。更多的时候，我只是一个真诚的倾听者，听她们把苦闷倾诉，一个微笑，一个点头，一个拥抱，有时候就是最好的解药。

我没有做过什么惊天动地的大事，更没有什么丰功伟业，不过是在自己平凡的岗位上，做着平凡的事情。迎来一届又一届的学生，又送走一届又一届的学生，真所谓"铁打的老师流水的学生"。两年时间，作为一个公共课老师，我能做的不多。但我坚定地爱着我的每一个学生，虽然大部分学生毕业后就渐渐失去了联系，名字渐渐变得陌生，但每一届也总有几个学生成了"挚友"，继续在以后的人生中与我同行，继续和我分享他们成家立业生子等生活的点滴。成为学生成长路上的见证者、陪伴者、助跑者，这大概就是老师的幸福吧！

李老师送我的那句话——让人们因我的存在而感到幸福——16 岁的我第一次郑重地写在了语文书上，今天我可以骄傲地对李老师说我一直在努力。我也把这句话分享给了我的学生，希望这份爱的接力可以继续下去。

“在自己的教育生涯中努力实现‘人’与‘爱’的传承”

“在自己的教育生涯中努力实现‘人’与‘爱’的传承”这句话让我特别感动，更有共鸣。所谓“教育”，不就是这样的传承吗？

吴文静现在还没评上教授，但在我心中这一点都不重要。重要的是几年前，吴文静曾很兴奋地在微信上告诉我：“李老师，今天下课后，一个女生陪着我走了很长一段路，她说，在所有老师里，她最喜欢听我的课。”

为写这篇文章，我又专门问吴文静，请她再说细一些。她回复我：“记不得了。”

是的，这样温馨的细节，对吴文静来说太多了。正是这样温馨的细节，构成了她平凡而幸福的教育生活。

课堂上的吴文静

就像我的一届又一届学生记得我一样，吴文静的一届又一届学生也会记得他们的吴老师。不必用堆叠的荣誉来证明教师的成功，教师的光荣就印在历届学生的记忆里！

2018 年 7 月 21 日，我在乐山为乐山的学生上退休前"最后一课"时，吴文静也在下面认真地听着；一周后，我在成都又为成都的学生上"最后一课"，吴文静也赶来了。

看着她课堂上专注的神情，想到她现在也是一名教师了，那句歌词猛然又跃出我的脑海："长大后我就成了你。"

2012 年 2 月 10 日写成

2020 年 4 月 6 日补充

2020 年 5 月的吴文静

张劲松：永无止境地证明自己

不在我班上的我的学生

很多读者都对我能保存那么多的学生资料——作业、作文、书信、照片等，感到惊叹，问我："是不是年轻时就打算几十年后的今天要写书，而早做准备呀？"

当然不是。很难说这些资料是我有意保存下来的，也许只能算是习惯使然吧。说不清是什么原因，我从小就爱保存一些旧物，比如电影票、车票之类，别人事后便扔了，我却保留着。我现在还保存着我整个中学时代的作文本，还有我小学和中学的毕业证、大学准考证。参加教育工作后，我就习惯性地保存学生的文字图片资料。时间一长，它们就成了"文物"，而每当我写学生故事时，这些"文物"便成了某些记忆的"导火线"。

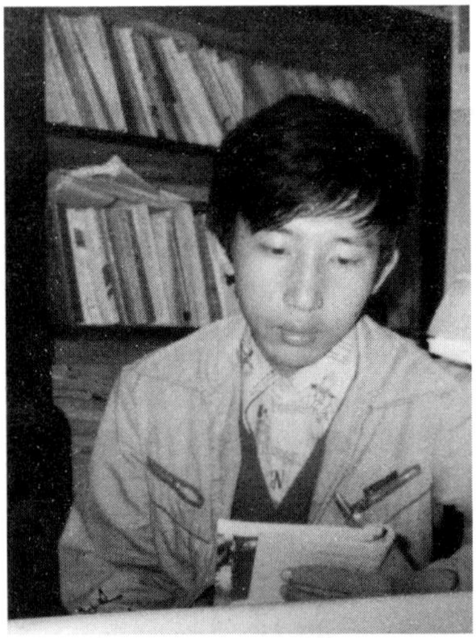
高中时的张劲松

最近写《教育的100种可能》，这些"古董"可帮了大忙。好多往事几乎已经随风而散，可也许是某本书中夹的一份30年前的检讨书，就勾起了我对做这个检讨的学生的回忆。

那天，我在查找翻阅乐山一中初84届学生的资料时，偶然发现了一份厚厚的自述，落款是"张劲松"。于是，有关这孩子的记忆便在脑海中复活了。

和这本书中的其他主人公不同，张劲松并不是一般意义上的我的学生，因为我没当过他一天班主任和任课老师，他甚至也不是我所教年级的学生。他是乐山一中初 85 届的学生，比我当时教的班要低一个年级。他的教室也不是在我班旁边，而是在我班教室对面那栋教学楼。总之，按说无论从哪个角度看，我和这个学生都不应该有交集。

但今年已经 50 岁的张劲松说："李老师，您实际上影响了我几十年的人生。这种影响也许您并不知道，但这种影响对我来说却是深远的。"

我现在已经记不得第一次和张劲松接触是什么时候什么原因，他也记不清了。因为张劲松不是我班上的学生，所以无论是我的工作日记里，还是教育随笔中，都没有张劲松的名字，更没有和他谈话的记录。但我清晰记得的是，当时他经常来找我聊天，谈他对学习、对人生、对社会、对国家的一些想法或疑惑，有时又向我倾诉苦闷。那时候，在乐山一中的操场上，在我的办公室，在我的家里，我常常和他推心置腹，倾心畅谈。

记得有一年暑假，他冒着酷暑，叩开我家六楼的门，满头大汗。见我正在书房里和一位老师谈心——是一位外地"慕名"而来找我"解惑"的老师，便很礼貌地说："李老师，您先谈吧，我等等。"他便坐在一旁静静地听。当那位老师和我交流完毕离开后，张劲松说："李老师，您思路特别清晰，说话很有逻辑性和感染力。"那天，他冒着酷暑登上六楼来找我"请教"什么，我现在已经完全忘记，但当时他这句对我的表扬，我却记忆犹新。

据张劲松回忆，因为他班的语文老师出差，我曾经给他们代过几节语文课。几十年后，张劲松这样说："您的语文课和其他老师不一样，确实讲得好！您讲课的特点是挥洒自如，充满激情，富有感染力。"

给他们班代过课这件事，我倒是一点儿印象都没有了。但张劲松说："本来我就很敬仰您，听了您的课，我更加崇拜您了！"

"编外弟子"无意中也在促进我的精神成长

80 年代是一个思想风云激荡的时代，改革开放正高歌猛进，农村到处是希望的田野，城市改革也拉开了序幕，整个中国充满生机，“万类霜天竞自由”，几乎每一个中国青年的心中，都飘扬着一面理想主义的旗帜。

正是在这样的背景下，张劲松成了我的“编外弟子”，我成了他在乐山一中最信任的老师。青春期的他俨然把我当作他的“思想导师”。受当时活跃的学术氛围影响，再加上张劲松本来就比一般的男孩爱动脑筋，因此初二初三的他，就有了很多同龄人没有的思考以及由思考带来的困惑。而我便成了他无比信赖的请教者和倾听者。

直到成年后，已经是大学教授的张劲松依然能回忆起当时和我交流的一些话题：人的一生该怎么过才有意义？如何成为一个优秀的及对社会有价值的人？如何在欲望的大海中还能保持自己的正直与善良？为什么李老师能对那么多学生以及那么烦琐的日常工作保持长期的热情？为什么李老师对那些调皮捣蛋的学生居然不嫌弃？理想主义在我们这个时代是否已经落伍了？

其实，当时我也不过是一个刚参加工作不久的20多岁的年轻人，张劲松给我提的一些问题也是我思考探索的问题，而且也并没有真正想透。但是，通过和张劲松的聊天，在“开导”他的同时，我的思维更严谨，思路更清晰，思考更深入——张劲松无意中也在促进我的精神成长。

我带的第一个班毕业后，我又接了一届新生，这时候张劲松便成了我的初一学生的学长了。我把他请到我班来，给小同学们讲学习，讲成长。

后来，品学兼优的张劲松考上了本校高中，我们保持着精神交往，他有什么想法依然愿意来找我聊。

印象比较深的是，有一天我在校园碰见他，虽然他依然有礼貌地向我打招呼，但我看他的表情明显不太开心，好像有什么心事。我便随口问他：“劲松，你是不是最近遇到了什么不愉快的事？”他很含混地说：“是的。”我又问：“是来自同学的，还是来自老师的？”他一时不回答我，似乎很为难：“李老师，三言两语说不清。请您在您方便的时候和我谈谈心，我再给您细说。”我说：“好的。抽个时间我俩好好聊聊。”

谁知那几天我确实很忙，一直没抽出时间，但心里始终挂念着张劲松。

几天后，张劲松给我写了一封信——

李老师，前几天你关切地问我近来是否遇到不愉快的事，我回答你“是”。其实，我所说的“不愉快的事”并非指自己做了什么见不得人或品德败坏的事，而是我从一些同学处得知：学校正在调查我的事——有关男女问题和“自由化”问题，且性质比较严重，现在学校领导很“恨我”，还有人说学校可能会处分我。我感到惶惑不解，因为到底发生了什么事，我一无所知，只感到学校在酝酿着什么，而学校又无任何人直面告诉我缘由，因而感到生活在学校里不自在、压抑。对于这种“静默”我还可以忍受，总认为“身正不怕影斜”，且以为学校里了解我这人本质的老师也不会没有，因而没过多顾虑。但前几天，当我发现学校贴出的“三好生”红榜上，我的名字被糊了时，才意识到真出了什么事。因为我坚信自己做一个“三好生”是完全合格的。到底发生了什么事？班主任为什么从没对我提起过这些事（诸如没评上“三好生”的因由）？为什么没一位老师、校领导找我谈话，指出我的缺点，帮助我？一切都那么正常，见了老师、校领导，依旧是亲切打招呼，似乎没发生任何事情。我感到压抑，感到难受，也感到莫大的耻辱。李老师，那天你很含蓄地问及我的情况，你可知道，这是学校第一位老师“正式”告诉我：张劲松，你可能有问题！感谢你，李老师，你是第一位关心我的“学校方面的人”。

近几天我开始回忆自己高二以来干的一系列事情，开始认真地自我反省，从一种较深的角度审视自己，更透彻地认识自己深层的思想，自己的性格、思想、处世、为人、接物、待人，进而又想到自己的学习目的、动力，学习与思想发展的关系，还想到今后走向社会，总之，想了很多。我深深地认识了自己，这绝不是一个简简单单求学读书的中学生。一方面，我最本质的品格是正直、善良，富有正义感，并有强烈的探索精神，另一方面我又不得不承认自己是一个很复杂的中学生，这绝非是用几个简单的词语就能概括的，其行为绝非用简单的正误就能判断、解释的——而很少有人深入地去研究这些、发现这些。校领导、班主任也就简单地从一些现象上去判断这个学生，褒贬这个学生，以致无法抓住其本质，无法用良好的方法去培养他。我感到学校教育的无力！

李老师，虽然我相信你现在一定对我有“看法”，但始终觉得你是一位值得信赖的教师。我真心希望与你做一次坦率深入的交谈，你尽可以问我任何问题，我将坦率地回答你的提问——即使这问题牵涉到自己“不好启齿”的隐私。我希望有真正了解自己的人，也希望你能坦率地把我“发生的事”告诉我（学校方面正在过问的事）。

学生　张劲松

1987 年 5 月 14 日夜

这封信让我吃惊，原来他居然背着如此沉重的思想包袱。因为我没有具体教他，也没有过问学校评优选先的事，所以对他信中所说的“男女问题”“自由化”“取消三好生”等事完全不了解；他以为我知道了他的事，所以那天在校园碰见他时我是“含蓄”地问他，甚至觉得我对他有了“看法”，完全是误解。

于是，收到信的当天下午放学后，我请他到我办公室谈谈心。

30 多年过去了，那次谈心的具体细节，我已经忘记了。但至今还记得，当时劲松给我滔滔不绝、一吐为快的情景。他信上说的“男女问题”纯属用词不准，他所指的不是我们成人理解的那个含义，他也不可能有我们成人理解的那种“男女问题”。他所说的“男女问题”，其实是指青春期与异性交往中出现的一些困惑。他一个纯真的高二学生，对谁都很真诚热情，结果让一个女生误解了，并爱上了他，他为此苦恼，结果被学校有些老师和领导以为是“早恋”，要“处理”他，他的“三好生”被取消；“自由化”问题，指的是他的独立思考，可能“偏离”了有些老师认为的“正确的方向”，这和当时思想解放运动的影响有关。而我认为虽然他有些看法比较幼稚和片面，但独立思考本身是可贵的，应该鼓励。

那次谈心，主要是他倾诉，我很少说话。我一直认为，有时倾听就是最好的教育。在谈心结束时，我非常真诚地感谢他对我的无比信任，并说：“你今天说了这么多，对你向我倾吐的内容，我也需要消化，让我想一想，然后再回复你，我一定会认真回复你的。”

他走了之后，我脑子里一直在思考。我急于早点卸下他的思想包袱，于是，就在办公室给他写了一封 2000 余字的信——

张劲松同学：

你好！

听到你的一席长谈，我很是感动——你竟如此信任我！这种高度的信任感，使我把你看成我的好朋友，而不仅仅是学生。刚才你的倾吐，也使我更加了解你了——你是很纯真的，但也相当幼稚。对你的一些认识，我想坦率地谈四点看法。

第一，你说，你想找一个相当知己、双方都能为对方献身并且永不背叛对方的好朋友。我想，你对友谊的认识是片面的。人，离不开友谊，都追求真美好的友谊，但一心追求向往绝对至高无上友谊的人往往会因达不到目的而失望，因为只要我们冷静地分析现实就会认识到，友谊的最高境界是不即不离，这是去年《中国青年报》上的一篇文章的标题。我认为这个观点是对的，同谁都是好朋友，但同时与谁都不是所谓“形影不离”的好朋友；对谁都抱以真诚和宽厚，但同时与谁都保持一定的心理距离。——唯有这样，友谊的泉水才会永不枯竭。相反，如果两个人希望结成在各方面（兴趣、志向、爱好、气质等）都“高度一致”的友谊，这样的境界是很难达到的，即使真正达到了，友谊的大厦也是摇摇欲坠的；因为“友谊”越“牢固”，双方对对方的要求就越苛刻，对对方的一点点“不一样”都格外反感，这样，一旦破裂，双方以前的“感情”将被同样“深厚”的仇恨所代替。小到个人之间的交往，大到国与国之间的关系（如中苏关系）莫不如此。人们常推崇的马恩友谊，不过是极例外、极特殊的例子而已。

第二，你苦恼于自己并未“早恋”，却被某女生误解，被不少老师、同学误解。我认为责任完全在你。是的，你并未想过也不打算与她建立爱情关系，对此我真诚地相信你说的是真话。但是，你在与她交往的时候，一些举动却很容易让她倾心于你。我们做事不能不考虑到社会影响。你想与她保持纯洁的同学关系，但你到她家去，后来又谈心、写信，以兄妹相称，这使她对你产生了幻想，而后来她又觉得你在感情上“背叛”了她——这就是你幼稚处世所造成的后果。不管你是否意识到，你实际上也不知不觉地在感情上“欠”了她的账，这确实是你的一个严重失误。男女同学之间不是不可以交往，不是不可以保持纯洁高尚的友谊，关键是如何做。中学生在与异性交往时，应该尽可能对所有异性都保持“等距离”，如果我们想同某一个异性同学建立特别亲近的友好关系，那么十有八九会带来麻烦。

第三，由于所谓“早恋”，你被取消了“三好生”资格。对此你不必过分悲伤。一方面一定要严于律己，充分认识自己在此事上的失误，另一方面要以宽阔的胸怀来对待这一次挫折，把这次挫折看作人生的一次小小的考验。一个人要成就一番事业，就必须有恢宏的气度，不被一点小小的挫折击倒，更不要被一些名利所左右。我们的目标远大得很，一次“三好生”算什么？假如我们的目标是登金顶，难道我们会因在万年寺遇到点小困难就下山返回吗？这样做太没出息。不配做男子汉！当然，现在一些人对我们有一些看法，我看不必去一一解释，拿出自己的行动来！以自己三年、五年、二十年乃至一生的行动来向社会证明自己是一个高尚的人！

第四，你谈到社会的复杂，人与人之间的许多虚伪，还说自己不再崇尚事业心了，只崇尚友谊。我认为，对于真正的人生，事业才是目的，而友谊只是人生的伴侣。我们应该通过对事业的追求，来为民族尽责。这不是什么大道理，毕竟人不是动物，真正的人具有良心，而良心会促使自己为后人留下财富，以偿还我们对前人欠的债。对事业的追求，能把个人的自身完美与人类幸福结合在一起。人间的罪恶、虚伪够多的了，我们为什么还要增加罪恶、虚伪的分量呢？我们无力在短期内改善社会风气，但我们使自己高尚一些，善良一些，完美一些，这就使社会少了一个丑恶的灵魂，这就是我们对社会进步所做的起码贡献。我们应该在一生中不断追求，让自己的价值充分地发挥出来。即使我们今后的工作岗位是平凡的，但是我们也应该使自己成为普通岗位上的伟人——具有高尚的人格、宽阔的胸怀和渊博的知识。面对社会的虚伪，有两种态度，一种是同样的虚伪报复别人、报复社会。另一种是以真诚给社会增添温暖，让一切善良的人因为我们的存在而看到希望。我们应该选择后者！

最后，我把我最近赠给我班学生的几句话抄给你，让我们共勉——

不可能每个人都成为科学家，但每个人都可以努力使自己成为正直的人。人格的完善是无止境的。当我们不断净化自己的心灵的时候，社会上就少了一个丑陋的灵魂，这便是我们对改善社会道德风气、提高民族思想水平、推动人类文明进步所做的起码贡献。

不断发现自我，精心塑造自我，勇于战胜自我，最终超越自我。——人生的乐趣就是“自己和自己过不去”。

在完善自我的过程中改造世界，在改造世界的过程中完善自我。

众多的挫折组成生活粗重的琴弦，恢宏的胸怀构成人生博大的音响，不屈的拼搏奏出命运壮美的旋律！

祝

进步！

你的老师和朋友：李镇西

1987.5.19

说实话，此刻，我在对着这封信的底稿把字一一输入电脑时，青春的纯净与激情一下回到了我的心中。我忍不住问自己，33 年前我给学生张劲松的肺腑之言，我自己做到了吗？略一回忆，我又回答自己：“嗯，还好，基本上做到了。”

信给他之后，他没有回我的信。我理解，毕竟我对他说的，他也需要时间咀嚼和消化，再说接下来就进入期末复习了，时间很紧张。

“得到你的点拨，自己的思想就会有进步”

暑假结束后，进入高三的他给了我一份厚厚的材料。我一看，是他暑假里专门给我写的一份“自述——献给我的一位老师和朋友”，他说是对我那封信的“汇报”。当时，我捧着这份自述感觉沉甸甸的，翻了翻，就忍不住惊讶地说：“怎么写这么多？”是的，足足 27 页，8000 余字！

当我仔细读完之后，既感动又震撼。感动的是，张劲松赤裸裸地把他 17

年的人生经历和内心世界完全向我展开，其坦率的程度不亚于写《忏悔录》的卢梭；震撼的是，他向我——他所信赖的老师继续有条有理而无拘无束地倾吐着痛苦的思考、无尽的苦闷和飞扬的情绪：有成长的兴奋与烦恼，有青春的潇洒与迷茫，有人际关系的愉悦与困惑，有男女交往的纯真与敏感，有自我人格的剖析与反思，有哲学问题的探寻与思考，有对社会的观察与叩问，有对人生的追问与展望……无论33年之后的今天，我们看这些文字有多么幼稚，但这个17岁少年丰富的大脑，以及这颗大脑所迸发的精神火花，已经远远超出同龄人。

在回顾了自己从出生到求学的经历，以及短短17年的精神发展历程之后，张劲松写道——

现在方感，那时正是我经历一个可贵的自我发现、自我认识从简单到复杂、从幼稚到成熟的过程的时候，这段经历对我的一生是不可缺少的，即使那时不发生，迟早也会来到。

现在，我对自己重又持肯定态度，在我眼里“山又复为山，河亦复为河”，对许多生活的真谛有所认识，重又觉得生存实在美好，并由此迸发出来对未来生活的必胜信念和创造与奋斗的热情。

…………

正是因为这痛苦与侮辱太深，我对之也记得越牢，并把它作为我一生的教训与借鉴。一想到它，我就产生自信的勇气，“以自己三年、五年、二十年乃至一生的行动来向社会证明自己是一个高尚的人”（李老师语）！

结尾，张劲松写道——

最后，衷心地感谢你，李老师，在我最痛苦的时候你向我伸出了无私的救援的手，无论是在学校生活上，还是思想上，都给了我很大的帮助，你给我的那封信，我也会终生保存，时时阅读，得以借鉴。

这份自述中，他提到了当时和他交往的几个同学，都是乐山一中出类拔萃的优秀学生。比如黄文戈，当年在学校可是一个风云人物。他智力超群、个性鲜明、极富创造性，因而甚至有时候在老师看来是“离经叛道”的学生。1986年，杨振宁在美国航天飞机上为中国争取了一个舱位，在我国大中学生中公开征集科学实验方案，正读高中的黄文戈提交了 6 个方案，全部获得四川省一等奖，其中一个方案送到北京，结果在全国脱颖而出，名列第一，后来他被北航保送录取。他当时还在读高二，而且是文科班的学生。现在黄文戈已经是一名经济学博士，也事业有成。他和张劲松一样，当年也是我的“追随者”。几十年过去了，张劲松和他依然是好朋友。两年前聚会时，他还说他也是我最早的“粉丝”。

张劲松高中毕业前夕，他专门拿了一本精美的笔记本来，请我为他写赠言。

我写道——

超越自我！

在完善自我的过程中改造世界，在改造世界的过程中完善自我。

“世界上只有一种英雄主义，就是看透世间的一切，并且仍然热爱它。”（罗曼·罗兰）

众多的挫折组成生活粗重的琴弦，恢宏的胸怀构成人生博大的音响，不屈的拼搏奏出命运壮美的旋律！

——书赠张劲松同学

挚友　镇西

1988 年 6 月 8 日

1988 年高考，张劲松考上重庆建筑工程学院，毕业后回乐山工作，八年后，又于 2000 年至 2003 年先后在西南财经大学和美国华盛顿州立大学攻读工商管理硕士，2003 年获得双硕士学位后留在西南财经大学任教。2011 年在西南财经大学获经济学博士学位。

这些很难说和我有什么关系——我既没教过他工商管理课程，也没教过他经济学课程，对这两门功课我一窍不通。但张劲松多次说我“影响”了他。

为了写这篇文章，2020 年 4 月 11 日上午，我约他在一个咖啡厅聊天，想从他那里尽可能多地得到一些关于他的成长素材。

我首先问他的问题，是几十年来一直藏在我心中的一个谜：“我当年并没有教你，你和我的学生也不同年级，应该不会有任何联系，但为什么那时候

2017 年，和张劲松（右一）重逢

你会对我产生兴趣，并且那么信任我呢？”

他说：“最早你吸引我的，是把未来班搞得风生水起，你的教室就在我班教室对面，中间隔着花园。你的班搞活动呀，唱歌呀，我们这边教室也能听到，感觉你们班每天都欢声笑语，你们班的同学特别活泼可爱，随时都很开心，你们班的各种文体活动丰富多彩。所以我就很羡慕。因为这个班引起了我的注意，我一打听，就知道了这个班的李老师，上课上得特别好，所以我真的是欣欣然向往之。”

我问他：“你当时向谁打听我呢？是我班的同学吗？”

“王红川嘛！”他说，“你班的王红川和我是从小一起长大的，是邻居，我俩好得可以说形影不离。我比他小几个月，所以比他低一年级。但我俩关系是无话不说，放学后一起玩，我就经常听他说起你，说我们李老师如何如何好，课上得好，还给我们搞各种活动。我就想，要是李老师能当我的老师就好了，我会感到很幸运。”

我说：“谢谢！你让我很感动。”

劲松接着说：“后来我们语文老师好像是外出学习，还是出差，学校就安排你来为我们上了几节课。我听了你的课，感觉确实上得好，就更加佩服你了，应该说是崇拜你了。那时候，我正处于青春期，有许多困惑，就产生了向你请教的念头。”

我说：“80 年代，随着 77 级 78 级 79 级大学生毕业，乐山一中分配来了一批有思想有才华的年轻老师，我其实和他们比不算什么，你当时的班主任和语文老师，就比我有才华。你为什么独独信任我这个并没有教你的老师呢？”

他说："其他老师当然也很优秀，但我亲自观察加上耳闻的信息，包括王红川给我说的一些情况，我觉得你和其他有才华的老师相比，你有独特的魅力，最突出的就是你喜欢和学生打交道，课后喜欢和学生一起耍，对学生特别有亲和力，你特别愿意和学生平等交流，所以那时我就特别喜欢来问你问题，总觉得如果能得到你的点拨，自己的思想就会有进步，会成长得更快，所以我不但找你谈心，还喜欢给你写信、写思想汇报等。后来我确实进步很快。初一初二我的成绩并不好，但到了初三我的成绩便稳定在班上前五名，而且我是我班第一个入团的学生，到了高一，我担任了学校团委副书记，那时候我课余喜欢看一些哲学书，尼采啊，萨特啊，这些都是受了你的影响。在读书的时候，必然要思考，这就又有了很多问题，就很想找一个老师来交流，我自然想到了李老师。"

"我已经把你对我的影响编成了一个教学案例"

张劲松说他现在主要是给西南财大的学生讲金融财经课程，他说："李老师，其实你还不知道，我已经把你对我的影响编成了一个教学案例，在我讲到'激励理论'的时候分享给学生。在讲激励的持续性时，我会问学生：什么样的激励是最有持续性的？如果你给一个人翻倍加薪，他受到的激励可能会持续一个月两个月，但几个月后便适应了习惯了；你奖励他一部汽车，过上一年他也不觉得有什么持续性的激励；如果再继续加薪，继续奖励更昂贵的物质，由于人的欲望没有止境，那边际成本就会越来越高。那么，究竟什么样的激励最具持续性呢？我就对学生说，我给大家分享我一位中学老师的故事，虽然已经过去了 30 多年，他却依然在激励着我。我着重讲你对学生平凡而无私的爱，讲你鼓励学生要有自信心，通过发动同学们给作曲家谷建芬写信，请她给未来班班歌谱曲，来让同学们明白，因为我们很优秀，所以著名作曲家谷建芬阿姨为我们的班歌谱曲。我还给我的学生，讲你如何在经济上资助农村贫困孩子的，这种资助不是公开的，而是充分照顾学生的自尊心。一个普通的中学老师在自己平凡的岗位上做出了不平凡的事业，温暖了一批又一批的学生，长久地激励着我。几年前，有一次李老师对我说：‘劲松，你30多年前给我写的思想汇报，我现在还保存着的。’李老师还把那份思想汇报一页一页拍成照片发给我，我看了后不仅是震惊和感动，而且突然意识到，有的人对别人的激励，是持续几十年的润物细无声。后来我接触了当年未来班的学生，从事各行各业的都有，他们遇到人生挫折和困难时，都会想到李老师说过的一些朴素的话，想到李老师的为人，如何安身立命，如何立德立言立功，这种用行动来诠释爱的方式便是最有持续性的激励，也是最有力量的激励。”

他这样归纳“李老师对我最大的影响”——

第一，你的爱心。我觉得你是真正地爱学生，如果一个人不是真正地爱学生，他怎么可能会关注每一个学生？和学生交朋友，把学生当成自己的弟弟妹妹，当成自己的儿女，给学生各种各样的帮助。这要花多少时间多少精力啊！这就是爱。如果不是发自内心地爱学生，不可能把体现学生某个成长点的作文、书信、明信片，甚至请假条、检讨书保留几十年，连学生都忘记了，可老师还记得那么清楚，这就是爱。

第二，你的事业心。你不是把当老师作为一份工作，而是当成一份事业。我们很多人仅仅是为了一个饭碗就从事某项工作干了一辈子，而李老师无论是工资低的时候还是工资高的时候，都是把教育当成事业。这点对我影响也很大。我后来为什么也走向教育的道路？这是因为你影响了我，我也想把我对教育的理解转化为对别人的影响，把影响更多的人、受益更多的人当成一份事业来做。

第三，你讲真话的品质。我后来也讲真话，真诚而正直地做人，这是受了你的影响，这种影响一直持续到现在，我今年50岁了。这几年我稍微收敛了一些，前几年我喜欢仗义执言。我不只是讲真话，而且做真事。在目前的环境下，有时候说真话越来越难，大家都喜欢听好听的，我就把求真的品质体现在行动上，体现在我的工作中。像我们搞投资的，是千万不能掺假的，否则是要出大问题的，作假最后都是掩耳盗铃，自我欺骗，我们必须求真做真较真。

"当然，最根本的影响，还是你对学生的爱，这直接影响了我对我的学生的爱。"他强调说，"李老师对我的影响，可以说是贯穿了我的一生。我现在也非常爱我的学生！"

我说："我相信，你一定是一个好老师！"

成为"最受欢迎的MBA老师"

他说："我在学校不算出类拔萃，但有两点是大家公认的，包括校领导也很认可，他们认为，张劲松这个老师，第一，做事很正。前几年风气不好，有的老师通过各种途径获取不正当利益，但我不会，我从不吃学生的饭，更不要说收钱了！因为爱我的学生，那些事我确实做不出来。第二，我对学生一视同仁。我绝不会因为某个学生学习好，或者他是'富二代''官二代'就给他更多的照顾，不会。恰恰相反，我更关注那些弱势学生，那些贫寒子弟，尤其是有上进心的贫寒子弟，他们是我关心帮助的重点。本来现在教育已经让底层的人越来越缺乏或丧失机会，如果我们不能再给他们多一点阳光雨露，那我们就是在加速这个社会的两极分化。我尽可能做到一视同仁，我不能给学生留下一个趋炎附势、很势利的印象。"

我说："对高校少数老师的腐败行为，我也有所耳闻。确实令人震惊。"

张劲松说："我可以很自豪地向李老师汇报，我不但不会从学生身上获取一分一毫，相反，我倒是在学生身上花了不少钱。"

"你在学生身上花了不少钱？"我有些不明白。

"是的，每年我通过各种方式赞助我教的本科生，多的时候十多万，少的时候也在五万以上。"

我问："通过什么方式呢？"

他回答道："各种方式。比如，我组织一些贫寒学生做小课题，他们出报告，我就给他们津贴，相当于我自己拿钱来成立课题组。搞课题研究期间，每个学生有底薪，比如每月六百八百不等，报告出来后，如果写得好，我再奖励。相当于我设立的奖学金，以这种方式来资助他们。"

“你真的有爱心啊！”我说，“我知道你一直很善良。”

他继续说：“有的从农村来的孩子要去参加各种求职面试，这就要注重形象。有的学生没有钱，便到外面去租皱巴巴的西装，十元钱一天。我知道后，只要这个学生有上进心，不管男生女生，我都出钱帮他们买服装。”

我说：“这些学生遇到你，真是幸运！”

“另外，我在学校搞了一个学术沙龙，时间是每周三周四下午，每次一个半小时，不管博士、硕士、本科生，愿意来都可以，我给他们答疑，大家讨论一些学术问题。这样的沙龙，每次所有的费用，无论吃还是喝，全是我买单，我不会让任何一个学生买单的。”

我说：“一般都是学生请老师吃饭，你搞颠倒了。”

“我在我教的每个班都会设两个科代表。”他说，“对上课参与度高、发言积极的学生，特别是课堂上有创见的学生，我都让科代表做记录，在花名册上该学生的名字旁画‘正’字。每个月我会把被画‘正’字最多的学生组织起来聚餐，请他们吃饭，吃完饭去唱歌。让同学们身心愉快，更积极地参与到课堂中来！”

我说：“累积起来，这确实是一笔不小的开销。”

他继续说：“有的学生想参加各种竞赛，这也是要花钱的，虽然学校也会给一定的补助，但无论准备阶段还是参赛阶段，有些费用是无法报销的，比如来回路途上的开销（有的是出省甚至出国比赛），我都给予资助。比如你在国外买的书，这个学校不会给你报销，那我给你报。这也是给学生的赞助方式。”

我说：“你这样有爱心，学生不知道有多喜欢你。”

他自豪地说：“我的学生确实很喜欢我。2015 年西南财经大学 90 周年校庆之际全校投票，评选‘我心目中的好老师’，每个学生只能投一票，结果在两千多名老师中，我名列前茅，获得‘我心目中的好老师’荣誉称号。2016 年，我又被评为‘最受欢迎的 MBA 老师’，2017 年，又被评为全校优秀教师。”

我说：“我相信，爱学生的老师肯定不只你一个，但是像你这样爱学生的

张劲松和学生在一起

老师，可能并不多见。”

他说：“我觉得，如果一个学生能够长期地持续地感受到来自老师的爱，我可以肯定地说，即使他想变坏也不可能变坏，因为他知道这个世界上还有温暖，还有公平正义，还有希望。同时对于学习财经的学生来说，必须懂得如何实现财务自由，然后造福他人、造福社会，因为爱是需要力量的，这正是西南财大‘经世济民，孜孜以求’的精神内涵。当然，和李老师相比，我对学生的爱，还不够持久和深远。当我得知你至今还保留着我几十年前写给你的思想汇报时，我首先是震撼，然后反思自己，我觉得和你相比，我对学生的爱还不够。那份思想汇报，当时对我是很重要的，我是很认真写的，不然不会写几十页。我这份少年时期的心路历程，被李老师一直保存，我确实非常感动。”

我说：“你也让我感动，你那么信任我，当然不能扔了。这与其说是保存一份资料，不如说是珍藏一份信任。”

把教育当作我的事业

劲松说：“当时，无论我碰到困难，还是遭遇挫折，你都是鼓励我、信任我，尽量让我向上、向善。所以，我现在对学生的爱，也是尽量去发现他身上充满人性的美好品质。也许这个学生成绩不算好，但他善良、诚实，我就尽量去鼓励他、关心他。尤其是现在的年轻人面对的压力其实很大，对有些有心理疾病的学生，更需要给予细致入微的关心和引导。我曾经长期帮助一些有心理疾病的大学生，并疏导转化他们。”

我说：“能讲一两个例子吗？”

“当然可以，我很愿意跟李老师分享我这些成功的案例。”他说，“曾经有一个四川阆中的学生，在大学二年级的时候因为腰椎间盘突出而坐上了轮椅，母亲请了假来到学校附近租下房子全天候照顾她。每天剧烈的疼痛让她苦不堪言，看到其他蹦蹦跳跳、健康快乐的同学，她万念俱灰，开始抑郁起来。在给她上课期间，我注意到了她。从此开始特别关照她，经常鼓励她，为她辅导功课，给她推荐有趣的书籍，并带她参加其他同学的各种聚会，让大家一起来陪伴她。或许是受到了持续的关心，或许是收获了友谊，或许是明白了道理，这个学生终于逐渐开朗活泼起来，最后身体也慢慢调理好了，并以优异的成绩顺利毕业。在毕业之际，她很真诚地要单独请我吃饭表达感激，我答应了。饭后买单的时候她发现我已经买了单，非常委屈地说：‘老师不领我的情。’我说：‘你还没有收入，今后你能挣钱了再请吧！’这个学生工作之后，发了第一个月的工资后，立即给我打电话，希望能请我吃饭，我又答应了。结果饭后结账的时候，她发现我再一次把单买了，这下她终于生气了：‘老师，你不是说我有了收入就可以请你吃饭了吗？为什么还是不让我买单？你看不起我！’我说：‘不是老师看不起你，而是你现在收入太低了，一旦你买了单，接下来这个月又要交房租、电话费、交通费、生活费……一个女孩子还要买化妆品、衣服，注意形象，第一月就负债，老师怎么忍心？’她赌气地问我：‘那老师，我收入到了多少才能真正请你吃顿饭呢？’我当时随口答道：‘等你年收入达到50万的时候吧！’就是这么随口一句玩笑话居然从此以后成了这个女生的奋斗目标。就在她入职后的第二年年底，她兴奋地打电话给我：‘老师，我可以请你吃饭了！’我问：‘为什么呢？’她回答：‘我达到老师的收入标准了！’我笑呵呵地说：‘这么厉害呀！说来听听，你是怎么达到的？’她于是一笔一笔地把她全年工资、奖金、销售提成告诉我，然后加总，居然真的有50万！这次，我答应了她的邀请，并且没有与她争抢买单，我既为她骄傲，也为她的顽强感动。第三年国庆刚过，她就又给我打电话：‘老师，今年我又可以请你吃饭了！’我说：‘今年才过四分之三呀！’她高兴地告诉我：‘虽然才过四分之三，但我的年收入已经超过50万了！’这一次，我又答应了她，并且也没有与她争抢买单。我终于看到了一个平凡的、来自小地方的女生从病痛中站起来，从抑郁中走出来，因为爱而被鼓舞，因为被温暖而自强不息的感人故事。”

劲松讲完这个故事后，我也被感动了，说：“关键是她的故事，你参与了创作！我想，这样的故事，你一定还有很多。”

他继续讲道：“还有一名来自广州的女生，因为心理问题休学一年后返校。她本来不是我班上的学生，但慕名而来旁听我上课。因为我的花名册上没有她的名字，所以我就注意到她了。她头发总是染成金红色，浓妆艳抹，我总感觉她有些特别，和别人不一样。有一次课间，我在走廊上抽烟，她走过来站在我对面，也把烟点上吸了起来。一般来说，本科女生这个样子是很容易让老师讨厌的，按说我也不会对她有好感。但我在想，她看起来很标新立异，有可能是内心自卑、胆怯，既然她每天都来旁听我的课，说明她一定希望与我沟通。因此，我没有表现出一丝的反感，而是很平静温和地问她：‘同学，你抽的什么烟呀？’她给我看了她的烟，我知道是很廉价劣质的烟。然后，我又问她：‘同学，你打算这学期都听下去吗？’她说‘是的’。简单交流几句之后上课铃响了，我们各自回到教室。那天下课后，等其他同学都走了，我也收拾好了书包准备离开，趁她还没走，我主动从包里拿了一包中华烟给她，说：‘同学，要抽就抽好一些的烟，爱惜自己的身体！’从此，这个女生不但继续来听我的课，而且每次都来我的沙龙旁听。慢慢地，她开始信任我，给我打开了话匣子，主动向我倾诉。她对我说，她有严重的心理疾病，有焦虑症。她的焦虑症定期发作，一发作就通宵失眠，头痛欲裂，就像孙悟空戴了紧箍咒一样。她休学就是因为这个原因，但休学一年后她的病情并没有好转。我了解她的情况后，便经常和她聊天，开导她，她也很信任我。我问她忧虑什么，她说她总觉得压力很大，而自己能力又很差，这也不会那也不会，连幻灯片都不会做，看到其他同学都很厉害，自己却如此低能，无法达到父母的期望，总觉得自己的人生已经完了。各种活动包括各种比赛，她都不敢参加，很自卑，很敏感，但对自己的期望值又很高。久而久之，就形成了严重的心理疾病，想自杀，定期头痛，长期失眠，不得不休学，一年后复学遇到我。我不但经常陪着她聊天，疏导她的心理障碍，建议她去医院做专业的治疗，还有针对性地为她组织各种户外活动，转移她的注意力，用新鲜的事物来带给她快乐，让几个同龄的比较阳光优秀的男生来跟她一起玩，影响她。这些活动有户外的踏青，有城里的观光，有一起做游戏、讨论，都是我亲自策划和安排的。另外，我还给她安排实习，让她接触一些学长，增强她的实践能力。同时，还给她推荐阅读一些比较好的书和文章……这一切所产生的费用都是由我来承担。可以说，为了她，我花了很多时间和精力。现在，她的抑郁症已经有很大的缓解，虽然还没有彻底断根，但人的精神面貌已经大为改观，变得开朗、自信了。最近正准备去英国读硕士。”

我说：“她不知有多么感激你呀！”

他笑了，回答说：“后来她情况好转，每次从广州回来，都会给我带些精美的土特产。她还说，妈妈要求她定期请我吃饭以示感激（由妈妈专项拨款），我一般都会答应她的‘邀请’，但每次结账都是我悄悄把单买了，原因还是因为她没有收入，直到现在这个女生都没能完成妈妈交办的任务。”

我很感动地说：“其实，解决这个女生的问题并不是你的教学任务，是你自己给自己增加的事。”

他说：“如果要从专业课的角度，只要她不影响我的课堂，我当然可以不管她，毕竟都是成年人了。但既然是我的学生，我就应该全方位地关心她的成长，而不仅仅是专业课。更何况，有时候多付出一点，不仅关系到学生的成长，而且是救人一命的问题，从这个角度讲，我也像李老师一样，把教育当作事业来做了。”

他还给我讲了另一个男生的故事：“我一开始注意这个男生，是因为他的行为有些奇怪。每天课间我站在栏杆旁休息时，他就紧紧挨着我站着，一句话也不说。我觉得他可能有什么困难需要我帮助，出于尊重，我一直等他提问，但他不说话。这样天天陪着我站在栏杆旁。四五周后的一天，他突然对我说了第一句话：‘老师，鸭子死了。’我知道他有精神方面的疾病，便顺着他说：‘哦，鸭子死了。’第二周，他又说：‘鸭子死了，爸爸病了。’比上周多了一句话。就这么只言片语地对我说，每周增加一句或一个词。一学期快过去了，我终于听懂了他的故事。他父亲在池塘养鸭子，靠卖鸭子给他交学费，后来鸭子得瘟疫死了，父亲便气病了。于是这个学生连学费都交不起了，他万念俱灰。我知道后找他谈心，开导他，安慰他：‘不要着急，学费能够解决，到时候你找我，学费差多少，我帮助你。’学期结束时候，他借了一些亲戚的钱，我又赞助了他一些钱，他把学费交了。现在他的心情变好了，情绪也开朗了。”

以一生的行动证明自己是一个高尚的人

应该说，无论学业，还是事业，张劲松现在都很有成就——

作为经济学博士、美国华盛顿州立大学硕士，张劲松于 2008 年至 2009 年在美国沃尔什学院讲学一年，并获该校颁发的“杰出贡献奖”，2015 年获西南财经大学“我心目中的好老师”荣誉称号，2016 年获西南财经大学“最受欢迎 MBA 教师”称号和“创新创业大赛优秀指导教师”称号，2017 年获西南财经大学“优秀教师”称号和“案例比赛优秀指导教师”称号，发表学术论文十余篇，完成国家级、省部级课题研究项目三项，指导培养硕士研究生逾百名，帮助本科硕士学生就业、出国深造、创业逾千名。兼任多家上市公司、拟上市公司、私募股权基金董事、投资总监、管理顾问，兼任四川广电集团、四川电视台管理顾问、特约经济学家。

写到这里，我突然想到 1987 年夏天，17 岁的他在那份长长的自述中所引用我给他信中的一句话：“以自己三年、五年、二十年乃至一生的行动来向社会证明自己是一个高尚的人！”

33 年来，张劲松一直在证明着自己。今年他已经 50 岁了，他还在继续证明着……

2020 年 4 月 14 日

附录：

17 岁的自述

——献给我的一位老师和朋友

现在是高二暑假，我静静地待在家中自己的房间里，望着漆黑幽深的夜空，外表是那样平静、安宁，心跳是那样沉稳有力而富有节奏。思想的骏马，却在广阔的天宇下奔驰，想人生、社会和自己，也想数理化，想亲朋好友，想现在与未来……思想是那样清晰而有条理。每至此我便感到振奋，感到全身心都注满着力，感到生活和生存实在美好。我为我现在心绪之佳而欣喜，为我每天生活的充实而欢悦。清晨，早早地去广场跑步、练球，上午学习外语、数理化，中午听听音乐，与家人谈笑；下午午睡后，看课外书，思考、做笔记；傍晚，打打羽毛球，到广场踢足球，或到赵军家玩；夜里又在温暖、柔和的白炽灯下看书、笔记、沉思。我为这夜的宁静，以及这宁静之下，我思想着一个个“顿悟”而欣喜，然而谁能想到一年前的我还处在一种多么混沌的状态，一年前，我在不知不觉中进入了任何一个人成长都必经的青年期，当时的我是多么的迷茫、痛苦和“饥渴”啊，似乎沉睡了十几年的我在一夜之间苏醒了。我思考，我寻求，我实践……人生观、世界观在悄悄形成，认识在悄悄加深，观念在静静变化……我在巨变，然而这过去的一年中，我经历了那么多那么深的折磨，使我的身心为之焦灼，为之燃烧。现在当我穿过了一个迷津之后，回首顾盼，那来的路上的一个个障碍、一团团迷雾是那样清楚明了。然而，当时我却为之折磨痛苦。

一、背景

我始终认为我是幸运的，而且是非常幸运的。且不说，儿时几次大难不死，更和我有一个如何令我受惠无穷的家庭有关。光是我的成长就充满了好运，儿时没读过幼儿园，被关在家中，在父亲的悉心培养下学习数学、语文。看上去没读幼儿园似乎并非好运，可对我来说正因为如此，使我从小的“天敌”就是家庭，就是一个宁静而充满“知识分子”气味的环境。外面的世界似乎只通过家里的窗口看到，特别是人世间的事情，只是通过电影书籍知道，因而在我的本性中永不会失了善良和纯真。白天父母都上班去了，我就在家中学数学、学语文，看连环画，看故事书。自己给自己讲故事，自己设想有趣的故事或画面来享乐，不管是三国时的还是第二次世界大战时的，每一个故事都深深牵动我的心，几次梦中为故事悲惨结局而哭泣……就这样，我形成了热爱读书的好习惯。特别是大大地发展了我的想象能力和形象思维能力。不必讳言，我少年时候知识面很窄，理解力较低，特别是对文字不算敏感，但就是因为我提前学过数学，因而成绩非常优异，这使我感到自己的长处，给了我自信、顽强的精神，而这一点对我是很重要的。儿时的生活环境还给了我很大的恩惠，使我从小对窗外的大千世界产生了很大的好奇心。正是由于对许多新奇的东西知道得少，随着年龄的增长，我就越发对它们好奇，并且对任何一种新知识、新观念、新思想都很敏感，能直觉到它的价值和意义，进而从各方面吸取营养。从小关禁闭似的生活使我受到压抑，反而使我更想合群，更想寻求伙伴。一进小学，这种天性就显现出来，我成了各种活动的积极参加者，好朋友也不少。我非常好动爱耍，除了在学校踢足球、跑步、游戏，还捉蜻蜓、捉蜘蛛、打弹壳、赢烟盒纸、打弹弓、打“游击战”、放风筝，经常是“日出而作，日落而归”，因而小时候我体育倒是很棒，足球踢得很好，经常代表学校参加各种体育比赛，还参加过省“萌芽杯”足球比赛，夺得过地区第一名。这些使我的身体素质还不错，而且使我成为一个好动活跃乐观的人。小学毕业时学校“哄”我们，为学校踢足球，今后考一中要加分，以致我们临近升学考试了还天天晚上“放心”地到校练足球，幸运得很，那次升学考试，我以超过录取分数 2.5 分的成绩进了一中，而班上几名成绩优异者（个别比我还好），却因 0.5 分、1 分之差，而从此各自走上了不同的路。我相信：如果当初我不进一中，我现在的情景是很不好想象的。初中，幸运更是一个接着一个，遇到我的班主任老师，对我有很大的启迪和帮助，还遇到几位好友，他们对我的帮助也是“没说的”。总之我是常常在偶然之处获得意想不到的启发，在无意之间碰到对我影响很大的事情和书籍。

现在来谈谈我的家庭，从小家里寒酸，父亲尽管是大学生，却因在1957年大学“反右”斗争中受过打击，在单位上不受“器重”，因而整日默默无闻，在外少言寡语，少交往。我家住在一幢破楼房底层最后一间，靠着潮湿黑暗的山岩，更造就了我从小与世隔绝的状态。那时，家里很穷，真的很穷。儿时，父亲和母亲因生活拮据而吵架的时候很多，许多场景至今仍历历在目，想来令人鼻子发酸。每次父母吵架，我就一个人躲在偏僻的角落里，瞪大眼望着这一切，有不解，也有伤心。有时我也一个人出去游荡，显得孤苦伶仃。我常悄悄流着泪发誓，今后一定要不负众望，报答父母艰辛的养育之恩。作为孝子，我早早地懂事了，很珍惜人世间一些宝贵的情感，知道体贴父母，关心家庭。当然，我们家也有许许多多幸福的时候，这常使我激动高兴不已。父亲忠厚、老实、坚毅，急切地望子成龙，使我从小就养成坚强、自强的品格；母亲温柔、善良、贤惠，对我爱得很深很深，使我从小就非常重感情、善良。

是的，从小的“涉世不深”“闭关自守”，也给我带来了本性的天真、幼稚，思想简单，不懂得人心，自然不是很会招呼应酬。长大后有时学着招呼应酬却有些令人感到做作，一登“大雅之堂”便不自在并紧张，倒不是因为我对自己缺乏信心，而是我看到那一排一排坐在面前的人，噢，他们是那样陌生，深不可测，不知都在想些什么。那时我就想，哪一天我能看到每个人的心该多好，我能把每一个素不相识的人都看作老朋友、老熟人该多好。

我知道我这些天性的弱点，就下决心要克服它们。我爱给自己出难题去干那些看来办不到的事。只要认准了就想尽办法干到底，尽管为此要吃很多苦，受很多罪，但这就是我的欢乐、我的幸福。

二、高中

我初中成绩比较好，高中一年级成绩也很优异。人就是这样，永不知足。成绩优异，家庭幸福（附带提一点，现在我的家庭是很幸福的），无忧无虑了，便想着进一步干点什么，高一后半期，我也时而感到一种莫名的惆怅，身处学校朋友之中时还不甚明显，一回到家自己房间里（这时我们已经搬家了），听着音乐心里很不是滋味，是寂寞？是无聊？是空虚？可录音机放出的美妙动人的音乐又分明使我动情、激动、振奋，使我想读书，想出去活动，想去找好朋友聚一聚……

知识在增多，视野在扩大。我逐渐直觉到今后的路似乎不会像现在这样简单、平坦。世界之大，变化之快，真令人“望而却步”。自己现在真的就是很优异吗？还是狭窄、短浅的眼光蒙蔽了我，自己真的在充分有效地利用这中学阶段宝贵的时光，学习并实践很有用的知识？仅凭课本上的公式、定理，能保证今后也一样优秀？我究竟比别人强在哪里？尽管我也知道课本的基础性和重要性，可我在心理上和现实中遇到的问题，毕竟是课本无法解决的。

沉思的时候越来越多，尽管一样有欢乐、激动，一样生活在朝气蓬勃的学校里，可一回到家，独自坐在书桌前台灯下，望着排满书的书架，看着书本，自己现在到底在干什么？尽管一样很充实，家庭一样充满欢乐和幸福，可孤独寂寞迷茫，仍悄无声息地，而且是越来越强烈地袭上心头……

我有时很害怕，因为自己很空虚无聊，恐怕今后会不能胜任、会失败，我以为这种感觉唯我独有，是不正常的。

高一放假了，尽管又是全班第一，可我并没多高兴，仅有的愉快都主要是想到父母以及那些爱着我的人会因此高兴。一放假，我就买了些哲学书，从各方面借了些“不平常”的书。假期里在自己孤独的房间中待着，除了功课就读那些书，真是如饥似渴。那时，我才真正有点系统地为这世界沉思冥想，为我的存在而困惑，为今后的命运担忧，为许许多多神秘的东西惊叹。夜里散步于户外，望着幽蓝的夜空动情不已，遐想连篇，想象力带着我纵横天宇：时而想起十几年前的往事，时而想到远在异地慈祥年迈的亲人，时而想起儿时的梦、童年的辛酸，时而又想到自己的未来、未来的世界……面对浩渺星空，终感到世界太大太大，神秘太多太多……人在自然面前又是太渺小太渺小。逐渐感到宇宙的混乱无序，人的认识与思维的极其有限，宇宙真正的和谐，美的秩序、意义和奥秘，人类真是不可企及！人啊人，只不过是在自己设计的“机器”（人类社会）里沾沾自喜，颇有画地为牢之味。人类也真是悲惨，没头没脑地存在，没头没脑地消亡，对于单个人来说，从宏观上看也是凄惨，不但它的存在更短暂更无意义、毫不起眼，还要受尽生存的折磨，经受许多希望无法实现的痛苦。而人又不同于动物，还要穷其心智去思考“宇宙的奥秘”……我再不敢“目空一切”了，许多看来神圣与永恒的东西现在在我心目中已无多大意义了，我感到一个人能做的仅是顺其自然，使生命过得充实、快乐。

当时，我陷进去了，不可自拔。人们很容易觉得这是一种自卑、消极、悲观的情绪，自卑是真，当每一个人把自己放到宏观上衡量比较时，是必然会产生这种情绪的。从某种意义上说，每个人都很自卑，我确信这是一个真理。我们平时所说的自信只是面对自己的同伙——人，以及这个社会的。唉，人呀人，多可悲。但我并不认为前面那种情绪悲观、消极。我相信，只要人是客观的，在一些永恒的问题上想得越多越深，他会越成熟，越智慧，越“美妙”，他会更热爱生命与生存，它的存在更会给他的环境、社会，甚至整个人类带来创造性的有益的影响。而视那些问题为无聊的人，才是真正的麻木和悲惨。

就在那个假期，我读了一本名叫《现代西方五大哲学思潮》的书，深受启发，尽管上面有些观点不能使我接受，但它在观念思想上对我的影响，特别是对开拓我的思维有着不可估量的作用。那时，我的心灵是多么自由、多么舒畅啊，仿佛多年来身上的枷锁刚被卸去，觉得自己以前负重累累。这里顺便提一句，在一个人世界观、人生观形成之时，正是需要读些有价值、结合实际、充满情感、能震撼人心的哲学书，而国内出的哲学书我总感到：无感情、抽象不切实际、说教味太浓（这方面的好书似乎是一个空白）。

也就是在那个假期，我随同学家外出旅游了一趟：成都、郫县、都江堰，后又经绵阳、江油到九寨沟……纵横数百公里，饱览了异地风光，长了许多见识，打开了眼界。

由于儿时的“隔离”生活，我在童年时候很害羞，与小伙伴们交不上朋友，更不用说女小伙伴了。见了生人和女孩就不自在，我觉得这是我的一个弱点，它同时还暴露了我性格有些孤僻、不合群、自我封闭。我不是立志要做生活的强者吗？可连生人和女孩都会令我害怕、紧张，人们不能接受我，不正说明自己软弱、无能吗？于是我产生了与别人（尤其是异性）交往的愿望。而且小时压制得越厉害，这种念头就越是强烈。也就在那个暑假，我和两个同学登上了峨眉金顶，在金顶上一悬崖边的大石旁，面对辽远的江山、低低的白云，我下决心下学期要多与异性交朋友，不管别人会说什么。

就这样，一个将令我终生难忘的假期过去了。

现在想来，那是我走向成熟的开始，我感到那段经历对我是很重要的，而且由此我相信一个人真正的提高与长进是任何其他人帮不了忙的，其他的人或书籍，能起到的仅是促进和影响作用，一切都靠自己。即使能对青少年生理与心理的发展特点（男女不同）有很深的了解，也只能采取适当的方式促使他从内心、从灵性上变化，自我发现，自我认识，促成并引导其质变，就是对他最大的帮助与教诲了，如果希望仅凭自己一个人就能塑造他们，那是不切实际的。一个人只有自己从根本上自我发现和塑造才是最牢固、最巨大，最深层的，人内在的需要是不能靠别人创造或给予的。

围绕自我的提高和精神上的需要，我开始了高二的日子，这里必须提到一点，不同类型的人对这一点需求程度不同。我认为在我周围（一中）的学生中，可以分为如下几类典型人：成绩优异不安于现状，不断进取者；成绩优异无忧无虑者；成绩中等不断进取者；成绩中等兴趣广泛而无忧无虑者；成绩中等默默无闻者；成绩差默默无闻者；成绩差活跃者等。他们无论在爱好、追求，还是性格思想上，都各有特点，生活重心各有侧重。例如：成绩中等不断进取者，其生活和思想的重心就是如何取优异者之长，提高自己的学习成绩。当然他们也有许多烦恼和困惑，但大都围绕学习和自己学习上还存在的问题，这与成绩优异不断进取者“进取”的含义不尽相同，后者更偏重于方向，目标更宏大的方面，大有着眼社会、人生之味。在精神需要上，却不能以成绩分类，到了一定年龄后人人都有，只是程度不同，因此在学生之间，甚至学生与老师之间，如不仔细分析，总会感到某同学行为“怪癖”，不可思议或神秘莫测。到了高二后，我们年级这种现象尤为突出。

教育学家必是深谙人心的心理学家。

高二一开始，我恰巧同黄文戈邂逅，交谈中发现彼此思想在许多方面较接近，再加上初中就有一定交往，于是我们很快就耍得非常好了，两人常在一起探讨交流，谈各自打算，谈现在，谈将来……当时确有相见恨晚之感。形影不离，有时晚上谈到深夜。如果说开始两人是思想上的相互吸引，可在那“迎晓风，送夕阳，看明月”的日子里，彼此情谊日深。在一次谈到友谊时，我们觉得如能把友谊放在第一，以之为纽带，以相互间高度融合为基础，寻到几位终生伙伴该多好，该是何等壮举。这里附带提一点，当时我们所理解的友谊就是李老师你在给我的那封信上提到的，你以为不可能实现的友谊。我们也还是感到那种高度融洽的友谊是很难很难实现的，它似乎有悖于人之天性，似乎与神秘的“人性原则”相抵触，可初涉世事，平时事事优异好强的我们，岂能却步于前人无此先例？岂能对我们并不深知的人性低头？而在那时，我们又都拜读了弗洛姆的《爱的艺术》，更坚信凭我们的一颗赤诚之心，能够爱，能够达到那种美妙的境界！

那种友谊用于对男朋友就是友谊·爱，对女孩呢？男孩同女孩间引起不和谐的东西更少。当时我们深信这一点，于是更希望找女性伙伴，而这种找似乎就不仅仅单纯地停留在友谊上的，多少带有奇想：为一生考虑。以后，我们就开始一方面培养自己的能力，丰富自己的知识，搞了一些活动，如办报，成立“思托”……另一方面就在寻找女伙伴了。当时，我们是那样虔诚，那样庄重，仿佛我们在干一件震古烁今的伟业，真感到一种由衷的悲壮的美，感到自己的成熟与力度，而没有掺半点庸俗无聊的想法，否则我们是对自己最大的侮辱与亵渎，是对爱的玷污。现在想来，尽管当时的一些想法确实有些简单、幼稚，但我对那整个历程与追求持肯定态度。那确是我成熟与进步的重要阶梯，我至今而且将永远坚信这种行为，比起那些生活麻木、庸俗，却又自命老练成熟的人的所作所为，要有意义有价值得多，要高尚得多。

接着，先是黄文戈找到了，那是一位庄重、成熟、重感情、文雅的女生，由于她家庭的不幸使之早熟，共同的追求把我们紧紧地系在一起，我们亲密无间，非常融洽，我们为此欣喜，更坚信理想可以实现。随后，我也开始寻觅，与好几位女同学都谈得来。可好景不长，由于我们的行为或多或少对我们的功课有些影响，引起了老师和家长的注意。在半期考试前，我父母、黄文戈的父母都对我们的行为表示反对，妈妈好几次苦口婆心地劝我。望子成龙的父母们看到自己儿子的不务正业，逐渐“堕落”，怎不痛心？当我看到文戈的母亲（一位很好的母亲）泪流满面，用几乎带着恳求的口吻阻止我们时，我联想到自己的母亲，也曾以同样方式与我谈心，我深深地被震动了，感到自己对父母太自私和无情，更感到天下父母之心是何等相似！我动摇了。

对我另一个“致命”的打击还是黄文戈与那位女同学间裂痕的出现，这是我最忌讳最痛恨的，自此我彻底失望。在半期考试前一周，我与黄文戈断绝了来往，以后再没有深谈过，仅成了见面朋友。

这件事对我的影响是很大的，尽管失败的阴影时常笼罩在心上，可我还是“死不悔改”，反倒更坚信友谊与情感的重要，坚信离开了这一点人生是不可想象的，事业上的成功也是没有意义的。

唉，从那以后，失败一个接着一个，特别是与好几位本年级及其他年级女生断绝来往后，我好一段时间处在极度的迷茫、空虚之中，经常是心事重重，沉思的次数更频繁了，发呆的时候更多了，在日记本上的记述、反思更多了。那真是一段不平凡的日子，羞愧、失意、无能、迷茫，折磨着我。平时，仅凭那顽强的毅力支撑着令我讨厌的自我。我对自己的否定与嘲笑是那样多，那样严厉，对从小的经历首次持否定态度，对自己的家庭也有许多不满，嫌这嫌那……我反复思考自己的经历、自己的性格、自己的未来。这种郁闷自省的情绪一直持续到暑假，在放暑假前达到高峰。整个高二下半期，我受着自我的煎熬，心绪是怎样的坏啊！自我的折磨真是到了不可思议的地步，我把自己看得一无是处，把自己的一切如同翻家底一样抬出来加以无情的批驳和否定。同时，对周围的一切都不满，都加以否定。那时在我眼里，真是“山不复为山，河不复为河”，对未来悲观失意。白天在校很少与其他同学来往，听课也没以前有兴趣，只盼望快点放假，快点给我安宁的时间。晚上回到自己的房间里，关上门，听音乐，写日记，看书，思考，大都围绕人生、爱情、社会、事业……整天生活毫无秩序，沉着脸。有时也为我“悲惨”的处境暗自下泪，感叹人生的艰难与不幸。但我还是凭自己的意志挺住了，特别是期考复习阶段，硬是咬着牙关度过的。当时，真是“差一点”就崩溃。

当我现在经过一个暑假的思考，整理了思想，重又恢复了自信，而且是更自信、更乐观、更坚强的时候，我是多么怀念那段难忘的日子。尽管那时我干了许多幼稚的、给我带来很坏影响的事，可我还是对那段经历持肯定态度。当时我不知道，现在才感到，那时正是我经历一个可贵的自我发现、自我认识、从简单到复杂、从幼稚到成熟的过程的时候，这段经历对我的一生是不可缺少的，即使那时不发生，迟早也会来到。

现在，我对自己重又持肯定态度，在我眼里“山又复为山，河亦复为河”，对许多生活的真谛有所认识，重又觉得生存实在美好，并由此迸发出来对未来生活的必胜信念和创造与奋斗的热情。

我为什么在高二结束前痛苦达至顶峰这点，我想李老师也知道了。主要是与高三那位女生的关系，及其带来的影响。现在想来，我得承认，与她来往所带来的影响不亚于前面任何一件事！我过去一直是很顺利、很“红”的，这件事不仅在很大程度上摧毁了我的面子思想，使我已获得的名誉不再成为我的“枷锁”和“负担”，我能放开了，更“洒脱”。而且，由于这件事使几个过去与我很好的朋友（特别是几个女同学）从此对我嗤之以鼻，使我痛苦不堪！没有什么比自己的亲人、好友、知己对自己厌恶与否定更使人感到悲愤和受辱的了。正是因为这痛苦与侮辱太深，我对其也记得越牢，并把它作为我一生的教训与借鉴。一想到它，我就产生自信的勇气，“以自己三年、五年、二十年乃至一生的行动来向社会证明自己是一个高尚的人”（李老师语）！

大概，我的记述到此该结束了，可我忽然记起，在这纵贯高中的经历中，少提了一位朋友，他从高中开始到现在，一直是我最好的朋友。他是一个很重感情、很“美妙”的人，生活上他比我成熟，整个高中，他的经历也不平凡，一样是经历了一场震撼心灵的情感波折和迷茫、苦恼，一样的令人感动难忘。在我们最痛苦最难熬的日子里，我们可谓“相依为命”、共渡难关。我的每一段经历都少不了他，他的每一段经历也少不了我，他就是赵军。

现在，我每每想到自己的经历，终感自己太幸运，能在短短的十几年中有了一定“阅历”，见了不少类型的人，且付出的代价还不算太大。尽管成绩有一定下降，高二“浪费”了一年，可我对今后的学习充满了信心和热情，对明年高考也怀有必胜信念。

最后，衷心地感谢你，李老师，在我最痛苦的时候你向我伸出了无私的救援的手，无论是在学校生活上，还是思想上，都给了我很大的帮助，你给我的那封信，我也会终生保存，时时阅读，得以借鉴。

真心希望咱们成为永远的好朋友！

学生：张劲松

于 1987 年 8 月 27 日深夜

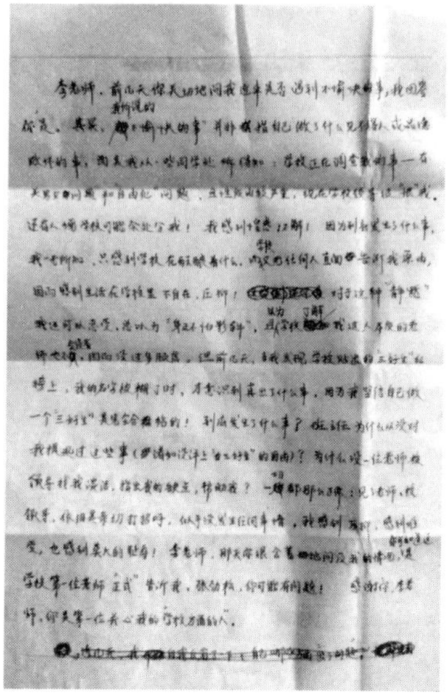

1987 年，张劲松给我的信

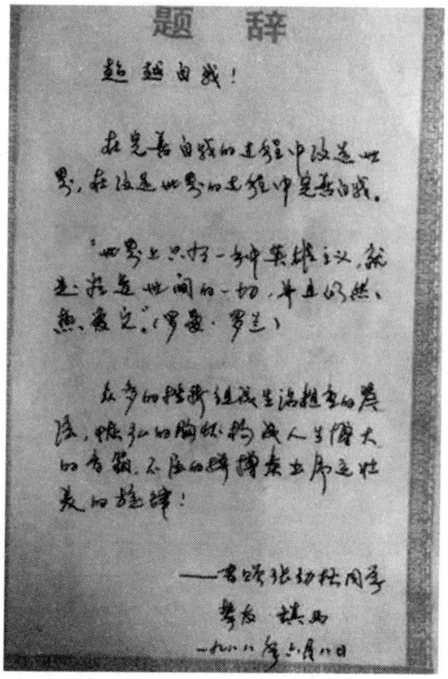

题辞

超越自我！

在完善自我的过程中改造世界，在改造世界的过程中完善自我。

“世界上只有一种英雄主义，就是注视世间的一切，并且仍然热爱它。”（罗曼·罗兰）

——书赠张劲松同学

我给张劲松的毕业赠言

彭可嘉：童心可嘉

“思想节”上的“罗莎·卢森堡”

我准备写彭可嘉的故事。我在微信给她留言，请她为我提供一些素材，其实就是让她回忆一下，三十多年前我教她时给她留有哪些比较深的印象。结果她给我写了一篇长长的回忆录，开篇写的居然是，我当年让她扮演罗莎·卢森堡！

当年的彭可嘉

她写道——

最深刻的就是初二时您组织我们扮演角色进行演讲，记得当时我选的角色是罗莎·卢森堡。那时的我根本不知道罗莎·卢森堡是谁，懵懵懂懂地跟着同学到您的宿舍，我记得当时看到您的单身宿舍里到处都堆满了书，内心无比惊讶。您给每个参加演讲的同学发了一本书，给我的这本是关于罗莎·卢森堡的，书里面有她那句名言：“不管一切如何，你仍然要平静和愉快。生活就是这样，我们也就必须这样对待生活，要勇敢、无畏、含着微笑——不管一切如何。”当时的我其实对她毫无了解，经过您的一番指导，我才知道她是一位卓越的女革命家，身为女性的她在暴风骤雨的革命运动中完全不输男人，顿时心生崇敬。经过反复的练习，演讲时我真的感觉自己仿佛就在面对群众进行演讲。这些往事您和同学们可能都已经淡忘了，但是罗莎·卢森堡却在我的心中留下了深深的烙印。

读到这里，我目瞪口呆，因为我完全忘记了这件事。我打开记忆的闸门回忆了很久，终于想起来了，好像是有这么回事。

如果按一般教师的“常理”去想，一个刚踏上工作岗位没几年的年轻教师，怎么可能安排一个12岁的小姑娘扮演19世纪国际共产主义运动的早期领袖人物？这不很荒唐吗？然而，请容我不谦虚地说，20世纪80年代20多岁的我并不是“一般教师”。虽然以世俗的眼光看，我也不过是一个初出茅庐的年轻教师，连教研组备课小组长都不是，但我的班级我的课堂，却有别于甚至迥异于一般老师的。比如，我把我带的班取名为“未来班”，并拥有由著名作曲家谷建芬老师给我们谱曲的班歌；又比如，我不止一次把语文课堂搬到大自然或农贸市场；我还在班上搞了许多说不清是属于语文课还是班会课，或者说既是语文课又是班会课的活动，比如“思想节”——这是我设计的融思想教育、思维训练和能力培养为一体的主题活动。

而可嘉所说的扮演罗莎·卢森堡发表演说，就是在这次活动上。可能今天的年轻人中知道罗莎·卢森堡的不多了。她是国际共产主义运动早期的领袖人物，被列宁誉为“革命之鹰”。列宁曾引用过俄国一则寓言中的两句话，来评价曾经犯过错误但“始终是一只鹰”的罗莎·卢森堡：“鹰有时飞得比鸡低，但鸡永远不能飞得比鹰高。”在我的青春时代，与卡尔·马克思、弗里德里希·恩格斯、威廉·李卜克内西、卡尔·李卜克内西等人一样，罗莎·卢森堡也是我心中的偶像。

为了写这篇故事，我特意找出了我20多年前出版的《从批判走向建设——语文教育手记》一书，里面有一篇题为《我们的“思想节”》的短文，是我当时写的实录。全文如下——

我们的“思想节”

在鲁迅先生逝世50周年纪念日（1986年10月19日）这一天，我班搞了一次融思想教育、思维训练和能力培养为一体的主题班会活动——思想节。

虽然这次班会是以纪念鲁迅为主要内容，但班会名叫“思想节”，这是为了使这次班会活动的内容更丰富，涉及面更广泛，不仅仅局限于纪念、学习鲁迅，还包括了解、学习古今中外其他大思想家。而且“思想节”的“思想”二字还点明了此次活动的宗旨是通过了解、纪念思想家而活跃思想、启发思考、训练思维。

班会前我做了这样一些准备工作：一是确立“思想节”的主题——学习鲁迅，振兴中华；二是商定“思想节”活动的具体内容——由学生扮演的思想家发表简短演说，举行鲁迅知识竞赛，进行社会问题讲座或辩论；三是分别向学生布置任务，进行具体筹备。如请思想家的扮演者了解有关人物的生平事迹，阅读有关名言警句，在此基础上准备讲演词；请参加鲁迅知识竞赛的同学查阅有关资料；请全班每个同学都准备一些可供讨论或辩论的社会问题。

“思想节”这一天，教室被同学们布置得庄严、朴素而又美观、大方。黑板上“思想节”三个红色大字十分醒目，上面还画着我班的班徽——由红日、大海、海燕组成的图案；两边墙上还挂着鲁迅、居里夫人、爱因斯坦、歌德等名人的肖像；教室后面的黑板上写着“民族魂”三个大字和毛主席评价鲁迅先生的一段话。

“思想节”由4位班干部共同主持。在极为热烈的掌声中，由6位男同学和6位女同学扮演的12位思想家走上了讲台，微笑着向大家频频挥手。“这位是马克思，”主持人一一向同学们做介绍，“毛泽东、鲁迅、爱因斯坦、郭沫若、居里夫人、罗莎·卢森堡、向警予、江竹筠、张志新、秋瑾……”教室里响起一片欢呼声……

“各位先生、各位女士，你们好！”扮演马克思的程桦颇有风度地开始了演说。他谈到了对中国的敬仰：“我终于来到了中国，这是我一百多年前就向往、关注的东方文明古国。”他谈到了少年时代的立志：“17岁时，我曾在一篇作文中写道：‘如果我们选择了最能为人类福利而劳动的职业，我们就不会为它的重负所压倒……’我们的事业并不显赫一时，但将永远存在！”他谈到了马克思主义的发展：“我十分高兴地看到，以毛泽东为代表的中国共产党人在实践中丰富发展了我的学说，把中国革命推向前进，在世界上人口最多的中国建立了社会主义制度；现在，以邓小平为代表的第二代中国共产党人又以建设有中国特色的社会主义而开辟了国际共产主义事业的新纪元。”

最后，“马克思”以一段气势磅礴的话结束了演说：“不管怎样，我坚信：共产主义革命必将胜利。在这场革命中，无产者失去的只是锁链，他们获得的，将是整个世界！全世界无产者，联合起来！”

“……我以为，改革在中国向来不是一件易事，所以我时常害怕。”彭涛扮演的鲁迅谈到了改革的艰难。说到这里，他突然提高了声音：“愿中国青年都摆脱冷气，只是向上走，不必听自暴自弃者流说的话。能做事的做事，能发声的发声。有一分热，发一分光，就令萤火一般，也可以在黑暗里发一点光，不必等候炬火……”

“思想家”们一一上台讲演，他们热情洋溢、富于哲理而又各具特色的精彩发言，博得了大家一阵阵掌声。

演讲完后，是鲁迅知识竞赛。竞赛方式是由两位同学上台，你一言，我一语地说出各自了解的有关鲁迅的知识……

接下来的“社会问题讨论”，把这次“思想节”活动推向了高潮——

“鲁迅最令人敬佩的是他对中华民族弱点的深刻剖析，这使我想到现在的改革……”彭涛侃侃而谈。

“我想谈谈生活中‘小草’与‘大树’的关系问题……”吴涛滔滔不绝。

……

热烈的讨论变成了激烈的辩论，涉及的问题越来越多。大家谈到了深圳特区的改革，谈到了柏杨的文章《丑陋的中国人》，谈到了电视连续剧《新星》，甚至谈到了中国和日本、美国的关系……同学们的论点针锋相对，各自的发言也不无偏颇，但每一位学生的胸膛内都跳动着一颗赤诚的中国心！

“思想节”快结束时，主持人宣布：“最后，让我们欢迎应邀到来的李向南同志做总结发言！”

“李向南？”大家正在惊异地东张西望时，我从容地走上了讲台：“我就是电视剧《新星》的主人公李向南！不，我是古陵县县委书记李向南。”

同学们恍然大悟，一下笑了起来。

我很庄重地对大家说：“由于在古陵县改革受挫，我改行从事教育了。但这决不是退却，而是另一种形式的进攻——我立志培养出一大批超过李向南的改革者，去改造我们的社会！参加你们的‘思想节’，我很兴奋，我坚信：未来跨世纪的思想家、改革家、科学家一定会出自你们之中！”

“哗！……”回答我的，是一阵春雷般的掌声。

“思想节”虽只是一种小小的班会形式，但它对学生所产生的思想教育、能力培养效果却是全面、广泛而又潜移默化的。

重读当年的这篇文章，我心潮起伏，让一群初二的孩子讲鲁迅与马克思，讲启蒙与改革，当时这样做的老师并不多。我承认，这不但与我当时活跃的思维有关，更与当时的社会变革潮流有关。20 世纪 80 年代“万类霜天竞自由”的社会风气吹进了我的教室，让我的课堂也充满思想的气息。

这篇文章只选择性地记录了“马克思”和“鲁迅”的演讲片段，而没有“罗莎·卢森堡”，即彭可嘉发表演说的具体记录，略有些遗憾。但“罗莎·卢森堡”这个不朽的名字却在她的心上扎下了根。

说实话，现在如果不是专门研究国际共产主义运动的人，或是对那段历史有特殊兴趣的人，可能根本就不知道罗莎·卢森堡是谁。可是，当年一位 12 岁的小姑娘彭可嘉却不但记住了，了解了，扮演了，而且这位无产阶级的领袖人物后来还在精神上持续伴随着小姑娘。

可嘉继续写道——

以后的岁月中我读过她的书和介绍她的文章，罗莎·卢森堡一生波澜壮阔且著书无数，她的一些理论和意见十分精彩，她提出的很多观点，无论在当时还是在如今都会引起很多争论，但于我而言，读她的文章能感受到那份难得的历史洞察力，正如她所言，“自由始终是持不同思想者的自由”，这是民主的真谛！我更喜欢读她的《狱中书简》。在书中，阳光、白云、湖光、山色，大自然的一切，都被她赋予了生动的人类情感。罗莎·卢森堡倾心艺术、诗歌、建筑、音乐，她常常沉浸其中，内心充满愉悦。一个投身政治运动的革命家却如此博爱宽容，她坦然面对生活加于她的各种伤害和痛苦，还能在这种情况下感受到幸福，体会美好和善良，这样的女性，即使在一些人眼中是不完美的，但也完全无损她的伟大。

李老师您的这些演讲活动，以及或许是无意之中安排的这个演讲形象，就像播下了一颗小小的种子。种子会生根会发芽，对我而言，罗莎·卢森堡是参天大树，是极具人格魅力的革命女性，她唤醒了我对大自然的热爱，对生活真善美的追求，让我学会如何面对生活中的凡此种种：要独立思考，不要人云亦云；学会鉴古知今，明白历史和现实是交错存在的，就像罗莎·卢森堡那句名言："我来过，我又来到，我还将重临！"

虽然在当年的"思想节"上，与"马克思"和"鲁迅"相比，彭可嘉所扮演的罗莎·卢森堡谈不上显赫，但对彭可嘉来说，这却是她在班上几乎是绝无仅有的"高光时刻"。

因为可嘉当时在班上实在是太普通太普通了。

"中等生"的自我超越

看到可嘉的第一印象，就是模样儿可爱，穿得干干净净。我印象最深的是这孩子特别有教养，言谈举止都很自然地透露出良好的家庭教育。她也有着小姑娘的胆小害羞，说话柔柔的，但对人很有礼貌。可嘉性格温和，我从没见过她和谁生气，好像随时都微笑着。小姑娘长得漂亮可爱，所以即使她并没笑，但所有看见她的人都觉得她在微笑。她很善良，每次我在班上问："哪个同学愿意……"她总是把小手举得高高的，眼睛里闪烁着急切的光芒，好像在说："李老师，我去，我去！"对了，我想起来了，有一次班上搞"全班之最"的评选，她和另一位同学被评为"最善良的同学"。

论学习成绩，她不算名列前茅，属于中等偏上，但无论听课还是做作业都从不让老师操心。那时候，我们班有自己的班报《未来日报》，其实就是同学们的手抄小报，每天都由一个同学将自己独立撰稿、排版、抄写的小报贴出来。每当轮到可嘉出报时，她都非常认真，从不拖欠，而且她办的小报版面很漂亮，因为她喜欢画画。我现在还珍藏着一张她办的手抄报的照片。

总之，在我班上三年，我没有批评过她的印象。本来嘛，这么乖的小姑娘，老师怎么可能批评呢？

没有批评过她，但我也特别关注过她。有一次考试，可嘉的成绩有所下降。她妈妈来找我，很为女儿的学习成绩着急。我决定给可嘉写一封信。

本来这事找她谈谈就可以了，为什么要写信呢？因为还有一件事，我觉得当面谈不如写信说。有一段时间个别同学对她有所议论，而这些议论大都聚焦于懵懵懂懂的青春期初期男女同学的种种“猜想”上。别误会，我们的可嘉绝对没有所谓的“早恋”，但她长得很漂亮，有同学自然会开玩笑，这些玩笑也没有什么恶意，但可嘉比较敏感，她有着几乎所有小女生的共性——心胸不够豁达开朗，不够大气。于是，我给她写了一封信。

几十年来，我一直有个习惯，即每写一封信都会抄一份底稿。当年给可嘉写的信因此而被保留了下来——

可嘉：

你好！今天想跟你谈三个问题。

一是自信心。可嘉你学习很刻苦，对自己要求很严，但成绩总是不太理想，不知你是否失去了信心。我想，你的学习不太好，主要是年龄小的原因，理解能力未达到全班的平均水平。当然，这不是说你肯定学不好，恰恰相反，你现在在班上的成绩基本上算中等，这就说明你并不笨，你的作文、你的小发明都可证明你是完全学得好的，对此，你一定要有十足的信心。

二是学习方法。可嘉要善于动脑筋，随时训练自己的抽象思维能力，把老师讲的心理学知识自觉运用到学习上去，至于预习、复习我就不多谈了。马上要期末考试了，你可在这段时间先找找自己的薄弱环节，这样在全面复习时会更有针对性一些，也更主动一些。总之，尽到自己最大努力，也就问心无愧了。

三是正确处理好与同学的关系。可嘉你对人还是很和善的，比较能够忍让人，这点应保持。不但要宽以待人，还要在心里包容同学的缺点，向彭艳阳学习。我了解到有个别同学乱说你（可能是开玩笑），我已经批评她们了，她们也表示要改。希望这些无聊的东西不会给你造成心理压力。包容同学，坦然一些，我是相信你的，你是纯洁的。

今天就谈这些。快到元旦了，祝你新年快乐！

1986 年 12 月 25 日

可嘉就属于通常所说的容易被老师忽略的“中等生”，还好，我觉得当年我并没有忽略她，还有和她一样的其他“中等生”。

其实，如果就教养而言，她并不“中等”，而是一名优秀的学生，只是因为她的学习成绩并不出类拔萃，再加上各方面的能力弱一些——至少并不出众，因此初中三年，她连班干部都没当过。那时候我们的班干部都是同学无记名投票选举的，而不是由我指定的。但可嘉从没当选过。

这是什么原因呢？因为她年龄太小。这个班的学生大多出生于 1971 年和 1972 年，而她出生于 1973 年 10 月，是班上最小的同学。换句话说，班上所有同学都比她大一两岁。直到初中毕业时，她都还没满 14 周岁。

因为年纪小，各方面的能力比同龄人稍微弱一些这也是很正常的。我印象中，可嘉比较胆小，尤其是课堂发言时，她总是很紧张，声音也很小，但她从不放弃锻炼自己的机会。

那时候，为了引导同学们关心社会新闻，同时也培养他们的口头表达能力，我要求每个值日生除了擦黑板和课前叫“起立”，还必须上台给全班同学讲一分钟新闻。这可把可嘉难住了，在 1985 年 4 月 23 日那天的值日生日记里，可嘉有这样的记录——

读报课的时候，老师叫我上台报新闻，我一听立即掏起衣兜来。干什么呢？是在找一张写有新闻的纸条。就是这个动作，当时我并不感到脸红，但现在细细想起来，是多么可笑和惭愧啊！记得在李老师第一次要求值日生报告新闻时，就说不准照着念，后来又强调了几次，可我仍然那样，这就是明知故犯了。

半年后的 9 月 25 日，又轮到可嘉当值日生了，她的值日生日记里，依然记录的是报告新闻这件事——

每天报告新闻的时间，都是读报课，可今天李老师却让我在早读课报告。我想，李老师大约是想看看我准备得好不好。

讲完后，李老师给我下的评语是：“内容不充实，但声音洪亮、神态自如，总的来说比上次报告得好。”

我听了这话，不由得想到昨晚上，我在选新闻时嫌这个不好那个又太一般，最后只挑了四条，下次值日时，我一定注意内容充实这一点。

也怪我，因为我点评的时候首先就说她讲的新闻“内容不充实”，所以可嘉一直自责。其实我很为她的表现感到欣慰，“声音洪亮”“神态自如”，这对胆小害羞的可嘉来说，是多大的进步啊！

可嘉就是这样，哪怕是做值日生给大家报告新闻，她也不断克服自身的弱点，不断超越自己，后来竟能站在讲台上，以革命家罗莎·卢森堡的身份向全班同学发表演说，这真是了不起的进步。

说到“超越自己”，我想到了有一次全市的元旦环城跑活动，弱小的可嘉也参加了。可嘉的身体当然健康，但毕竟年龄小，要和那么多比自己年长的叔叔阿姨、哥哥姐姐们一起跑完全程，需要的不仅仅是体力，还有勇气。可我们的小可嘉竟然坚持跑完了全程。

多年以后，已为人母的可嘉用“素质教育”来描述当年她在我班上所受到的教育。她说：“现在回想起来，我对李老师的教育印象最深的就是当年您对我们进行的‘素质教育’，您一直倡导教育学生除了书本学习，还有人格的塑造，生活的锻炼。”

除了那次扮演罗莎·卢森堡发表演说，留在可嘉记忆中的还有初二那次走上街头卖冰棍儿、卖书。

那时候，还没有什么“综合社会实践活动”的说法，我只是质朴地认为，语文教学不应该仅仅是课堂上的事，更应该是学生生活中的事，因此我提出了“语文学习生活化，学生生活语文化”的观点，并尽可能将这个理念变成我的实践与孩子们的行动。于是，我鼓励同学们以小组为单位走向街头，在社会生活中学习语文、运用语文，在培养语文能力的同时也增强一份社会责任感。于是，有的小组上街找错别字，有的小组到乡下采访农民，有的小组在街头摆地摊儿……

可嘉和她的小伙伴们在做什么呢？在写给我的素材中，她这样回忆——

初二的暑假，您鼓励我们去体验生活，进行社会实践。小小的我们根本不懂什么是社会实践，也不知道该如何开始，第三小组的姑娘们商量了一周，提出了无数个设想，最终决定到冰糕厂批发冰糕，然后去沿街叫卖。

那次经历真是终生难忘。七月的乐山炎热潮湿，一整个上午就忙着领木箱装冰棍。我的小滚圈自行车根本装不下那么大而笨重的保温木箱，反复摆放捆绑了六七次才勉强不掉下后座，而且自行车后还必须有两人在木箱的一左一右提供支撑才能推行，折腾完后已到下午。此时的我们顾不上吃午饭，带着小小的期许和兴奋，一鼓作气把车推到了大街上。下午 1 点的街道上空无一人，刺目的阳光照得整个马路明晃晃的，空无一人的街道上只有嚣张的蝉鸣。刚开始大家很有新鲜感，时不时就要揭开盖来检查冰棍化了没有，然后还互相监督谁有没有偷吃。

因为我们始终不好意思开口叫卖，所以整整一个下午，进货的 20 根冰棍一共只卖出去 3 根，并且其中一根只收到 3 毛钱（卖价 5 毛），因为那个馋嘴的小屁孩实在没有钱了。推着推着，木箱越来越沉重，融化的冰棍也越来越多，大家发愁死了。下午 5 点，在经过激烈的思想斗争和热烈的讨论后，三个小伙伴最终决定，蹲在发烫的街沿，把已经严重“瘦身”的冰棍，一人几根给全部消灭了。唉，这真是一次失败的销售经历！

当然也有成功的经历。第一次勤工俭学的失败，让我们决定采用新的方式：销售报纸杂志。方向确定了，但报纸杂志的来源谁都没有办法，几个小伙伴七嘴八舌地说，这事归新华书店管，但拥有批条权利的新华书店总经理谁都不认识呀！

记得当时我说，李老师说过我们应该勇于自我推荐。大家说好呀，那就你去吧！于是我怀揣着一股初生牛犊不怕虎的精神敲开了总经理的门。我记得总经理是一个很精神的老太太，她眯着眼很耐心地听我啰唆了半天，然后说好吧，你们要锻炼就试一试吧！说着就写了一张条让我拿去发行部。

接下来，大家开始了长达一个星期的练摊生活。每天晚上匆匆吃过晚饭就到当时新村电影院对面的街道边摆书报摊，因为我家就住在附近，邻居叔叔阿姨们晚饭后出来散步看到我都会奇怪地问，你在这儿干吗？这次我和小伙伴汲取了第一次失败的教训，开始大方介绍我们在社会实践，很多叔叔阿姨都笑着购买了或许并不需要的报纸杂志。

有了成功的开始，大家越来越放得开了，开始主动向每一个过路人兜售，慢慢地，努力有了回报，小小的报摊前开始有人驻足翻看阅读，购买的人也逐渐增多起来。一周的练摊生活很快过去，每个小姑娘都晒黑了一圈，最终结算时把应付新华书店的钱交给了书店，剩余的经过清点，居然有50多元，那个时刻每个人脸上都写满了成功的喜悦。当时我分到的10多元钱一直储存在存钱罐里保管到如今，我家已经搬迁了好几次，但这份童年的记忆我一直小心翼翼地保存收藏着。

我无法想象，当年那么胆小的小可嘉是怎样鼓足勇气去敲开书店总经理的大门，并在她面前“啰唆了半天”，最后终于说服了总经理的！当初连上讲台讲一分钟的新闻都得悄悄看稿子的小姑娘，就这样长大了。

当年，我只是想让教育多一些生机勃勃，让孩子们除了考试，还能收获一些考试以外的能力，却没有想到这些经历却影响了他们的将来。

可嘉说：“多年以后，我一直在回想，为什么初中生活中这几次社会实践让我格外难忘，我感觉到我最大的收获是，初中时代的这些锻炼让我从一个内向敏感的小姑娘，变得大方干练，做事不再畏首畏尾，同时也领悟到生活的不易，做事的艰辛。记得从那个暑假开始，我就主动在家里帮助父母做家务活了。这些社会实践活动，真的比书本上的文字更生动，更直接，能让学生更多接触社会，更早了解真实世界。”

可嘉留在班级日记上的最后一篇，记录了中考后毕业前夕班上的情景——

1987年6月25日　星期四　天气　阴

这是一个同学们老早就翘首以待，提起却又忐忑不安的日子。

老早便有同学静候在教室门外，等待着老师，等待着尚未得知的考分。那急切不安的心情早写在了脸上，渗进了言语。

不论你是担忧害怕，还是兴奋、得意，事实终归摆在了各人面前，不容逃避。或许有的早已知晓，或许是由于“不过如此”，大部分同学仍然显得平静。唉！谢天谢地，不管考得是好是坏，反正心中的石头落了地，不再七上八下地作怪了。有部分同学刚开始的确很是伤心，不过慢慢地，到后来仿佛也想通了似的，渐渐快活起来。

领了考分后，李老师又向我们提起了他的忧虑、他的伤心、他的怀疑以及初中三年来他所经历过的部分痛楚。望着我们三年以来朝夕相处的老师，那位我们认为异常坚强、轻易不会动感情的李镇西李老师，我却感到，他的声音是发颤的，眼镜后面的眼睛也仿佛罩着泪花。我真愿全班同学给他发誓，你的学生绝不会辜负你的。可我只能在自己心中发誓：我相信自己，我会把握自己，即使将来我处在极普通的岗位，我也会竭力。

末了，同学们又开始了一项早已开始却尚未完成的工作，互赠留言。留言里除了“过去如何”就是“过去怎样”，除了祝愿便是希望。其实何必那么来一大篇。我们三年结下的深厚情谊，不提也心中早已明白，何须多言？还是让我们友人之间，多提些建议或对方的弱点，利用这最后一次机会对别的同学尽最后一次责吧！

值日生：彭可嘉

我记不得当时对同学们说的话，是怎么让可嘉感到了“他的伤心、他的怀疑以及初中三年来他所经历过的部分痛楚”的，我估计在毕业前夕，我会给大家提一些希望，面对将来会踏入社会的他们，我也可能说一些我的担心，至于“经历过的部分痛楚”，我想这可能是13岁的小可嘉用词过重吧。在这个班所进行的许多后来被称作“素质教育”和“教育改革”的做法，在当时备受争议，甚至被指责为“简直是胡来”，但我却依旧我行我素，依然执着于自己的教育理想与实践，这当中自然会有一些不快。面对即将毕业离开自己的学生，我完全可能推心置腹地向他们倾诉自己探索的困难与苦闷，目的还是希望他们将来面对人生的风浪时，能够保持童心。如可嘉在这最后一篇班级日记所写的那样——“我相信自己，我会把握自己，即使将来我处在极普通的岗位，我也会竭力”。

纯洁的心灵与正直的品格

可嘉初中毕业后，考上了另外一所高中，但她依然经常和同学们一起来看我。我心里也装着可嘉和其他毕业了的学生。

1987 年年底，我得知乐山市五通桥区茫溪中学一位高中女生宁晓燕（化名）自杀了。经过我实地调查采访和半年的研究，我认为宁晓燕的自杀和我们教育的某种缺失有关。我们的教育往往只给学生们讲所谓“光明面”——用今天的话来说，就是“正能量”，而忽略了赋予学生一双明辨复杂社会现象的眼睛，和直面人生挫折的胆略与勇气。正是所谓纯而又纯的“玫瑰色教育”，将宁晓燕推向了人生的绝路。

我一下想到了自己以前的教育，是不是也有这种倾向呢？有的。正是从那时起，我开始反思并调整自己的教育。除了对我当时教的学生进行有关的引导，我还想到了可嘉等已经毕业去别的高中读书的学生们。

在我的书信底稿本中，我翻到了当年写给可嘉的一封信——

可嘉同学：

你好！

这学期情况如何？心情愉快吗？

最近，我去五通桥了解到一件事：去年 11 月份，五通茫溪中学一位高二女生自杀了，主要原因是她感到社会风气太坏而产生了绝望之情。了解到这件事，我想了许多，自然也想到了我的学生。当然，你们是不会走上那条路的，但是她那种对丑恶的憎恶，对社会风气的不满，对人生的失望感，我想也不同程度地存在于不少学生心中。当自己美好纯真的思想感情与现在还不太纯净的环境冲突时，如果我们没有博大的胸怀和全面看待世界的思想方法，便很容易产生悲观情绪。因此，你们一定要在保持自己纯正的同时，学会容忍、看得惯一些不甚美好的现象，学会与不同的人打交道，要把人生路上的一切困难、挫折乃至打击都看成意料之中的事，这样不管遇到什么困难，自己都会坦然地说：“我早就等着你来了！”这才是真正的强者。

最后，祝你们好好学习，取得进步！

李镇西

1988 年 4 月 2 日

也许是我多虑了，但可嘉那么纯洁的心灵，那么柔弱的性格，我的确担心她将来步入社会后，面对突如其来的各种“阴暗面”会茫然不知所措。后来可嘉的人生经历证明，我当年的确“多虑”了。

按某些小说、电影或电视剧等文艺作品的套路，从小因我而崇拜罗莎·卢森堡的可嘉，长大后应该成为罗莎·卢森堡那样叱咤风云的人物，至少也应该以深邃的思想、出色的口才，而成为栋梁之材，比如出任县委书记之类。那样，我的教育才算“成功”。但教育不是小说，人生也不是电影。接受过我们教育的学生中，成为科学家、艺术家、政治家的只是极个别，绝大多数学生都是普通人，这才是教育的常态。只要他们一生善良、正直、勤劳，同样是令我们欣慰甚至骄傲的学生。可嘉就是这样的学生。

关于她后来的人生，我还是直接引用她的自述来展示吧——

高考后进入四川工业学院（现西华大学）就读工业会计专业，毕业后到乐山市科技情报所担任会计，2001年乐山市财政局成立会计核算中心，我参加了选调考试，进入了会计核算中心（现国库支付中心）工作至今。

我的这份工作经历很平淡，因为基本没有太多变化，有所区别的只是以前在单位上工作相对比较清闲，进入财政部门以后工作强度大大增加，尤其是近些年，各种新的工作系统、各种财政资金监控平台纷纷推出，工作压力陡增。因为政府希望了解各部门工作的方方面面，所以为了及时掌握基层数据，建立起这些从中央到地方的直达资金数据监控平台。每一笔资金的支付，都必须在系统中及时录入关联，一旦某笔支付数据不符合支付规则，系统会直接进行红灯或黄灯预警。我的工作就是：如果出现预警信息，要立即通知相关单位或区县部门进行整改；要随时督促支付进度和资金分配进度；月初要布置安排本月的各项工作任务；月末要进行数据统计汇总，及时完成各项报告和总结。我和同事们加班加点统计数据是常态，周末也是如此，月初月末甚至要工作到晚上十一二点。

我的工作涉及几十个大类几千个项目的资金（因为工作保密的要求，我隐去了数字，请您谅解！），举以下两个例子：

比如困难群众救助资金，主要用于农村低保及城市低保人群，按照“应保尽保，应退尽退”的动态原则，将符合条件的困难家庭全部纳入低保保障范围，最低生活标准按照城市低保每人每月620元补差、农村低保每人每月

420元补差的标准进行低保生活保障金的发放。为全市困难群众提供基本生活救助，筑牢兜底保障。

再如城乡义务教育补助资金，主要用于我市特岗教师工资及学生资助资金、学前资助、义务教育困难学生补助、普高助学等项目。通过项目实施用于减免幼儿保教费，为义务教育阶段家庭经济困难学生提供生活费补助，给家庭经济困难的普通高中学生发放助学金，免除普通高中学生、职业高中学生学费和杂费，确保乐山市学生补助资金准时发放到位。

这份工作每天与大量的数据打交道，既烦琐又枯燥，大量的数据分析耗费巨大的精力，遇到系统问题时更是抓狂不已，一到节假日，往往也是数据汇总上报日，所以经常得不到休息，仍然要加班加点地完成工作。对于这份工作，刚开始我内心也是颇有怨言的，慢慢地我明白了这份工作的意义所在：财政部门是个特殊的综合管理部门，大多数工作都是按部就班、循序渐进的，它不比其他部门，允许改革创新，工作永远充满激情。因为财政工作的特殊性，我们不仅要认真工作，更要用心工作，让数据准确真实，能客观反映每类行业每个项目的实际情况。通过大家的工作，往大的层面讲是让公共财政阳光普照城乡大地，让国家惠民政策温暖每一个百姓；往具体的说就是让城市居民医保养保能及时足额到位，困难群众能及时领到救命钱，家庭困难的少年学子不会因贫失学，农耕农忙时农民能及时采购各项物资不误农时，能为农村危房改造家庭排忧解难……政府工作的运转、财政资金的支付，有我小小的一份力，这就是我工作的意义！

现在的彭可嘉

最后一句话，让我特别感动："政府工作的运转、财政资金的支付，有我小小的一份力，这就是我工作的意义！"如果把整个国家政府比作一部庞大的机器，那么它不停有效地运转则需要无数颗微不足道的螺丝钉，缺了一颗都不行。而可嘉正是这千千万万螺丝钉中的一颗，她和其他同样普通的“螺丝钉”一起，支撑着“政府工作的运转、财政资金的支付”。

成为优秀的母亲

我 1991 年初便从乐山调往成都，和可嘉的联系渐渐少了。只是时不时翻阅旧物时，回想起过去的学生们，当然也包括可嘉，我在心里默默祝福着渐渐长大的学生们，拥有自己美好的人生。

多年以后再见可嘉，是 2007 年前后的一个晚上。当时我回乐山看望岳父岳母，可嘉闻讯专门来看我。虽然好多年不见可嘉了，但她似乎变化不大，还是那么漂亮，那么温和，当然比过去大方多了。

只是有一点让我不太“适应”，就是可嘉带来一个活泼可爱的小男孩，看上去五六岁吧，可嘉说这是她的儿子。那一瞬间，我感觉思绪有些凌乱，没反应过来：可嘉不还是一个孩子吗？怎么也有了自己的孩子？稍微清醒一下，头脑反应过来了，人家可嘉都 30 多岁了，当妈妈不是很正常吗？

我想，可能许多当老师的都和我一样有一种错觉吧，多年后再见学生，无论他们长多大，在我们眼中，依然是天真活泼的孩子。

可嘉对孩子说：“这是妈妈的老师！”小家伙很有礼貌地说：“李老师好！”记得当时可嘉很是焦虑，觉得孩子太调皮好动。我对她说，孩子这个年龄不调皮倒不正常，要在尊重孩子天性的基础上慢慢引导他。我送了她一本《爱心与教育》。

后来孩子的成长证明，可嘉是一位好妈妈。注意，所谓“好妈妈”并非意味着培养出了“著名”的这个或那个，不是的，而是她以平常心陪伴着孩子一起成长，帮助孩子找到属于自己的人生道路。

我觉得目前社会的浮躁，以及许多家长的焦虑，正是因为不能接受孩子的普通，都渴望孩子能够“出人头地”做“人上人”。其实，只要所有的爸爸妈妈都能以寻常心看待孩子，陪伴孩子，帮助孩子，让孩子一生健康、善良、正直、有教养，能够自食其力，并以自己的方式服务社会，这样的家长就是最好的家长。

我之所以把可嘉看作我优秀的学生之一，就是因为她是一个好妈妈，她对教育孩子有着理性的认识。她说：“现在的教育把所有的孩子往一个‘出人头地’的方向赶，所有的父母都巴不得自己的孩子‘成龙成凤’，这背后的原因或许是中国执行数十年的独生子女政策，每个家庭都把全部希望寄托于一个孩子身上；也或许是因为中国人一直以来信奉‘万般皆下品，唯有读书高’这一理念；再或许是社会竞争激烈，不读一个 985、211，就无法找到一份体面的工作。如您所说，教育有 100 种可能，每一个人有不同的个性、天赋、机遇，每一个人都有属于自己的人生位置和幸福，我所理解的教育就是应该顺势而为，帮助每一个孩子成为更好的自己。”

关于她对自己儿子的教育，她在写给我的材料中有这样的记录——

我的孩子是个男孩，从小古灵精怪，精力旺盛，在他成长的岁月里，发生了很多让我烦恼不已的事情，被老师请家长是家常便饭，不足为奇。在很长一段时间里，我一直觉得他有多动症，甚至带他到华西医院看过儿科医

彭可嘉（三排右一）带儿子（二排左四）一起参加单位的福利院慰问活动

生，直到医生说他能静下来做他感兴趣的事、读他喜欢的书就不是多动症时，我才松了一口气。

儿子在读幼儿园小班时，有一天下午幼儿园老师语气焦灼地给我打电话，让我立即到幼儿园一趟。我不知道发生了什么情况，匆匆请假后就往幼儿园跑。到了一看，天哪，此时的天空正下着雨，一群小家伙却拿着小水杯在园区的操场上你推我挤地疯跑，全部淋成了落汤鸡，不知道在干吗。孩子的班主任老师正跟在这群孩子的屁股后面声嘶力竭，看到我的到来，老师没好气地说，快管管你的孩子……直到把孩子们安顿好以后，我和我儿子一起站在墙角接受“帮助”时，我才知道发生了什么事。原来下午孩子们午觉睡醒后，天空下起了绵绵细雨，我的儿子突发奇想，想要尝尝雨水和保温桶里的水味道有什么不一样。趁老师不注意，他拿着小水杯跑到雨中，就着雨水干了一杯。可能是觉得味道不错，就跑回教室向同学们大力宣传这天赐好水，然后所有的小朋友就都跑到雨中用小水杯接雨水喝。我儿子还发明了好几种接法：让大家用衣服上的小帽子接，脱掉鞋子用小皮鞋接。总之小朋友们全部玩得不亦乐乎，老师无法控制局面了才给我打了电话。后来的事不用说都可以知道，我和儿子被“帮助”了很久很久。

（读到这里，我不由得感慨，孩子们多可爱呀！可嘉儿子多聪明啊！他们对世界的好奇，正是大人们应该竭力保护的创造性源泉。我两次去丹麦考察幼儿教育，我想这事如果发生在丹麦的幼儿园，老师们会鼓励孩子们的行为，绝不可能批评孩子，还是连家长一起批评。一个只有500多万人口的丹麦，却有13位诺贝尔奖获奖者，人均世界第一！从这里，我们看到了中国教育和丹麦教育的差距。）

随着儿子进入小学阶段，他的奇思怪想就更多了，当然我去学校的时候也就更多了。入学第一天，课间休息时间到了，所有同学都回到教室里等待上课，唯独他继续在学校河边的小草地上堆泥巴拒绝进教室，班主任老师找到他时他还振振有词：“我的温暖小屋还没有搭好。”在他身上发生的这类特立独行的事情特别多，以至于我长期身心疲惫，只要接到孩子班主任老师的电话就情绪紧张、忧心忡忡。在这种身心焦虑的情况下，每次他“闯祸”后，回家都会被我们轻则吼叫呵斥，重则“笋子炒肉”……渐渐地我发现孩子不爱跟我分享他的快乐校园生活了，不愿让我陪他玩喜欢的游戏了，甚至有时候都不愿听我对他说话了，晚上睡觉有时候还会在梦里大叫几声：“我不，我不！”我知道我的教育出问题了，孩子和我之间最珍贵的亲情没有了，我惶恐不安，却又束手无策。

（可嘉曾经有过的家庭教育误区，是许多家长都经历过的。我们的老师和家长，常常用自己的眼光去看孩子，用成人的标准去束缚孩子，而忘记了尊重孩子的精神世界。一切都必须整齐划一，所有孩子都必须听话！为了达到这个目的，陶行知当年所批评的现象一直在重演，就是学校老师和孩子父母联合起来压迫孩子！可以毫不夸张地说，我们和发达国家的差距，追根寻源是教育的差距，是对待孩子的态度上的差距。）

直到有一次，我带他到您家里，希望您给我支招，您还记得吗？当时您和孩子非常温和地交谈，孩子回家后说：“李老师是妈妈的老师，但是一点都不凶，一点都不像老师。”当时您给了我一本《爱心与教育》，读后我陷入了沉思。

有一天下午，我又接到了孩子老师的电话，让我去一趟学校。领到“圣旨”的我又急匆匆来到了老师办公室，看见孩子正垂头丧气地站在桌旁。孩子的数学老师怒气冲冲地指着一张试卷：“你看看，你儿子的半期考卷，做成了什么样子！”我定睛一看，这是一张数学试卷，有简答题、问答题，每道题下面都有工整的回答，每道题旁都画了代表正确的红钩，那就是全对了，做得很好呀。我带着心虚，小声问老师：“这全对有什么问题吗？”老师哼了一声：“全对？你翻一面看看！”我翻到试卷的背面，天哪，试卷的另一面干干净净，一道题都没有作答！“看到了吧，你儿子觉得自己全部都会做，所以简单的计算题干脆不做！这是什么行为！必须好好教育！”在老师的一阵阵批评声和我的附和声后，老师以斩钉截铁的口气告知我：“必须把他这个毛病尽快纠正！”在领着孩子回家的路上，我没有吼叫，没有批评，反而破天荒地问孩子肚子饿不饿。我至今都记得儿子当时受宠若惊的小表情，在饱餐了一块蛋糕后，孩子轻轻摸了摸我的手：“妈妈，你不要生气，我不是故意不做的。”我用鼓励的眼光，微笑地看着他：“那是什么原因呢，能给妈妈讲讲吗？”儿子受到了鼓励，接着说：“我做得慢，如果从头往后做，大题的那面我就做不完了，但大题的得分最高，我就想先做有大题的那面，然后再做前面的，但是等做完一面，铃声就响了。”看我没有像往常一样开始批评他，儿子接着说：“但是我保证我做了的题全是对的，一道题没错，因为我做得慢，我检查了的。”看着他涨红的小脸蛋，我突然明白了，我的孩子就是这样的存在，他是一只慢吞吞的蜗牛，有自己的成长规律，着急是没有用的，与其逼着他非要和其他同学一样，甚至为了给自己争面子而强迫他做不愿意的事情，是没有太大意义的。明白以后，儿子的事，我尽量让他自己拿主意做决定，然后把各种可能的后果都告诉他，成功失败都由他自己慢慢体会个中滋味，而我只需尽力成为孩子成长路上的温和的引路人。

（读到这里，我特别感动！可嘉真的是一位优秀的母亲，她理解孩子，而且一直在精神上尊重和陪伴孩子。“儿子的事，我尽量让他自己拿主意做决定。”这就是在培养有独立人格的未来主人，而不是圈养终身依赖父母的“巨婴”。尤其难能可贵的是，可嘉明白了自己作为母亲最重要的责任是“尽力成为孩子成长路上的温和的引路人”。还有多少父母至今没有明白这个最基本的道理啊！因此，不少父母至今还在为“应试教育”助纣为虐，就毫不奇怪了。只是可怜了孩子！）

儿子现在已经就读大学，在学习的道路上，也充满了波折和艰辛，也并非事事如愿，但儿子却说非常感激我，因为我尊重他，理解他。哪怕在世人的眼光中他不算成功，不算优秀，但这段属于他自己的人生，独一无二。我给予了他思考权、决定权，这是很多跟他同龄的孩子没有的经历，他感到非常开心，他请我放心，他知道以后的路更要自己独自去闯，他充满信心！

什么叫“优秀”？

在一般父母眼中，“优秀”是当大官，发大财，或有显赫社会地位……总之是“人上人”，至少得是邻居羡慕的“别人家的孩子”。可惜这样的“优秀”者永远是个别，更何况有时候为了实现这种“优秀”所付出的代价，很可能是孩子天真烂漫的童年和纯真无瑕的童心。

《人民教育》原总编、国家督学傅国亮先生曾发问：“为什么我们的家庭教育培养不出正常的儿童？”这个问题问得真好！所谓“正常的儿童”就是普通的孩子，如果一个家庭培养出的孩子，能够如当年陶行知所说“滴自己的汗，吃自己的饭，自己的事自己干”，这样的孩子，就是“优秀”的！

“我给予了他思考权、决定权，这是很多跟他同龄的孩子没有的经历”，这样的母亲就是优秀的母亲；“他请我放心，他知道以后的路更要自己独自去闯，他充满信心”，这样的儿子就是优秀的儿子！

虽然我眼中的可嘉依然是一个可爱的小姑娘，但她毕竟长大了，成熟了。她对我说：“岁月匆匆，转眼我们已经人到中年，上有老人下有孩子。老人已经年老体迈、疾病缠身；小孩尚未进入社会，未来不定。而我自己每天被工作生活填得满满当当，不知不觉中，容颜老去，白发已经爬上发梢，才明白了时间是白驹过隙，弹指一挥间。现在的我比年轻的时候更多了一份恬淡从容，努力珍惜身边的一切，步入中年，也唯有中年，才能既体会青葱到成熟的滋味，又能把握当下沉淀喧闹的人生！”对此，我坚信不疑。

2018 年 7 月 21 日，应学生的请求，我回到乐山一中为在乐山的历届学生上了退休前的“最后一课”。可嘉也来了。

下课时，全体起立，唱响了当年由谷建芬老师谱曲的班歌《唱着歌儿向未来》：“蓝天高，雁飞来，青青松树排成排。我们携手又并肩，唱着歌儿向未来……”我看到，可嘉也精神抖擞地唱着，意气风发。那纯真的眼神一如当年。

可嘉，童心可嘉，青春可嘉，人生可嘉。

2022 年 10 月 16 日

（真是巧合，当我打下“10 月 16 日”时，猛然想到，今天刚好是可嘉 49 周岁生日！）

耿梅：教我当老师

文静害羞的小姑娘

1982年3月，当我第一次当班主任拿着学生的花名册研究时，我在“耿梅”这个名字后面的“家长姓名”一栏，发现了一个熟悉的名字——“耿道云”。

这不是耿叔叔吗？他是我爸爸的同事。我爸爸曾在乐山地区（后来的乐山市）教育局工作，我们住在机关大院，自然常常和爸爸的同事——我叫“叔叔”“阿姨”的见面，耿叔叔便是其中一位。虽然当时我才几岁，和爸爸的同事不可能有太多的接触，但和善亲切的耿叔叔我是有印象的。

我记得耿叔叔有一个儿子叫耿红，但耿梅没印象。我父亲在我9岁的时候因病去世，我家便从机关大院搬到了我母亲所在的学校。没想到十多年后，我成了耿叔叔女儿耿梅的班主任。

接了这个班，我注意到了耿梅。她是一个很文静的小姑娘，成绩很不错，字写得很好，所以班上或学校办黑板报时，她瘦小的身影常常出现在黑板报前。记得有一次，我路过学校黑板报，看到正在写粉笔字的耿梅将“犹豫”的“豫”的偏旁“予”写成了“矛”。我给她指出了这个错误，小姑娘的脸一下就红了，赶紧改正。

当年的耿梅

后来去她家家访时，害羞的耿梅跟我打了

个招呼，便躲进自己房间里了。我现在想不起当时我和她爸爸妈妈聊了些什么，只记得作为晚辈，我还是比较拘谨的。不过，有一点我印象很深——当时耿叔叔还说起我父亲的善良与才华，直说："太可惜了！"从我记事起，我父亲在我心中就特别温暖高大，他去世时年仅 32 岁，我不断听周围的叔叔阿姨说他"年轻有为""正直有才"，所以我看到爸爸的同事，就像看到了爸爸。很自然地，我心里就很想尽可能多关照耿梅。

但耿梅实在是不需要我特别关照。刚才说了，小姑娘成绩好，性格温顺，几乎不违反纪律，因此，我有心关照也使不上劲。现在想起来，耿梅应该属于那种因为放心而被我忽略的学生。

我的教育失误

然而，有一次我的"重点关照"不但深深伤害了耿梅，而且成了我至今想起来仍愧疚不已的教育失误。

那天做课间操，我照例站在操场边看班上的学生做操。这时候，我发现队列里的耿梅并没有认真做操，她一边很敷衍地伸展着肢体，一边与旁边同学在说着什么，说着说着还笑了起来。和周围认真做操的同学相比，特别令人瞩目。

看着来回巡视给各班打分的学生干部，我急了，知道耿梅肯定会让班上扣分的。对于刚刚工作不久的我来说，"班级荣誉"比什么都重要。于是，我高声呵斥道："耿梅，说什么呢？为什么不好好做操？"

我的声音很大，不但耿梅旁边的同学都听见了，而且周围班级也有同学听到了。他们不由自主地朝耿梅看去。耿梅的脸一下就红了，而且表现出很恼怒的表情，她居然还顶撞了我一句。她声音比较小，我没听清楚她说的什么，但她顶撞我是肯定的。

我万万没有想到，平时那么温和的耿梅会顶撞我。一个小姑娘居然敢当众顶撞我，我作为一个老师，一个堂堂小伙子，脸面往哪儿搁？

课间操结束后，回到教室里，我当着全班的面，说了刚才耿梅课间操违反纪律的事，重点说了她拒不接受批评，还和我顶撞。

没想到她居然敢在大庭广众之下顶撞我，我越想越气，忍不住大声说道：“不认真做操，还不接受批评，真是厚脸皮！”

这下耿梅再次愤怒了，她争辩道：“我不是……”

“你还有理！”我打断她的话，“站起来！”

耿梅不得不站了起来，但满脸的不服。

我以更高亢的声音呵斥道：“你不服气？你觉得你不是厚脸皮？好，我们来看看，耿梅的脸皮究竟厚不厚！做操不认真，完全没有一点荣誉感，这是厚脸皮之一；老师批评还不知道自己错了，这是厚脸皮之二；不但不接受老师批评，还顶撞老师，这是厚脸皮之三；到现在还不知道自己的脸皮很厚，这是厚脸皮之四！……”

讽刺挖苦，尖酸刻薄，势如破竹，雷霆万钧……我自以为雄辩，自以为得意，心里想的是：跟我斗，哼，还嫩了点儿！我就不相信我一个小伙子，打不下你的嚣张气焰！

我完全不顾耿梅的心理感受，只顾自己发泄。当时全班同学都看着她，可怜的耿梅羞愧地低着头，却一点儿都没有哭。

让我恼怒的是，被我骂得狗血喷头的耿梅居然就是不认错。

我只好拿出了当时我认为最厉害也最有效的一招：请家长。

现在我记不得当时是她爸爸还是她妈妈来的，也不记得当时是怎样和耿梅父母“交换意见”的，总之我肯定是“告状”。按我当时的“逻辑”，应该是强调耿梅如何不守纪律，我批评她时她如何与我顶撞，而且到现在都不认错。我肯定不会主动说我当时的“批评”是怎样地伤害了耿梅的自尊心——不过，说实话，我也不是有意隐瞒我教育粗暴，因为当时我没认为自己有什么错。“严格要求”嘛，这有错吗？

虽然我是耿梅父母看着长大的，他们是我的长辈，但他们却把我当老师来尊敬，毫不犹豫地站在我的一边，维护我的威信。不知道耿梅给他们说过我骂她“厚脸皮”没有，总之我想，耿叔叔是从支持我工作的角度，配合我教育女儿的。当然，这也体现了他们那一代人的高度修养。后来耿梅向我表示了认错，这事才算完结。我终于取得了“胜利”。

随着时间的推移——其实也没有多久，最多一周吧，耿梅见了我，目光便恢复了温和与尊敬。孩子毕竟是孩子，他们很单纯，至少大多数的孩子是不会记恨老师的，哪怕老师的教育行为有些过分。

写给同学的两封信

耿梅的确很善良。1983 年年底，我在班上举行了一个迎接 1984 年新年的晚会。事先我设计了一个通信游戏，就是让同学们事先任意给班上同学写信，然后在那天的晚会上拆开阅读。

在这个班的毕业纪念册《未来》上，刊印着耿梅的两封信。一封是写给陈晓梅同学的——

陈晓梅同学：

你好！

1984 年就要到了。祝你新年快乐。

算来，我们俩闹不团结已经整整有一年半了，其实这是不该发生的。那时我们都不懂事，为了一本书竟吵了起来。从此没有再相互理会过。后来有一次，那还是上学年的时候，语文小组去大佛坝玩耍。毛利为了使我俩搞好团结，叫我们互相握手、叫对方的名字。我同意了，站了起来，可你仍坐在草地上不愿起来。说真的，在这以前我并不怎么恨你，可当我看见你傲慢的态度，我气得鬼冒火，重又坐回了草地上。从此，我发誓，我再也不理你了，因为我从小长这么大，从没经受过这样的侮辱。所以这件事还深深地印在我的脑子里。

去年元旦，收到李老师转来的条子，知道你愿意同我搞好团结了。但当时的我却犹豫不决，是违背自己的诺言，还是根据良心行事，同你搞好团结？我没有给你答复。

不久就要毕业了。难道我们要带着昔日的怨恨分手吗？难道我们以后在街上碰着，就只能瞪眼睛，互不理睬了吗？我想：这绝不是我们两人愿意做的吧？

毕业了，我们也许以后不会再常见面了。我想我们应该珍惜这不多的时间，我愿意重新成为你的好同学，你愿意吗？我等着你给我的答复。

耿梅

1983 年 12 月 29 日

四十年后我重读这封信，不禁笑了起来，当年的小姑娘多么天真，连赌气都那么可爱！耿梅把自己对陈晓梅的心理变化写得非常细腻，而且真实。最后善良的她还是战胜自己，向陈晓梅同学敞开了友好的胸怀！因为同样可爱的陈晓梅也很善良，两个小姑娘从此成了好朋友，这份友情一直保持到现在。所以后来我对历届学生说："你们现在闹个别扭，几十年后想起来，不就是童年趣事一桩嘛！"

还有一封是写给姜茹同学的——

姜茹同学：

你好！

1983 年又要过去了，1984 年就将来到。不久我们将欢聚一堂，共庆佳节。祝你节日愉快！

姜茹同学，每当我听到你爽朗的笑声，我很羡慕你。你真是我们班上名副其实的最爱笑的同学。姜茹同学，我发觉你很能干，又很关心班集体，并且有吃苦耐劳的精神，这是我应该学习的，希望你能发扬自己的长处。

姜茹同学，明年我们就要毕业了，我想你和我一样都很舍不得离开这个班集体吧。确实，这个班集体太好了，我常常为自己没有多为班集体多出点力而感到内疚，而你在这方面却表现得很好，希望你能好好地帮助我。

姜茹同学，你在学习上还是可以的。马上就要毕业了，希望你能抓紧一切时间认真复习。我衷心地祝愿你能考上乐山一中的高中，我想你一定不会使我失望吧。

祝你身体健康！

耿梅

1983 年 12 月 19 日

这封信，最集中地体现了耿梅对同学的欣赏和对班集体的爱。“我常常为自己没有多为班集体多出点力而感到内疚。”多么真诚单纯的“内疚”，其实耿梅为班集体也做了不少事，但她觉得和姜茹同学比，还远远不够。

“帮助李老师改正缺点”

1984 年 7 月 3 日，是耿梅这个班毕业的日子。学生们刚刚参加完学校的毕业典礼，他们已经拿到了初中毕业证书，回到教室端端正正坐好，等待着我最后嘱咐几句，然后这个班就算彻底解散了。

但我不想简单地“嘱咐几句”，而是打算开最后一次班会，内容就是读学生们给我写的信，主题是“帮助李老师改正缺点”。

前一天，也就是 1984 年 7 月 2 日，我给学生们布置了最后一次“作业”。

那段时间，我一想到我带的第一个班即将毕业，心里还是有些怅然。虽然只带了两年半，但这毕竟是我教育的“处女作”。因此，哪怕对平时最让我头疼的学生，我都有一种不舍。尤其是想到我经常对他们发火，心里还有一丝愧疚。由此联想到自己带这一个班的点点滴滴，觉得有许多遗憾。

我决定在这最后的时刻，请全班学生为我做一件事。

于是那天放学时，我说：“同学们，明天你们就要毕业了。这意味着你们的初中生活结束了，但李老师的教书生活才刚刚拉开序幕，你们就是我的序幕。对我来说，未来还会有许多班的学生等待着我，我还要一届一届地教下去，我的目标是成为一个好老师。但回想教你们期间，我显然还不是好老师。毕竟你们是我教的第一个班，我承认我非常投入，但我除了激情，一无所有。没有经验，没有技巧，更没有什么教育艺术，相反，犯了许多错误，有的错误我知道，有的错误我还不知道。明天你们要离开我了，和我告别之前，请给我留下一封信。”

学生们听了有些诧异，他们不约而同地抬起头看着我，眼睛里充满疑问。

我说：“这封信的内容，就是给李老师提意见。注意，只能写你认为李老师做得不对的地方，不要写李老师的优点。平时你们写作文，写贺卡，把李老师夸得很好了，现在没必要再重复那些话，你们只写李老师的缺点。”

教室里静静的，学生们好像在琢磨我说的话。

我解释道：“刚才我说了，我还要继续当老师，而且争取当好老师。而当好老师就必须知道我现在哪些地方做得不好。你们给我写一封信，就是帮助我知道自己存在哪些缺点，这样就好改正。你们不过是给我写一封信而已，但对我来说，每一封信都是一面镜子。如果以后李老师真的成了一名好老师，我首先得感谢你们今天的帮助，感谢你们今天写的信！”

我还特意解释说：“为什么要到毕业前夕才让你们写信呢？因为你们马上就毕业了，可以大胆地写你们的真实想法，不必担心李老师不高兴。就算我看了你们的信很生气，也拿你们没办法，因为你们已经毕业了。”

我说得很真诚，学生们也听得很认真。

第二天，也就是 1984 年 7 月 3 日早晨，每一个学生都交上了他们写给我的信。

上午，在学校操场举行完毕业典礼，学生们拿着毕业证回到教室里坐下，听我为他们上最后一堂班会课。

整整五十封信，放在讲台上。

“同学们，谢谢你们写给我的信。现在，我打算当众读一读你们写给我的信，同时解剖一下自己。”说着，我随机拿起了一个信封，掏出里面的信，读了起来。

“我觉得，您对同学们了解得还不够，”这是黄慧萍的信，“是的，您把我们当作您的朋友，把自己的理想和希望寄托在我们身上，但是不管是希望还是理想，您应该在了解我们的基础上给予，同学们才会真正受到教育，这样您的理想和希望才会在不久的将来实现。”

我说：“黄慧萍同学说得好！只顾向同学们灌输，这的确是我教育的不足。”我心里真的觉得黄慧萍说得好，尽管她还只是一个初中生，但她对教育的认识并不亚于老师。

龚驰群来信说：“您的脾气有些急躁，有时候控制不住竟对我们大发雷霆，使我对您有些‘恐惧’，请您改正这个缺点，别让下学期的小同学也对您产生‘恐惧’。”

我说：“谢谢龚驰群同学！我完全接受你的批评，以后尽量改正。”

“您应该多多注意保护您的身体，若不是什么特别要紧的工作就千万不要熬夜，现在正是您为党为人民工作效劳的时候，怎能年纪轻轻的就把身体搞垮呢？”这是白敏同学信中对我的忠告。她这条“意见”，是有所针对的，因为在教这个班时，我因为工作太投入，一度严重失眠，还曾住院。所以，她的这些话代表了同学们对我的关心。

“谢谢白敏同学！谢谢同学们！”我真诚地说。

一封信一封信地读着，同学们静静地听着。

我又抽出一封信，这是耿梅写的。全文如下——

敬爱的李老师：

您好！

三年来，您在我们身上花费了不少心血，同学、老师、家长都是看见了的。您工作负责、大胆，富有创新精神，把我们未来班搞得生气勃勃。我们深深地感谢您！

在这即将分别之际，您诚恳地叫我们给您提提意见。好吧，如果提得不对，请李老师原谅。

第一，我发现您对中等生关心不够。当然，您还是很关心那些上等学生和差等学生的，但往往忽视了中等生。就说李燕琼吧，她明明有不少缺点，您却很少找她谈话，这使李燕琼产生了“以难为难”的情绪，其实您发现了这些同学的缺点，就最好找他们个别谈一下，不论时间长短，这些同学都会很感动的。

第二，您有时批评同学语言很尖刻。李老师，您还记得吗？一年级时，有次我违反纪律惹您生气，您不但请来了我的家长，而且当着我的面在全班同学面前点名说我“厚脸皮”……当时我不服气，小声争辩了几句，您便严厉地叫我站起来，并列数了我“厚脸皮”的六个标志。同学们都看着我，我羞愧极了，但咬着牙硬是没哭。当然，您也许是对的……但您知道吗？您已经刺伤了一颗幼小的心。

李老师，我知道您很爱我们，当时我的确也做得不对，违反了纪律，您严厉批评我，也是为了我好。但是，我希望李老师教下一个班的时候，批评同学一定要注意方式方法，尤其不要用伤害同学自尊心的语言。

敬爱的李老师，以上意见可能提得不对，也可能是对您的误解，但请您能谅解我，我作为李老师大学毕业后的第一批学生，衷心祝愿李老师能在今后的工作中保持自己的优点，改正自己的不足，把以后的未来班搞得更好，能在教育事业上做出一番成就，但愿再过十几年、几十年，我回到母校，能够看到一个更加朝气蓬勃的未来班和它的班主任！

此致

敬礼

学生　耿梅

1984 年 7 月 2 日

这封信我读得很艰难，很负疚，好像是在读一封检讨书，是在向同学们检讨自己一个难以启齿的严重错误。中途几次不想读，因为重现那个场面，我羞愧得无地自容。但我还是鼓起勇气读了下去，因为我想以这种方式，向耿梅道歉。

读完了这封信，我好几秒钟说不出话，因为不知道说什么。沉默了一会儿，我还是开口了："真诚地谢谢耿梅同学！现在我要郑重地说，李老师当时错了，的确错了。我向耿梅真诚道歉！虽然，我给耿梅造成的心灵伤害已经无法消除，已经发生了不可能挽回了，但我尽量在教下一个年级的时候，不犯同样的错误，不让我的学生再受到这样的伤害！"

在这堂班会课的最后，我说："我真想重新当一回你们的班主任啊！很遗憾，这是不可能的。时光一去不复返，犯过的错误永远没有机会消除了。但你们给我的这五十封信，我将永远珍藏。这是五十面镜子，随时照着我，也提醒我。下学期，我的工作应该会有所改进，将来也许我会取得比较大的成绩，甚至成为同学们祝愿的那样优秀的老师，而这一切都与你们写给我的五十封信分不开。我永远感谢你们，亲爱的同学们！"当天晚上，我把耿梅这封信一字不漏地抄在我的随笔本上，作为对我的警示。

耿梅初中毕业了，因成绩优秀考上了本校高中，但不再在我班上。

在1984年秋季运动会上，我参加了男子1500米长跑，跑到最后，我筋疲力尽，一步一步跑向终点，几乎要倒下了。这时我听到跑道旁一个胆怯、羞涩的声音："李老师，加油……"人声鼎沸之中，这一声最让我感动，因为这是耿梅的声音。她在初中时，曾被我伤过自尊心，但是她并没记恨我，反而在我危急的时候送来一股温暖的力量，感动中我有几分惭愧。

几十年的教育生涯，正是一个又一个耿梅让我明白一个道理，学生的胸襟很多时候比我们当老师的要宽阔不知多少倍！

因为高中没教耿梅，我和她接触渐渐少了。时不时在校园里碰见，她总是微笑着招呼我："李老师好！"

学生的胸襟永远比老师开阔

后来耿梅考上大学，分配到了广东工作，我和她便渐渐失去联系了。一直到近三十年以后，她回四川时来看我，我拿出了我原文抄写的她当年写给我的那封信，她无比感动。我说："正是你教我当老师！"

2014年，耿梅这个班——也就是让我和我的学生共同自豪的"未来班"毕业三十周年聚会，聚会后大家决定编一本书，每个同学都写了一篇回忆文章。耿梅的文章里面有这样的回忆——

我还记得年轻毛头小伙子李镇西老师来接任语文老师和班主任时，我很不以为然，但随后被他读的《青春万岁》《钢铁是怎样炼成的》等震慑了，后来我看过原著、看过电影，但始终不及老师当年在下午读报时间给我们朗诵时给我的震撼。因为他，我不多的中学记忆中还留存着第一次家访（那天，我忐忑地躲在另一个房间）、请家长（严重惩罚）、太阳岛（不知太阳岛是否还记得三十年前的一群小屁孩们在你怀抱里撒野奔跑）、篝火晚会（我至今还保留着篝火晚会那本小册子）等，老师以他对学生的爱和执着成就了今天的教育界达人。

在这段文字中，耿梅提到了当时她对我出任班主任和语文老师"很不以为然”，其实这不是她一个人的“不以为然”，几乎所有学生最初都不接受我。

对此我得做点儿背景补充。由于 1977 年恢复高考太突然，来不及组织，所以 77 级大学生整体上推迟半年高考，也推迟半年入学，自然也就推迟了半年毕业，也就是说，我是 1982 年 2 月大学毕业到乐山一中报到的。那时候，耿梅和他的同班同学初中已经读了一学期，我是初一下期教他们的。当时，这个班的班主任是体育老师冯宗秀，那是一位非常和蔼可亲的老师，深受孩子们的爱戴。所以，当得知我要出任班主任，会“夺走”他们的冯老师时，孩子们自然难以接受。

但是，我很快赢得了学生们的欢迎。后来耿梅在另一篇文章中再次谈道——

李老师是初一下期任我们班主任兼语文老师的，当时蛮失落，觉得他太年轻，但由于父辈曾为同事，因而多了几分亲切。现在想想我中学时代最难忘的就是初中几年，那时最开心的就是每天下午班会听李老师朗诵《青春之歌》《红岩》《钢铁是怎样炼成的》《爱的教育》，讲时事新闻；周末去太阳岛晒晒太阳、创作小诗歌、打打游击战；还有初三的篝火晚会，那时年少的我们展望将来、憧憬美好未来，所以有了“未来班”，有了谷建芬阿姨的作曲。我还记得李老师让每位同学用顶真手法创作“未来班”诗歌，发动同学刻印“未来班”纪念册。终于我们成了别人家的班，有了别人家的班主任。

她还谈到我对她人格形成的影响——

李老师对教育事业、对学生的热爱，对社会不良现象的愤怒及强烈的责任感，通过他的讲堂影响着我们。很感谢在那个百家争鸣、百花齐放的年代，我们有幸遇见李老师，明白了何谓真、善、美，何谓正直、责任与担当。

毫无疑问，耿梅所写的都是真诚的，是少年的她对我真实的印象，但这只是部分的真实，因为她只字没提我曾当众破口大骂她“厚脸皮”。我想，她不是忘记了，而是真诚地原谅了刚大学毕业的年轻的李老师。

看看，无论当年我多么对不起耿梅，多年后她回忆起李老师，记住的全是李老师的好，而把我对她的伤害“忘”得干干净净。

我再说一遍，学生的胸襟永远比老师开阔！

真善美的种子必将发芽

长大后的耿梅从事金融工作。关于她后来的人生，耿梅自己写文章是这样叙述的——

大学毕业以后我来到了广州，与李老师也失去了联系，到过企业，后来一直在银行工作。其间也曾经历委屈、失望、挫折与失败，如今回头来看，都是一种历练。我们从小到大都被家长、学校保护得很好，我们接受的都是只有一个正确答案的、象牙塔式的教育，但中国社会很复杂，中国各阶层的利益需求很多元。

耿梅也曾遇到善良正直与现实的冲突——

在银行从事信贷工作多年，面对的企业千姿百态。曾记得刚从事信贷工作时，接手一家企业的融资，老板老实本分，企业经营暂时艰难，年轻气盛的我很想帮帮他，但被告知仅凭你的善良能保证贷款顺利回收吗？后来遇见一家企业，老板八面玲珑，企业表面辉煌实质却现金流枯竭，当简单地想否决该笔贷款时，却又被告知企业在某一领域有尚待挖掘的经济利益可以继续支持！凡此种种，工作不再是简单的1+1，而是各种利益的博弈。很感激李老师当年的素质教育，使我能在保持正直善良的前提下，苦修内功，提升自己的专业水平，有幸能帮助不少企业真正解决资金需求问题，不忘初心，方得始终。

可爱的耿梅，原谅了老师对她的心灵的伤害，却记住了我曾对他们通过《青春万岁》《爱的教育》等文学作品播下的真善美的种子。当年我在读这些小说时，并没有想过“一分耕耘，一分收获”，但雨露一旦洒进心灵的原野，沉睡的种子必然会发芽。至于什么时候发芽，在什么地方发芽，则因人而异。所以，教育不必随时惦记并纠结“一分耕耘，一分收获”的急迫与功利，而应该有一种“只管耕耘，不问收获”的从容与超越。

大概是在十年前，我在广东再次见到了耿梅。当时我送了她一本书，书名叫《做最好的老师》。之所以送她这本书，是因为我将曾经伤她自尊心、她毕业前给我写信的事写进了这本书。我对她说："我要用我的教训告诫现在年轻的教育同行，一定要尊重学生的人格，不要伤害他们的自尊！"

几天后，耿梅给我发来手机短信："李老师，您的确是我遇到过的最好的老师！"

不能说耿梅的话不真诚，但似乎不合逻辑：我刚当老师便严重地伤害了她，怎么可能是"最好的老师"？何况，我当时毫无教育经验，无论从哪个方面讲，都不能算"最好的老师"。但后来仔细一想，她可能想表达的意思是，我是最真诚的老师，而"真诚"，是好老师最重要的品质。这可能就是她说我是"最好的老师"的逻辑。

2018 年 8 月，在学生们的提议下，我回乐山一中在当年给学生们上过课的阶梯教室，上了我退休前的"最后一课"。

耿梅专程从广州赶回来听我的"最后一课"。而和她一起回来的，还有一位帅气的小伙子，耿梅介绍说："李老师，这是我儿子，刚刚高考结束，我对他说，走，回四川听妈妈的老师上最后一课！"

后来耿梅也在文章中记录了这一幕——

当我儿子高中毕业、即将上大学之际，那年暑假我携儿子回去听了李老师的最后一节课，听李老师讲《一碗清汤荞麦面》。过后儿子说，这节课与过往听的课都不同，能感受到李老师的激情，能感受到爱的传承。

当时，我站在讲台上，看着已经不再年轻的耿梅目不转睛地看着我，她的儿子也专注地凝视着我。恍惚中，我好像回到了四十年前，看到了文静而羞涩的耿梅……

现在的耿梅

2023 年 5 月 24 日